석문상의초 외
釋門喪儀抄 外

동국대학교 불교기록문화유산아카이브사업단(ABC)
본서는 문화체육관광부 지원으로 동국대학교 불교학술원에서 간행하였습니다.

한글본 한국불교전서 조선 48
석문상의초 외

2019년 1월 30일 초판 1쇄 인쇄
2019년 2월 10일 초판 1쇄 발행

엮은이 벽암 각성 · 나암 진일 · 허백 명조 · 계파 성능
옮긴이 김두재
펴낸이 한태식
펴낸곳 동국대학교출판부

주소 04620 서울시 중구 필동로 1길 30
전화 02-2260-3483~4
팩스 02-2268-7851
Homepage http://dgpress.dongguk.edu
E-mail book@dongguk.edu
출판등록 제2-163(1973. 6. 28)
편집디자인 나라연
인쇄처 (주)네오프린텍

ISBN 978-89-7801-943-9 93220

값 20,000원

한글본 한국불교전서 조선 48

석문상의초釋門喪儀抄

벽암 각성碧巖覺性 | 김두재 옮김

석문가례초釋門家禮抄

나암 진일懶庵眞一 | 김두재 옮김

승가예의문僧家禮儀文

허백 명조虛白明照 | 김두재 옮김

자기문절차조열仔夔文節次條列

계파 성능桂坡聖能 | 김두재 옮김

동국대학교출판부

차례

석문상의초釋門喪儀抄

석문가례초釋門家禮抄

승가예의문僧家禮儀文

자기문절차조열仔夔文節次條列

석문상의초

|釋門喪儀抄|

벽암 각성碧巖覺性 엮음
김두재 옮김

석문상의초釋門喪儀抄 해제

김 혜 경
전 동국역경원 역경위원

1. 개요

『석문상의초釋門喪儀抄』는 조선 중기의 고승 벽암 각성碧巖覺性(1575~1660)이 당시까지 시대에 맞는 승가僧家의 상례喪禮가 정돈되어 있지 않은 것을 아쉬워하고 이를 정립하기 위해 1636년(인조 14)에 편찬하고, 그 제자인 백곡 처능白谷處能(1617~1680)이 1657년(효종 8)에 징광사澄光寺에서 간행한 불교의식집이다.

상·하 양 권의 목판본인 이 책은 중국에서 널리 쓰이던 불교의식집인 『선원청규禪院淸規』·『석씨요람釋氏要覽』 등에 의거하여 당시의 승가에 적합하도록 편찬한 것이다. 상권에는 승가의 오복제五服制를 밝히고 나서 장지에 이르는 행렬 절차와 기물의 배치, 제전祭奠 절차 등을 밝히고 있다. 하권에는 사리舍利를 탑에 모시고 상례를 치르는 사리입탑법舍利立塔法을 자세히 설명하였고, 조문弔問의 격식과 범위, 그에 따른 답서 등을 일일이 밝히고 있다. 그리고 각종 의식 절차에 따른 제문의 양식을 제례별로 소개하였다.

이 책은 관혼상제에 대한 유교적 의식이 일반에게 널리 보급된 조선 후기에, 불교의 상례가 유교에 못지않게 큰 의미를 지니고 있음을 밝히고 있다는 점에서 시대적 의의를 지니고 있다.

2. 편자

『석문상의초』를 편찬한 각성覺性은 조선 중기의 승려로 호는 벽암碧巖, 자字는 징원澄圓, 속성은 김씨金氏이다. 충북 보은報恩 출생으로 9세에 아버지를 잃자 출가할 뜻을 품고 10세에 화산華山에 들어가 설묵雪默을 스승으로 삼아 공부했고, 14세에 보창寶唱에게서 구족계具足戒를 받은 후 경전 공부를 시작하였다. 이후 부휴 선수浮休善修(1543~1615)가 화산에 들어오자 계속 그 밑에서 수도하였다. 그는 '대불大佛'인 스승 선수와 함께 '소불小佛'로 병칭되기도 하였다. 임진왜란이 일어나자 해전海戰에 참가하였고, 1612년 선수가 광승狂僧의 무고로 화를 입자 그도 감옥에 갇혔으나, 광해군이 친국親鞫하다가 그의 위의에 감복하여 오히려 하사품을 내려 방면하면서 '판선교도총섭判禪敎都摠攝'의 직함을 내렸다. 1615년 스승이 입적하자 지리산·태백산 등에 은거하였고, 1624년 조정에서 남한산성을 축조할 때 그에게 '팔도도총섭八道都摠攝'의 직위를 주어 승군僧軍을 거느리고 성을 쌓는 일을 맡게 하였다. 3년 후에 이를 완공하자 나라에서 '보은천교원조국일도대선사報恩闡敎圓照國一都大禪師'라는 호를 내려 주었다.

1632년에는 구례 화엄사華嚴寺를 중수하였다. 1636년 병자호란 때는 의승義僧 3천 명을 규합하여 항마군降魔軍이라 칭하고 이들과 함께 북상했지만 마침 전쟁이 끝나 버렸기 때문에 지리산으로 되돌아갔다. 1640년 쌍계사雙谿寺로 옮겨 가 절을 수리하고, 규정도총섭糾正都摠攝이 되어 무주茂州의 적상산성赤裳山城에 있으면서 사고史庫를 보호하였다.

전후戰後에는 쌍계사·화엄사·송광사松廣寺를 중건하였다. 1641년에는 총섭 직에서 물러나 해인사海印寺로 돌아갔다. 같은 해 6월에는 조정에서 일본에 그를 사신으로 파견하고자 하였으나, 도중에 병으로 사퇴하고 다시 백운산 상선암上仙庵으로 들어가 은거하였다. 1646년 속리산으로 다시 돌아와 동문同門인 고한 희언孤閑熙彦(1561~1647)과 가까이 지내며 아침저녁으로 도담道談을 즐기다가, 희언이 화엄사로 돌아가 입적入寂하자 그도 화엄사로 따라 들어가 여생을 보내다가 1660년에 앉은 채로 입적하였다.

저서 및 편저로 『선원집도중결의禪源集圖中決疑』, 『간화결의看話決疑』, 『석문상의초』 등이 있으며, 제자로는 취미 수초翠微守初(1590~1668)·백곡 처능白谷處能(1617~1680) 등이 유명하다.

3. 서지 사항

『석문상의초』는 서울대학교(규장각)와 동국대학교 도서관에 소장되어 있다. 『한국불교전서』의 서지 사항에는 '저본은 징광사澄光寺 개판본開板本(순치順治 14년 백곡 처능의 간기가 있는 서울대학교 소장본), 갑본은 같은 징광사 개판본(동국대학교 소장, 약간 가필한 곳이 있어 갑본으로 삼음)'으로 소개하였다.

규장각 소장본은 『백우집百愚集』과 합철되어 있고, 동국대 소장본은 기존의 『석문상의초』 상하권에 「다비문茶毘文」 12장, 「다비작법茶毘作法」 4장, 「오방불청규五方佛請規」 및 「상용시식의常用施食儀」 1장, 도합 17장이 합철되어 있다.

『석문상의초』는 상하 2권의 목판본이다. 본문의 분량은 상권은 9장, 하권은 11장, 도합 20장이다. 1657년(효종 8) 징광사에서 각성의 제자인 처능에 의해 개판開板되었으며, 1705년(숙종 31) 다시 징광사에서 중간하였다. 책의 첫머리에는 1636년(인조 14) 각성이 화엄사 장실丈室에서 쓴 서문이 있고, 맨 뒤에는 1657년(효종 8) 징광사에서 개간開刊할 당시 처능이 칠불암七佛菴에서 작성한 발문이 있다. 이어 개간할 당시 참여한 공덕주와 각원刻員의 명단이 수록되었다.

4. 내용과 성격

상례는 유교에만 있었던 것이 아니다. 『석씨요람』·『선원청규』를 보면 불교에서도 오래전부터 상례가 시행되고 있었음을 알 수 있다. 이러한 상례가 우리나라에 들어와 우리의 민족 정서에 맞게 재조정된 것은, 17세기 유교의 예학이 활발하게 논의되는 분위기에 힘입은 바가 크다고 할 수 있다. 그러한 모습이 『석문상의초』·『석문가례초釋門家禮抄』·『승가예의문僧家禮儀文』에 잘 나타나 있다.

서문에서 각성은 흉례凶禮, 즉 상례喪禮가 매우 중요함에도 불구하고 당시 조선의 불가에는 상의喪儀에 대한 근본이 없고, 시행되고 있는 것은 규범에 맞지 않다고 지적하였다. 그리하여 『선원청규』·『오삼집五杉集』·『석씨요람』에 의거하되 중국의 법은 동방의 예와 맞지 않는 것도 있으므로 핵심만을 뽑아 편찬한다고 하였다.

실제 내용에 있어서도 불교의 상례 절차 외에 유교의 상례 개념인 오복제五服制 등을 수용하는 등 『주자가례朱子家禮』의 영향을 받기도 하였다. 상례의 범위에 속가俗家의 인연까지 포함시킨 것 역시 이 책의 특징으로 볼 수 있다.

상권은 「승오복도僧五服圖」, 「감구효당도龕柩孝堂圖」, 「곡哭」, 「제전祭奠」, 「행조行弔」, 「수조受弔」, 「분상奔喪」, 「장법葬法」, 「사유闍維」, 「송장送葬」의 순이다. 이들은 전체적으로 장지에 이르는 행렬의 절차, 기물器物을 배치하는 방법, 제전 절차 등을 밝힌 것이다.

「승오복도」는 승속 간에 얼마나 오랫동안 복을 입어야 하는지에 대하여 기록하였다.

> 수업을 받았던 스승의 복제服制는 1주년이다. 그러나 훈욱訓勗의 은혜를 입었거나 길러 준 덕을 입은 이로서 어릴 때부터 측근에서 모셨다면 그 의리가 또한 깊을 것이니 효행孝行을 지녀야 할 것이다. 복을 입는 제도만으로 그런 의리를 빼앗을 수는 없으니, 혹 3년 복을 입는다 해도 이치에 어긋남이 없다.

'승오복도'는 상·제례 절차를 다루고 있는 예서에서는 '승속오복도僧俗五服圖'라고 일컫기도 하는데, 보편적으로 본인을 중심으로 무거운 의복에서 가벼운 의복으로 그려 나간다. 위 내용에서 먼저 눈에 띄는 것은, 아무리 스승의 은혜가 지극하더라도 상복을 입지 않는 유가 의례에 비해, 불가 의례에서는 양사養師·계사戒師·수업사受業師·갈마사羯磨師·수학사受學師·교수사敎授師 등 스승의 상례에 복服을 입고 있는 점이다. 그것도 모든 스승에게 일률적으로 적용하지 않고 구분하여 적용하였다.

이것은 불가의 법통과 관계가 있다. 속가의 형제와 승가의 형제, 속가의 백숙伯叔과 승가의 백숙 상에 동등하게 대공복大功服을 입는 것을 보면 무엇보다 계를 우선시하는 불가의 율법이 그대로 반영된 듯하다. 불가에서는 계를 받는 것이 바로 생명을 받는 것과 같고, 계를 준 스승은 부모와 동격이기 때문에 스승의 상喪을 친상親喪과 같이 한 것이다. 수행자가 출가하여 스승으로부터 계를 받고 그의 법통을 잇는 것은 계후자의 경우와 같아서, 출세간의 부모, 즉 나에게 정체를 세워 법통을 잇도록 하신 스승의 상에는 3년복을 입게 한 것이다. 세간의 부모 역시 자신에게 몸을 주신 분이기 때문에 마땅히 3년의 정복을 입는 것이다.

그렇다고 「승오복도」에서 보이는 바와 같이 모든 스승에게 친상과 같이

3년복을 입는 것은 아니다. 나를 양육해 준 양사養師, 계를 준 계사戒師에게만 3년복을 입고 나머지 스승에게는 주년복周年服을 입도록 하고 있다. 계사 외에 양사에게 3년복을 입게 하는 이유는 무엇인가. 양육사는 동자로 출가한 경우 부모와 같이 훈육하여 길러 주시는 스승이므로 부모에 버금가는 은혜를 입은 분이니 3년복을 입는 것이다.

「승오복도」에서는 또 승가의 상복이 어떤 모습이며 어떤 색상을 사용하는지를 다음과 같이 설명하고 있다.

> 효의孝衣의 제도는 모두 법의法衣와 똑같이 하되 3년복은 삼베가 반드시 조금 거친 것으로 만들어야 하고 순수한 황갈색黃褐色으로 염색해야 할 것이며, 곧 두건頭巾도 만들어 써야 한다.

인용문을 보면 승려가 입는 상복은 법복과 다를 바 없지만 조금 더 거친 삼베를 사용하고 황갈색으로 염색해야 한다고 하였다. 본래 승려의 평상복은 납의衲衣 또는 분소의糞掃衣라고 하여 낡고 헌 조각을 기워 만든 것을 입었기 때문에, 상복이라 하여 특별히 평상복보다 더 거친 것을 따로 장만하지는 않았던 것으로 보인다. 또 자세한 해설이 붙어 있는 그림을 보면 승려들은 상복을 세간의 조부모까지만 입도록 하였다. 이는 유교의 예에서 고조부모까지 복을 입는 것과는 비교되는데, 아마도 서민들의 속례俗禮에 따라 2대까지만 복을 입었던 것으로 추정된다.

이러한 「승오복도」는 17세기에 편찬된 『석문가례초』·『승가예의문』에서 각기 다르게 변개된 양상을 보이게 되는데, 이는 종파나 지역적 측면 외에 유가의 상례와 같이 법령으로 제정되거나 통치자들에 의해 강제되는 점이 없었던 것이 중요한 요인으로 보인다.

다음으로 「감구효당도」에서는 관棺(龕)을 들어내는 날의 의례 절차에 대해 설명하며, 범음으로 무상의 이치를 찬탄하게 하고, 다비·상례소·장지에 이르기까지 망자에 대한 길례吉禮와 흉례凶禮를 따져 의식을 치를 것을 권하였다.

「곡」에서는 『열반경』의 비유를 들어 비구는 스승이 죽어도 크게 소리 내어 곡을 해서는 안 되며, 단지 작은 소리로 흐느껴 울어야 한다고 설명하였다.

「제전」에서는 제전의 의미를 먼저 밝혔다. 즉 제전은 '살펴 이른다'는 의미로 사람의 일이 신에게 이르는 것을 말한다고 하며, 석씨의 상례는 세속법과는 다르게 음식·향·꽃 등을 공양해야 함을 설명하였다.

「행조」에서는 『오삼집』의 비유를 들어 상주에게 조문하는 의식을 설명하였다.

「수조」에서는 화상和尙과 사리闍梨는 방석 위에 앉되, 휘장 밖에 손님이 방문하여 조문하게 되면 동문수학한 사람으로서 자신이 나이가 적으면 풀을 깔고 그 위에 서 있고, 나이가 많으면 풀 자리 위에 앉는다고 설명하였다.

「분상」에서는 먼저 분상의 의미를 소개하였다. 즉 분상이란 먼 외지에 있을 때 스승이 입적하신 소식을 들으면 급히 집으로 돌아가는 것을 말한다. 도반들 간에 먼저 의식을 거행하고, 그 후 본원에 이르렀을 때 영골을 탑에 봉안하였으면 그곳에 가서 예배하고 극진한 애도를 표하며, 사찰로 돌아가 법의 권속들에게 조문하는 등의 예법을 설명하였다.

「장법」에서는 인도에서의 수장水葬·화장火葬·토장土葬·임장林葬 등 네 가지 장례법을 소개하였다. 이러한 인도의 장례법에는 윤회를 믿는 불교 이념이 투영되어 있다. 죽은 육신은 빨리 다른 생물에게 보시하고 거기서 벗어난 영혼은 좋은 곳에 가기를 바라는 것이다. 그러나 불교에서는 대부분 화장법을 택했고 이를 다비 혹은 사유闍維라고 한다.

「사유」에서는 사유의 의미를 설명하였다. 사유는 분소焚燒라고도 하는데 풀이하면 태운다는 뜻이다. 팔리어 자페티(jhapeti)를 소리 나는 대로 옮긴 것으로 다비 · 사비斤毘 · 사비다斤毘多 · 야순耶旬 등으로 쓰이기도 한다.

「송장」에서는 선을 하던 스승이 입적하면 무상함을 관하게 하기 위해 장례 시 모두 북을 쳐서 널리 청하는 것에 대해 설명하였다.

하권은 「사리舍利」, 「입탑立塔」, 「명銘」, 「칭고稱孤」, 「소자疏子」, 「조서법弔書法」, 「창의唱衣」, 「기일忌日」, 「제문 양식(祭文式樣)」의 순이다. 이들은 전체적으로 사리를 탑에 모시는 방법과 조문弔文의 격식과 범위 및 그에 대한 답서 요령, 각종 의식 절차에 필요한 제문祭文의 양식을 각각 정리한 것으로, 망자亡者의 지위나 관계 등에 따라 각기 다른 격식이 제시되는 등 매우 상세하게 서술되었다.

「사리」에서 사리는 범어로 설리라設利羅라고 하는데, 계 · 정 · 혜의 인행忍行 공덕으로 이루어진 것이라 설명하였다.

「입탑」에서는 탑塔은 범어로는 탑파塔婆라고 하고, 부도 또는 무덤이라고도 한다는 것을 설명하였다. '입탑'은 망승의 시신을 탑 안에 그대로 안치하는 것을 말한다. 때문에 수골收骨을 하는 절차가 없다.

「명」에서는 석자들은 선승의 덕과 가르침을 잘 새겨 기록해야 함을 설명하였다.

「칭고」에서는 고자孤子의 의미를 설명하며, 승려들을 보고 고제자孤弟子라 함은 옳지 못하고, 소사小師라고 하는 것이 합당함을 설명하였다.

「소자」에서는 『석씨요람』에서 발췌한 내용을 가지고, 소疏란 부처님께 아뢰는 편지로서 이 '소문疏文'을 가지고 재齋를 지내는 이의 마음을 소통한다고 설명하였다. 또한 돌아가신 분이 아무리 훌륭하다고 해도 부처님 앞에서는 반드시 그 이름을 호명해야 한다고 하였다.

「조서법」에서는 상주의 지위에 따라 애도하는 문구의 차이를 설명하였다.

「창의」에서는 죽은 스님의 의발과 기타 도구들을 경매에 부쳐 금전으로 바꾸는 창의를 상규에 따라 하는 것을 설명하였다.

「기일」에서는 천하의 모든 대중이 법회를 열고 공양한 날이 바로 기일임을 설명하였다.

「제문 양식」에서는 입관할 때, 감구龕柩에 들일 때, 산소에 이르러 다비할 때, 약식으로 제물을 놓고 고인을 추모할 때, 화상和尙이 소사小師의 제사를 지낼 때, 부모님 상에 제문을 올릴 때 등의 서식을 소개하였다.

이상의 내용을 보면 분명 각성이 참고했던 『선원청규』와도 상·제례의 차이를 보이는데, 『석문상의초』에서는 시신을 그대로 입탑하는 경우는 거의 볼 수 없고, 대개 분소焚燒하여 입탑入塔한다고 설명하고 있다. 또한 명정서규名旌書規 쓰는 방법과 경우에 따라 조서弔書하고 답서答書하는 것이 매우 상세하게 기록되어 있는 점 등은 상·제례서로서 『석문상의초』가 가지는 특징이라고 할 수 있다.

각성이 『석문상의초』를 편찬하던 시기를 살펴보면 당시는 조선 사회 전반에 걸쳐 『주자가례』가 본격적으로 정착하기 시작한 때로 예학의 이해가 학문적으로 심화되고 있었다. 이러한 사회적인 변화는 불교계에도 영향을 미쳐 『석문상의초』 외에도 각성의 제자 나암 진일懶庵眞一의 『석문가례초』, 허백 명조虛白明照의 『승가예의문』 등 일련의 불교 의례문이 작성된 것으로 보인다. 이 시기 작성된 불교 의례문은 불교의 청규서를 기본으로 하되 『주자가례』로 대표되는 유교의 의례도 적극적으로 수용한 것이 큰 특징이다. 또한 조선 중기 불교계를 양분하고 있었던 부휴계浮休系와 사명계四溟系에서 각각 의례문을 만들었다는 점도 주목할 필요가 있다.

발문은 정유년(1657) 봄에 제자인 처능이 작성하였다. 각성이 『석문상의釋門喪儀』를 편찬한 사실과 장차 사라져 없어질 것을 두려워 해 처능 자신이 베껴 써서 판목에 새긴 사실을 약술하였다.

참고로 동국대 소장본의 『석문상의초』에 추가되어 있는 「다비문茶毘文」과 「다비작법茶毘作法」은 불교식 장례에서 가장 중요한 순서인 다비 의식의 절차와 방법 및 의식문을 상세하게 기술한 글이다. 「다비문」은 망자의 명정名旌을 작성하는 방법이 맨 앞에 나오는데 대종사大宗師 · 염불인念佛人 · 좌선인坐禪人 · 판사인判事人 · 도학인學道人 · 평상인平常人으로 구분하여 각기 달리 제시하였다. 이어 다비 절차를 자세히 기술하였는데, 진행에 필요한 여러 가지 기물이나 영정影幀 · 명정 등의 배설 요령, 게偈 · 진언眞言 · 제문祭文 등의 서술 방법도 매우 자세하게 작성하였으며, 승·속의 구별을 두고 있는 것이 특징이다.

「다비문」에는 강희 44년(숙종 31, 1705) 징광사에서 개간했다는 간기가 있다. 기존의 『석문상의초』를 중간하면서 승가의 상법喪法에 대한 글인 「다비문」을 첨부하여 간행한 것으로 생각된다. 이는 17세기 중·후반 불교계에서 상례로 대표되는 의례가 대대적으로 정비되어 편찬되고 있었음을 의미한다.

5. 가치

『한국불교의례자료총서』(박세민 편, 보경문화사, 1993)에 수록된 144권의 불교 의례서 가운데 조선 시대 간행된 것으로서 상·제례만을 모은 예서禮書는 『석문상의초』·『석문가례초』·『승가예의문』·『다비문』·『다비작법』 5권 정도에 불과하다. 불가의 재의식이 대부분 죽음과 관련된 것임에도 정작 상·제례만 다룬 예서의 간행이 적다는 것은, 불가의 상례가 종교의식으로서 기능하며 망자의 영혼을 극락으로 천도하기 위한 의식에 더 초점이 맞추어져 있기 때문일 것이다. 특히 불교에 귀의한 출가자들이 비록 속가의 인연을 끊고 떠나 살기는 해도 인간이 가지고 있는 그 윤리적 심성마저 저버리고 삶을 영위하는 것은 아니라는 각성의 말을 통해 『석문상의초』를 집필한 몇 가지 의도를 엿볼 수 있다.

이 책의 가치를 약술하면 다음과 같다.

첫째, 이 책에서는 불교의 상례를 유교의 상례와 대비하기도 하고 일부 절차에는 유교 의식을 가미하면서 일반 서민들의 속례俗禮와도 유사점을 띠고 있다. 이것은 편자가 시대의 조류를 읽으며 불교의 상례 안에 민중을 포섭하고자 하는 포교 방편적 의도를 보여 주고 있다는 점에서 시대적 의의를 가진다.

둘째, 중국과 고려 시대의 불교 서적들을 참조하면서도 우리에게 맞는 상·제례서를 만들고자 했다는 점이다. 불교가 세속의 인연을 끊고 출가하기 때문에 무부無父·무군無君의 혐의를 받기도 하지만, 인간 본연의 윤리적 심성인 상례를 소홀히 할 수 없다는 점을 나타냄으로써 불교가 예제를 통해 인간 질서의 보편적이고 윤리적인 기준을 따른다는 점을 보여 주고자 한 측면이 있다. 나아가 이 책에서는 이를 우리의 실정에 맞도록 구체화시키고 있다는 점이 주목된다.

셋째, 이 책은 불가의 상·제례를 통해 불교 집단의 정통성, 즉 법통을 세우고 결속력을 강화시키고 있다. 원래 유교에서는 스승의 도를 계승하였다고 해도 스승을 위해서는 상복을 입을 수 없지만, 불가에서는 생명을 준 부모와 계로써 새로운 생명을 준 스승에게 가장 무거운 3년복을 입게 하고 그 대상을 포괄적으로 확대하고 있는 것이 그 단적인 예이다.

이렇듯 『석문상의초』는 불교의 예법을 전승함에 있어 조선 시대 불교 상례에 관한 최초의 의식집이라 할 수 있다. 그리고 유교 예법과 그 절차에 불교가 어떤 방식으로 대응하여 불교적 예법을 수행하였는가를 보여 주는 귀중한 자료적 가치가 있다. 또한 조선 시대 유교와 불교의 상례법을 비교 연구함에 있어 『석문가례초』와 더불어 귀중한 문헌적 가치를 지닌다고 할 수 있다.

6. 참고 문헌

각성覺性 편, 『석문상의초釋門喪儀抄』, 『한국불교전서』 제8책, 동국대학교출판부.

진일眞一 편, 『석문가례초釋門家禮抄』, 『한국불교전서』 제8책, 동국대학교출판부.

명조明照 편, 『승가예의문僧家禮儀文』, 『한국불교전서』 제8책, 동국대학교출판부.

『석씨요람釋氏要覽』 권하, 『대정신수대장경大正新脩大藏經』 제54책.

박세민朴世敏 편, 『한국불교의례자료총서韓國佛敎儀禮資料叢書』, 보경문화사, 1993.

동국대학교 불교문화연구소 편, 『한국불교찬술문헌총록韓國佛敎撰述文獻總錄』, 동국대학교출판부, 1976.

김용덕, 「상장례 풍속의 사적 고찰」, 『관혼상제』(한국민속학연구논저 v.15), 거산, 1998.

정각正覺(문상련), 『한국의 불교의례 I』, 운주사, 2001.

__________, 「상장례에 나타난 왕생미타정토 행법—한국 소전 행법의 형태적 측면을 중심으로」, 『정토학연구』 제6집, 한국정토학회, 2003.

황영환, 「한국 가례서의 발전계통에 관한 서지적 연구」, 『서지학연구』 제10집, 서지학회, 1994.

차례

일러두기

1 '한글본 한국불교전서'는 문화체육관광부의 지원을 받아 동국대학교 불교학술원에서 수행하고 있는 '불교기록문화유산아카이브(ABC)사업'의 결과물을 출간한 것이다.
2 이 책의 번역은 『한국불교전서』(동국대학교출판부 간행) 제8책에 수록된 『석문상의초釋門喪儀抄』를 저본으로 하였다.
3 번역문에 이어 원문을 병기하였다. 원문은 『한국불교전서』를 대본으로 하였으며, 띄어쓰기를 표시하기 위해 고리점(。)을 사용하였다.
4 원문의 교감 사항은 번역문의 미주와 별도로 원문 아래 부분에 제시하였다.
㉯은 『한국불교전서』 편찬자가 교감한 내용이다.
㉰은 번역자가 교감한 내용이다.
5 약물은 다음과 같다.
『 』: 서명
「 」: 편명, 산문 작품

석문상의초釋門喪儀抄 서문

대개 길례吉禮(관례·혼례 등)는 조금 가볍게 여겨도 되지만 흉례凶禮(상례)는 더욱 소중하게 여겨야 한다. 이미 이가 나고 머리카락이 난 사람[1]이라면 어떻게 한결같이 정을 잊고 그 예를 끊어 버릴 수 있겠는가? 아무리 우리 종파가 적멸寂滅[2]로 즐거움을 삼고 생사를 아무렇지도 않은 일로 여긴다지만, 바른 비니毘尼(律)를 따른 후에야 법칙에 부합하게 될 것이다.

『석씨상의釋氏喪儀』와 같은 책은 우리나라(東國)에는 본래 그런 책이 없었으니, 석씨의 집안에서 덕 높으신 스님이 돌아가시면 흉례를 치름에 있어서 어긋나는 일이 많았다. 감실龕室·당당當堂·애읍哀泣의 경우는 세속과 똑같이 하였는데, 이미 좋은 방법을 만들어 낼 길도 없고 게다가 옛 법을 따르는 방법조차 사라져 버리고 말았다.

그리하여 대대로 내려오면서 전례前例만을 답습하는 것으로 실로 슬픔을 견뎌 내는 역할을 해 왔다. 아울러 구조口弔와 제문祭文에 대해서는 말은 풍성하지만 상고할 길이 없고, 제복制服의 경중도 규범에 맞는 것이 없으며, 수답酬答하는 제서題書에 있어서도 높고 낮은 신분을 다하지 못

1 이가 나고~난 사람 : 원문의 '함치대발含齒戴髮'은 입속에 이가 나 있고 머리에는 머리카락이 나 있다는 말로서 사람을 지칭하는 것이다.

2 적멸寂滅 : 번뇌煩惱의 경지를 벗어나 생사生死의 괴로움을 끊음을 말한다.

하였으며 사유闍維(다비)와 도종導從[3]에 있어서도 길례와 흉례가 서로 뒤섞여 있었다. 내가 이를 늘 마음에 언짢게 생각해 오던 차에 근래 자각慈覺 대사의『선원청규禪院淸規』와 응지應之 대사의『오삼집五杉集』, 그리고『석씨요람釋氏要覽』을 얻어 모조리 열람해 보니, 그 가운데 가장 귀감龜鑑이 되는 것은 상례喪禮 한 의식으로 매우 자세하였으나 다만 그것은 중국에서 숭상하는 법으로 동방의 예와는 걸맞지 않았다. 그런 까닭에 그 요점만을 초출抄出하여 상·하 두 편으로 나누어서 초학初學들에게 부쳐 주노라.

때는 대명大明 숭정崇禎 병자丙子년(1636) 가을날 벽암碧巖 장로가 화엄사 장실丈室에서 쓰다.

釋門喪儀抄序

夫吉禮且輕。凶禮尤重。旣含齒戴髮。豈可一槩忘情而絶其禮哉。雖我宗以寂滅爲樂。生死是常。隨方毗尼。後合其則。如釋氏喪儀。東國素無其本。釋門上德歸寂。凶禮多違。龕室當堂哀泣同俗。旣無生善之路。且虧遵古之道。遞相沿襲。實所堪傷。兼逎口吊祭文。言多無稽。制服輕重。罔所合規。至於酬答書題。匪窮高下。闍維導從。凶吉相叅。余每以介懷。近得慈覺大師禪院淸規。應之大師五杉集釋氏要覽讀之。其中最爲龜鑑者。喪禮一儀甚詳。而但是中國所尙之法。不合東方之禮故。抄出其要。分爲上下篇。以寄初學云。

旹大明崇禎丙子秋。日。碧巖長老。書于華嚴寺丈室中。

3 도종導從 : 행렬의 앞과 뒤에서 수행하는 사람. 도導는 앞에 서는 사람을, 종從은 뒤에 따라가는 사람을 이른다.

석문상의초 상편

釋門喪儀抄* 上篇

벽암 각성碧巖覺性 엮음

* ㉮ 저본은 징광사澄光寺 개판본開板本이다.(순치順治 14년 백곡 처능白谷處能의 간기가 있는 서울대학교 소장『백우집百愚集』합철본) 갑본은 같은 징광사 개판본이다.(동국대학교 소장, 약간 가필한 곳이 있어 갑본으로 삼음)

승오복도僧五服圖

3년은 25개월, 대공大功은 9개월, 소공小功은 5개월, 시마緦麻는 3개월. 같은 법문法門은 상喪에 따른다(隨喪).

		조부모【주년[1]】		
	속백숙【대공】	부모【3년】	승백숙【대공】	
증계사【대공】	교수사【주년】	득계화상【3년】	갈마사【주년】	수학사【3년】
승속질【소공】	승형제【대공】	수업사【3년】	속형제【대공】	수업제자【수상】
	의형제【수상】	친상제자【주년】	의백숙【소공】	
		친상법손【대공】		

수업을 받았던 스승의 복제服制는 1주년이다. 그러나 훈욱訓勗[2]의 은혜를 입었거나 길러 준 덕을 입은 이로서 어릴 때부터 측근에서 모셨다면 그 의리가 또한 깊을 터이니 효행孝行을 지녀야 할 것이다. 복을 입는 제도만으로 그런 의리를 빼앗을 수는 없으니, 혹 3년복을 입는다 해도 이치에 어긋남이 없다.

1 주년周年 : 13개월.

2 훈욱訓勗 : 힘써 가르치고 권면함.

효의孝衣[3]의 제도는 모두 법의法衣와 똑같이 하되 3년복은 삼베가 반드시 조금 거친 것으로 만들어야 하고 순수한 황갈색黃褐色으로 염색해야 할 것이며, 곧 두건頭巾도 만들어 써야 한다.

관모冠帽에 대해서는 주년복周年服으로부터 대공大功의 복에 이르기까지 역시 법의를 따라 갖추어야 하고, 두건도 만들어 쓰되 3년의 복제와 똑같이 하면 된다.

초종初終[4]의 의례儀禮는 당연히 세속과는 다르니, 누워서 임종할 경우에는 곧 오른쪽 옆구리를 자리에 대고 머리는 북쪽으로 하고 얼굴은 서쪽을 향하게 한 다음 이불로 덮어야 한다. 만약 앉아서 임종한 경우라면 곧 승상繩床[5]에 앉게 하고 얼굴은 남쪽을 향하게 한다.

중당中堂[6]에 향과 등과 차茶를 진설해 놓고 시신을 입감入龕[7]할 때를 기

---

3 효의孝衣 : 수의壽衣와 같은 뜻이다. 수의란 염습殮襲할 때 시신에 입히는 옷을 말하는 것으로서 세제지구歲製之具라고도 한다. 유교의 의식을 따르기 전 우리나라의 옛 수의가 어떠한 것인지는 확실치 않으나, 사람이 죽어서 입는 옷이니만큼 당시의 성장盛裝으로 수의를 삼았을 것으로 추측된다. 수의는 주로 윤달에 마련하는데, 하루에 완성하여야 하고 완성된 것은 좀이 쏠지 않게 담뱃잎이나 박하 잎을 옷 사이에 두어 보관하며, 7월 칠석七夕에 거풍하였다. 재료는 양반집에서는 비단으로 하였으나 일반은 명주로 만들었다. 조선 시대에는 관冠·혼婚·상喪·제祭의 사례四禮를 유교, 특히 『朱子家禮』에 준하여 거행하였다. 수의는 『四禮便覽』「喪禮條」에 따르면 다음과 같다. 남자는 복건幅巾·망건網巾·심의深衣 또는 단령團領·납褡(소매 없는 氅衣) 또는 직령直領·대帶(條帶)·과두裹頭(배와 허리를 싸는 것), 포오袍襖(中赤莫)와 같은 설의褻衣, 한삼汗衫(몸에 다는 小衫, 속칭 적삼)·고袴·단고單袴(속바지)·소대小帶(허리띠)·늑백勒帛(속칭 행전)·말襪·구屨·엄掩(裹首)·충이充耳·멱목幎目(覆面)·악수握手(裹手)를 갖추었다. 여자의 경우는 사纚·심의 또는 단의褖衣 또는 원삼圓衫·장오자長襖子(속칭 長衣)·대·삼자衫子(속칭 唐衣)·포오(속칭 저고리)·소삼小衫(적삼)·과두裹肚(속칭 요대)·상裳·고·단고·말·채혜彩鞋·엄·충이·명목·악수 등이다. 위의 수의는 관습화하여 오늘날에도 특수한 종교 의식에 의한 염습 외에는 이를 따르며, 후박厚薄이 있을 뿐이다.

4 초종初終 : 보통 초상初喪이라는 말을 예문禮文에서 쓰는 말이다.

5 승상繩床 : 노끈으로 얽어서 접었다 폈다 할 수 있게 만든 의자. 속칭 와상臥牀이라 하기도 하고, 또는 교상交牀·승상繩牀·호상胡牀이라고도 한다.

6 중당中堂 : ① 당상堂上 남북의 중간. ② 천태종에서 본존本尊을 안치하는 본당을 이르는 말.

7 입감入龕 : 시신을 관에 넣는 절차를 말한다. 오늘날 승려의 경우에는 입감이라 하고, 재가자인 경우에는 입관入棺이라고 한다.

다리고 있다가 정토주淨土呪[8]와 존승주尊勝呪[9]를 그 사이에 끼워 넣어 주는 것이 좋다. 일이 다 갖추어졌으면(事辦) 곧바로 입관하고 또한 제문을 고하며, 만약 일이 채 갖추어지지 않았으면 이불로 시신을 덮은 뒤에 곧 시신 옆에 임시로 승상을 설치하고 향을 사르고 등을 계속하여 밝히되 잠시라도 끊어짐이 없게 해야 한다.

시신 동쪽에 풀이나 거적을 깔고 상주(孝子)는 거기 앉아서 곡을 하되 그 소리가 한결같아야 하며 다른 말이 섞여서는 안 된다. 만약 1주년 복을 입어야 하는 상주라면 곧 거적자리에 앉아서 혹 어떤 사람이 조문弔問을 오면, 다만 매우 슬퍼하기만 할 따름이다. 혹 손을 잡는 이가 있더라도 진실로 응답應答하는 말이 없어야 하며, 시신을 입관한 다음에 안착安着할 곳을 잡으면 그제야 도판과 같이 나열해 선다.

僧五服圖

三年者。【二十五月。】 大功者。【九月】 小功者。【五月。】 緦麻者。【三月。】 同法門者。

【隨喪。】

8 정토주淨土呪 : 무량수불설왕생정토주無量壽佛說往生淨土呪를 말한다. “나무 아미다바야 다타가다야 다디야타 아미리 도바비아미리다 싯담바비 아미리다 비가란제 아미리다 비기란다가미니 가가나 깃다가례 사바하.”

9 존승주尊勝呪 : 불정존승다라니佛頂尊勝陀羅尼를 말한다. “나모바가바테 트라이로캬 프라티비시스타야 붇다야 바가바테 타댜타 옴 비숟다야 사마사만타 바바사스파라나 가티가하나 스바바바비숟데 아비심차투맘 수가타바라바차나 아므르타비사이카이 아하라 아하라 아유산다라니 숟다야숟다야 가가나비숟데 우스니사비자야비숟데 사하스라라스미삼수디테 사르바타타가타바루카니 사트파라미타파리푸라니 사르바타타가타흐르다야 디스타나디스티타 마하무드레 바즈라카야 숨하타나비숟데 사르바바라나바야두르가티파리숟데 프라티니바르타야 아유숟데 사마야디스티테 마니마니마하마니 타타타부타코티파리숟데비스포타보디숟데 자야자야 비자야비자야 스마라스마라 사르바붇다 디스티타숟데 바즈리바즈라가르베 바즈람바바투마마 샤 사리람사르바사트바남차 카야파리비숟데 사르바가티파리숟데 사르바타타가타스 차메사마스바사얀토사르바타타가타 사마스바사디스티테 붇댜붇댜 비부다야 비부다야 사만타파리숟데 사르바타타 가타흐르다야 디스타나디스티타 마하무드레 스바하.”

		祖父母 【周年】		
	俗伯叔 【大功】	父母 【三年】	僧伯叔 【大功】	
證戒師 【大功】	教授師 【周年】	得戒和尙 【三年】	羯磨師 【周年】	授學師 【三年】
僧俗姪 【小功】	僧兄弟 【大功】	受業師 【三年】	俗兄弟 【大功】	受業弟子 【隨喪】
	義兄弟 【隨喪】	親上弟子 【周年】	義伯叔 【小功】	
		親上法孫 【大功】		

受業之師。服制周年。若以訓勗之恩育養之德。自少左右。其義亦深。孝行存焉。衣制不可奪。或服三年。理亦無失也。孝衣之制。皆同法衣。而其三年之服者。布須稍麁。純染黃褐。即添頭巾。以當冠帽。自周季大功之服。亦隨法衣而備。即添頭巾。同三年之制度造矣。初終之儀。當須異俗。臥終即以右脇着席。北首面西。以衾覆之。若坐亡即安繩床面南也。中堂設香燈茶。以候入龕。淨土呪及尊勝呪。可以間列。事辦即入龕柩。亦祭告之。若未辦。以衾覆後。即於屍邊。權設繩床焚香續明。庶無間斷屍東敷草薦。孝子坐哭。一任其聲。不用他詞。如周年之孝者。即坐席薦。若有人吊問。但哀哀而已。或執手。固無應答之詞。入龕柩然後。安着有所。今列于圖。

감구효당도龕柩孝堂圖

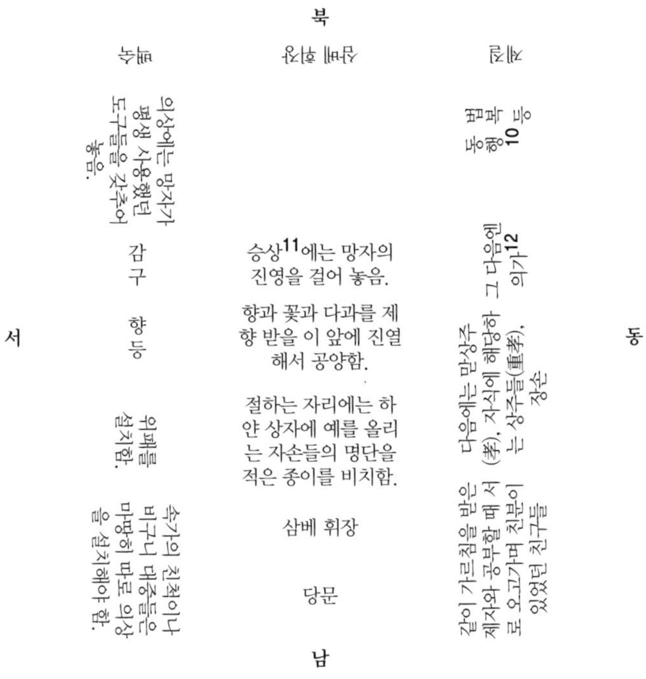

장차 감구龕柩(관)를 들어내려고 하는 날 저녁에는 반드시 죽음을 애도하는 노래 따위나 희극 같은 일들을 해서는 안 되며, 범음梵音(범패)을 잘

10 동행童行 : 선사禪寺에서 아직 승려가 되지 않은 나이 어린 행자.

11 승상繩床 : 주 5 참조.

12 의가衣架 : 옷을 걸도록 만든 도구.

하는 사람에게 명하여 이 몸은 무상無常한 것이고 괴로운 것이며 텅 빈 것이라는 이치를 찬탄하게 하는 것이 좋다. 혹은 열반涅槃[13]의 네 가지 덕德[14]인 상락아정常樂我淨의 법을 찬양하여 읊으며, 사무를 거행할 때에도 마땅히 선한 마음을 일으키도록 하는 방법이 좋다.[15]

다비茶毘·상례소喪禮疏에서는 '소호疏呼'를 '환산還山'이라고 하니 대체로 세속과는 다르다. 그 길례吉禮와 흉례凶禮의 도종導從[16] 의식은 망자의 덕망의 경중을 따라서 갖추어 행하는데, 너무 화려하게 지내는 것을 경계해야 한다.

먼저 길례에 갖추어야 할 것은 젊은 스님과 사미沙彌를 미리 가려 뽑아서 당기幢旗와 번기幡旗를 들게 하고, 손에는 향로香爐와 나발螺鈸 같은 사물을 들게 하여 두 줄로 행렬을 만든다. 범패 잘하는 사람을 시켜 큰 소리로 길게 늘여서 상락아정의 게송을 읊게 한다.

만약 상여喪輿가 갖추어졌으면 다음에는 종鐘과 경쇠(磬), 향로와 여의주미如意麈尾와 법복法服 등의 물건을 안치하고 그 다음으로는 선상禪床(혼백을 모시는 가마)을 받들어 혼여魂輿(혼백을 태운 가마)를 대신한 것으로써 산에서 돌아오면, 다만 이 선상을 맞이하여 중당中堂[17]에 안치하고 혼령의 자리(靈座[18])를 만든다.

---

13 열반涅槃 : Ⓢ Nirvāna. 적멸寂滅·불생不生·무위無爲·안락安樂·해탈解脫·원적圓寂·영생永生으로도 표기한다.

14 열반의 네 가지 덕(涅槃四德) : ① 상항불변常恒不變하여 생멸生滅이 없으며 수연화용隨緣化用이 부덕不德함을 말하는 상덕常德. ② 적멸무위寂滅無爲하여 언제나 안락무우安樂無憂함을 말하는 낙덕樂德. ③ 대아大我·진아眞我의 자실自實함을 말하며 용用에 있어서 팔대자재아八大自在我를 갖춤을 말하는 아덕我德. ④ 일체구염一切垢染을 해탈解脫하여 어떠한 경계에도 오염汚染되지 않음을 말하는 정덕淨德.

15 마땅히 선한~방법이 좋다 : 혹은 '마땅히 좋은 곳에 태어나리라라고 말해야 한다.'로도 해석된다.

16 도종導從 : 행렬의 앞뒤에서 수행하는 사람. 도導는 앞에 서는 사람, 종從은 뒤에 따라가는 사람을 이른다.

17 중당中堂 : 주 6 참조.

18 영좌靈座 : 신주를 모시는 자리.

다음에 흉례에 갖추어야 할 것은 흰 당기와 비단으로 만든 번기, 그리고 사라화沙羅花와 명銘과 지誌인데 삼오三五 동자[19]를 시켜 수건과 깨끗한 물병, 짚신과 전대와 삿갓 따위의 물건들을 들도록 하고, 또 동자 네 명을 시켜 백련白練(흰 명주)을 끌게 하고 또 네 명에게는 흰 마불麻紼[20]을 잡게 한다. 시신이 들어 있는 감구 곁에 있어야 할 사람은 바로 상주들인데, 그 중에서도 은혜가 중한 사람은 감구 곁 가까이에서 곡을 하고, 좀 가벼운 사람은 그 다음에 서서 곡을 하며, 높고 낮은 친우들은 감구를 둘러싸고 따라간다.

산소에 이르러서는 먼저 광壙[21]의 서쪽에 흰 천으로 된 차일을 치고 승상을 설치하고, 향과 차 따위의 물건을 갖추어 놓는다. 감구는 곧 광의 앞쪽에 놓아두는데 얼굴을 남쪽으로 향하게 하여 안치하고, 상주들은 시신이 든 관 동쪽에 있으며, 혹은 관 앞에 바짝 다가가 감구를 의지해서 애달프고 슬픔을 극진히 하여 곡을 하기도 한다.

상례의 일을 집전하는 이가 다비茶毘를 하기에 앞서 제문을 고하고, 또 동쪽에 깨끗한 자리를 깔고 시식時食을 갖추어 차려 놓고 산야山野의 신에게 시식施食한다. 지주持呪(주문을 지송하는 것)를 잘하는 사람으로 음식을 가지加持[22]하게 한다. 그런 일이 끝나면 도종들은 승상을 모시고 본원本院에 돌아와서 중당에 안치하고, 법에 따라 공양을 올린다. 서쪽에 하나의 상을 설치하고 평생토록 지녔던 도구道具들을 진열해 놓는다.

미리 다비할 곳을 찾아 땅을 평평하게 골라서 대臺를 만들고 그 대의 중

---

19 삼오三五 동자 : 삼오는 세 명 내지 다섯 명인지, 아니면 15세 동자인지 명확히 알 수는 없으나 일반적이라면 후자인 경우가 많다.

20 마불麻紼 : 삼으로 만든 상여를 멜 때 사용하는 줄.

21 광壙 : 시신을 매장하기 위해 파 놓은 구덩이.

22 가지加持 : ① 부처님의 대자대비大慈大悲한 힘의 가호를 받아 중생衆生이 불범일체佛凡一體의 경지로 들어가는 일. 진언종眞言宗·천태종天台宗의 밀교密敎의 행자行者가 손으로 인계印契를 맺고, 입으로 진언眞言을 외며 마음이 삼매三昧에 들면, 이 경지에 도달한다고 한다. ② 기도祈禱.

앙을 약 석 자 정도의 깊이로 구덩이를 파고 그 안에 물그릇을 넣어 둔다.

—이것을 중방수中方水라 한다. 언전諺傳[23]에 의하면 "영골수靈骨水를 받든다."라고 하는데 그 말은 잘못이다.[24]

중방수를 평평한 돌로 덮고 흙으로 메운 다음 그 위에 장작을 쌓는다. 감龕(널)을 들어 장작 위에 얹어 놓고 제문을 고한다. 제문 고하기를 마친 뒤에 법사와 대중들이 함께 아미타불阿彌陀佛을 열 번 외우고, 다시 관 위에 장작과 땔감을 쌓는다. (이와 같이 화장 준비가 모두 끝나면 오방기五方旗를 세우는데,) 장작더미 맨 위에 노란색 번기幡旗를 세운다. 파란색 번기는 동쪽에 세우고, 붉은색 번기는 남쪽에 세우며, 흰색 번기는 서쪽에 세우고, 검은색 번기는 북쪽에 세우는데, 노란색 번기가 있는 곳에서 사방四方 번기와의 거리가 각각 일곱 걸음쯤 떨어진 곳에 세운다.

사방의 기旗 앞에도 각각 물그릇을 놓은 뒤 (오방五方 부처님께 이제 귀의하는 영가를 접인接引하여 주도록) 다음과 같이 범음으로 창송唱誦한다.

중방中方 비로사나毘盧遮那부처님께 귀의하오니, 아무(某) 영가를 황유리黃琉璃 세계로 인도하여 주옵소서.

대중들은 따라서 다음과 같이 화답한다.

---

23 언전諺傳 : 속전俗傳과 같은 의미로서 민간에 말을 퍼뜨려 전함. 또는 그렇게 전하여 내려오는 것을 이르는 말이다.

24 이 부분은 원문에 한 행 아래로 처리되어 있는 것으로 보아 아마도 편자의 해설로 보이므로 '—'로 표시하고 본문보다 1자 들여쓰기로 구분하였으며, 원문에서도 별행 처리하여 1자 들여쓰기로 구분하였다.(이하 동일)

아미타부처님께 귀명歸命합니다.【아래에서도 대중들이 따라 화답하는 내용은 모두 이것을 따른다.】

범음으로 다시 다음과 같이 창송한다.

동방東方 약사유리광藥師琉璃光부처님께 귀의하오니, 아무 영가를 청유리靑琉璃 세계로 인도하여 주옵소서.

또 다음과 같이 창唱한다.

남방南方 보승寶勝여래님께 귀의하오니, 아무 영가를 적유리赤琉璃 세계로 인도하여 주옵소서.

또 다음과 같이 창한다.

서방西方 무량수無量壽여래님께 귀의하오니, 아무 영가를 백유리白琉璃 세계로 인도하여 주옵소서.

또 다음과 같이 창한다.

북방北方 부동존不動尊여래님께 귀의하오니, 아무 영가를 흑유리黑琉璃 세계로 인도하여 주옵소서.

이렇게 한 연후에 법사가 거화擧火 착어着語를 하면 다섯 사람이 각각 불을 들고 오방에 서 있다가 법사가 다시 하화下火 착어를 마치면 곧바로 불을 붙인다. 그러면 대중들은 합창하여 염불하고 법사와 열 사람이 함께

「행원품行願品」을 독송한다.

다음날 일을 집행하는 사람이 영골靈骨을 거두어 탑塔에 안치한다.【이상은『오삼집』에서 뽑아낸 것이다.】

석씨釋氏의 죽음을 열반涅槃·원적圓寂·귀진歸眞·귀적歸寂·멸도滅度·천화遷化·순세順世라고 말하는데 다 똑같은 의미이다. 편의에 따라 일컫는 말로서 아마도 세속과는 다를 것이다.

감龕은 탑塔을 이르는 말이다.[25] 석씨의 온몸(周身)의 모습이 탑과 같다. 그런 까닭에 감이라고 이름을 붙인 것이다. 또는 성盛(담는다는 의미)이라 하기도 하는데 이것이 아마도 세속과 다른 점이리라.

비단으로 관을 만들어 시신을 덮기도 하는데 이 경우는 감자龕子가 없을 때 하는 것이다. 그러므로 마치 배와 같은 모양으로 만든다.[26]

약자篛子는 대나무로 뼈대를 만들고 흰 비단으로 만輓(수레를 끄는 줄)을 만든다.[27]

또 시신을 두루 감추는 것을 널(棺)이라고 말하는데 관棺은 관寬의 의미이다.[28]『석명釋名』에서는 '관闗'이라 하였다. 관을 만드는 이유는 추한 형체를 가리기 위해서이다. 또 시신이 널 속에 있는 것을 구柩라고 하는데, 구는 '오래(久)'라는 의미이니 다시는 드러나지 못하기 때문이다.[29]

석씨의 상복喪服에 관해서는『열반경涅槃經』과 모든 율律을 다 읽어 보았으나 어디에도 그런 제도가 없었다. 지금『증휘기增輝記』에 준해 보면『예기禮記』를 인용하여 이르기를 "복제服制에는 세 가지가 있으니, 첫째는

25 감龕은 탑塔을 이르는 말이다 :『唐韻』에 나오는 말이다.
26 그러므로 마치~모양으로 만든다 : 원문에는 '고제약故制若'으로 되어 있는데 의미가 통하지 않는다.『釋氏要覽』에는 '고제약선故制若船'으로 되어 있다. 후자에 따라 번역한다.
27 비단으로 만輓을 만든다 :『南山鈔』에 나오는 내용이다.
28 시신을 두루~관寬의 의미이다 :『周禮』에 나오는 말이다.
29 관을 만드는~못하기 때문이다 :『白虎通』에 나오는 말이다.

정복正服이고, 둘째는 의복儀服이며, 셋째는 강복降服이다."라고 하였다. 『백호통白虎通』에 이르기를 "제자가 스승에 대하여 임금과 신하, 아비와 아들의 도리가 있기 때문에 살아 있을 적에는 존경하여 친근히 하고, 돌아가시고 나면 애통하게 여기면서 사모해야 한다. 은혜가 깊고 의리가 중하니, 그런 까닭에 강복의 제도가 생겨난 것이다."라고 하였다.

『석씨상의釋氏喪儀』에 이르기를 "만약 직접 가르침을 받은 화상에 대해서는 부모의 예와 똑같이 하고, 훈육訓育한 은혜가 깊으면 그 예는 다 3년의 복제를 따른다. 만약 의지사依止師[30]에게서 양육과 법과 가르침의 도움을 받았을 경우엔 화상에 대한 상복의 절차를 따른다."라고 하였다.

—스승에 대한 복은 모두 법복과 똑같이 하되 다만 조금 거친 삼베에다가 순수한 황갈색으로 염색해서 만들면 된다.[31]

『증휘기』에 이르기를 "다만 주름진 것 같은(蒼皴) 모습의 푸른색을 물들여서 평상복과 조금 다르게 할 뿐이다."라고 하였다.

관冠도 역시 거친 삼베로 만들되 이 또한 황갈색으로 염색해야 한다.【이른바 '의지사'란 우리나라 말로 하면 곧 나를 양육해 주신 스승이다.】

상주는 어버이를 잃고 나면 슬프고 애달파서 곡을 하며 울고, 3일 동안 아무것도 먹지 않아 신체가 마르고 병이 들기 때문에 지팡이로 몸을 부호扶護하나니 이는 죽음 때문에 산 사람이 상하는 일이 없게 하려 함이다. 어린아이나 부녀자는 지팡이를 짚지 않으니 그들은 병드는 일이 있지 않기 때문이다.

그런데 지금 석자釋子(승려)들은 마음과 형체가 속인과는 달라서 무상無

---

30 의지사依止師 : 그 문하에 있으면서 학업을 받거나, 선리禪理를 탐구하며 따라 모시던 스승.

31 스승에 대한~만들면 된다 : 『五杉集』에 나오는 말이다.

常함을 통달해 알고 있기 때문에 비록 어버이나 스승을 잃었다 하더라도 곡기를 끊어서 병을 얻는 일이 없는데 어찌 지팡이가 필요하겠는가? 이는 불효하거나 부인이나 동자 등이라서 그런 것이 아니라 대개 율과 예, 그리고 종교적인 것이 같지 않기 때문에 그 지팡이를 사용하지 않는 것이니 이 또한 과실이 아니다.

龕柩孝堂圖

將啓龕柩之夕。不須置歌挽之流。戲劇之事。宜命善梵音者。歎無常苦空之理。或讚詠涅槃四德常樂我淨之法。凡擧事務。當生善之道可也。赴茶毗喪禮䟽。呼曰還山。盖異俗也。其吉凶導從之儀。隨亡者德望輕重而辦。戒其奢僭也。先具吉儀者。預選少僧及沙彌持幢幡。手爐螺鈸之物。爲兩行。以善唄者高聲長引。讚常樂我淨之偈。若備喪輿。當安鍾磬香爐如意麈尾法服等物。次擎禪床。以代魂輿還山歸。只延此禪床。安于中堂。以作靈座。次具凶儀者。白幢素幡沙羅花銘誌。三五童子。執手巾淨瓶鞋帒笠子之屬。又童行四人。引白練。及四人執白麻紼。在龕柩者。是孝子。重者近龕柩哭。輕者其次。尊卑親友擁從。而行到山所。先於壙西。設素帳。安繩床。具香茶等物。龕柩即在壙前。面南安置。孝子在柩之東。或進凭龕柩。盡哀而哭。掌事人告祭茶毗。又設淨席於東。具時食。施山野之神。命善持呪者。以加持之食。事畢。導從繩床。却回本院。置于中堂。如法供養。西置一床。列平生道具等。預於茶毗之地。平其土爲臺。掘臺中三尺。置水器。

此則中方水也。諺傳云。奉靈骨水者非也。

以石盖之。以土塡之。積薪其上。擧龕安于薪上。行祭訖。法師大衆。同誦十念。又積薪龕上畢。立黃幡於積薪上。靑幡立東方。赤幡立南方。白幡立西方。黑幡立北方。而自黃幡。去四方幡。各七步許。四方前各置水器。然後梵音唱云。南無中方毗盧遮那佛。接引某靈駕黃琉璃界中。衆和云。歸命阿彌陁佛。【下衆和。皆倣此。】

梵音又唱云。南無東方藥師琉璃光佛。接引某靈駕靑琉璃界中。

又唱云。南無南方寶勝如來。接引某靈駕赤琉璃界中。

又唱云。南無西方無量壽如來。接引某靈駕白琉璃界中。

又唱云。北方不動尊如來。接引某靈駕黑琉璃界中。

然後法師說擧火着語。五人各擧火。立於五方。法師說下火着語。迺下火。大衆同聲念佛。法師及十人。誦行願品。次日掌事人。收靈骨入塔。【此出五杉集抄。】

釋氏死。謂之涅槃圓寂歸眞歸寂滅度遷化順世。皆一義也。隨便稱之。盖異俗也。龕塔也。釋氏周身。其形如塔。故名龕也。亦云盛也。此盖異俗也。作絹棺覆屍。此爲無龕子。故制若。篙子。以竹爲骨。白絹輓之故也。又周屍曰棺。棺寬也。釋名關也。所以有棺[1)]者。以掩其形惡也。又屍在棺曰柩。柩久也。不可復彰也。

釋氏喪服。讀涅槃經諸律。並無其制。今准增輝記引禮云。服制有三。一正服二儀服。三降服。白虎通云。弟子於師。有君臣父子之道。故生則尊敬而親之。死則哀痛而慕之。恩深義重。故爲降服。釋氏喪儀云。若受[2]業和尙。同於父母。訓育恩深例。皆三朞服也。若依止師資殞法訓次。於和尙隨喪服。

師服者。皆同法服。但用布稍麁。純染黃褐。增輝云。但染蒼皴之色。稍異於常尒。[3] 冠亦麁布造作。亦染黃褐。【所謂依止師者。即我國養師也。】

孝子失親。悲哀哭泣。三日不食。身體羸病故。以杖扶身。明不以死傷生也。童子婦女不杖。以其不能病也。今釋子心形異俗。達了無常。雖喪其親與師。未有絶漿而成病者。何必杖乎。非是不孝婦人及童子等。盖律禮宗致不同。故其杖不用。亦無過失也。

1) ㉯ '棺'은 갑본에 필사되어 있다. 2) ㉯ '受'는 갑본에 가필되어 있는데 글자 형태가 '平人'과 비슷하다. 3) ㉰ '尒'는 '尒'의 잘못인 듯하다. 다음에 나오는 것도 모두 같다.

곡哭

『열반경』에 이르기를 "부처님께서 멸도滅度하시자 모든 성문聲聞 제자들이 다 곡을 하였는데, 욕망을 여의지 못한 이는 모두 땅에 뒹굴기까지 하였다."라고 하였다.

비구는 스승이 죽어도 크게 소리 내어 곡을 해서는 안 되며, 마땅히 작은 소리로 흐느껴 울면서 눈물을 흘려야 한다.[32]

무릇 석자들은 스승이 죽거나[33] 어버이를 혹 잃으면 애통함이 마음으로부터 일어나니 어찌 곡을 하지 않을 수 있겠는가? 다만 소리를 놓아 울지 않고 사정이나 곡절을 이야기하거나, 허튼 이야기를 하지 않아야 하며 오직 한결같은 소리를 내어 슬픔을 극진하게 할 따름이다.

哭

涅槃經云。佛滅度後。諸聲聞弟子皆哭。未離欲者。皆宛轉于地。比丘師亡。不得擧聲大哭。應小小泣淚。凡釋子師主。[1] 二親或喪。痛自心發。豈有不哭者乎。但不得縱聲委曲并致他詞。唯一任其聲。哀哀而已。

1) 역 '主'는 『釋氏要覽』에 '亡'으로 되어 있다.

32 비구는 스승이~흘려야 한다 : 『五百問』에 나오는 말이다.

33 스승이 죽거나 : 원문에는 '사주師主'로 되어 있는데 의미가 통하지 않는다. 『釋氏要覽』에 '사망師亡'으로 되어 있으므로 이를 따라 번역한다.

제전祭奠

'제祭'란 살피다(詧)라는 뜻이니, '살피다'라는 말은 이른다는 말이다. 사람의 일이 신에게 이르는 것을 말한다.[34] 『석명釋名』에 이르기를 "전奠은 머무르다(停)라는 뜻이니, 오랜 기간 멈추어 있는 것을 말한다."라고 하였다. 무릇 석씨의 상례에서는 세속을 본받는 것이 옳지 않으니, 시약時藥[35]·향香·꽃 등을 공양하는 것이 가하다.

祭奠

祭者。詧也。詧。至也。言人事至於神也。釋名曰奠停也。言停久也。凡釋氏之喪。不宜倣俗。可稱旹藥香花供養。

---

34 '제祭'란 살피다(詧)라는~것을 말한다 : 『尙書』「大傳」에서 인용한 것이다.

35 시약時藥 : 음식.

행조行弔

'조弔'란 이르다(至)라는 의미이다. 『시경詩經』에 이르기를 "신이 이르렀다.(神弔矣)"라고 하였다. 『오삼집五杉集』에 조문 의식이 매우 잘 갖추어졌으니 검토하여 사용하라.

『오삼집』「조의弔儀」에 말하였다.

"무릇 조문을 가서 위로하는 의식은 상갓집 문안에 들어가면 슬픔을 품은 모습을 해야 한다. 상가(孝家)에는 손님을 인도하는 사람이 있으니, 곧 명지名紙[36]를 통하고 그 뒤를 따라 들어간다. 만약 승원僧院이면 영전靈前에 들어가 '우吁'[37] 하고 두세 번 소리를 내고, 만약 소중한 사람의 죽음에는 곧 그 죽은 이에 대하여 예를 올린다. 의식을 버릴 때에(捨識之時) 계율도 따라 버리기 때문에 송종送終(죽은 이를 보냄)의 옷으로 반드시 오조가사를 걸치게 한다. 그런 까닭으로 굳이 예를 시설하지 않아도 된다. 그저 상주만을 조문할 때에도 '우吁' 하는 소리를 두세 번 하고 나가면 된다.

상가에 만약 도반이 손님으로 와 있으면 조금 머물러 있고, 혹 상주와 깊은 친분이 있거나 서로 아는 사이면 들어가서 상주를 뵙고 손을 맞잡고 위문한다. 만약 아직 성복成服을 치르기 전이거나 혹 갓 성복례를 한 경우라면 위로하는 도리를 펴지 않고, 이미 칠재七齋를 치르고 난 뒤에

---

36 명지名紙 : 과거 시험에 쓰던 종이. 여기에서는 요즘 말로 하면 방명록에 자기의 이름을 기재하여 알리는 경우와 같은 것.

37 우吁 : 탄식하는 소리. '아!'와 같은 의미이다.

곧 위로해도 좋다. 가령 속가라면 혼령만 위로하는 것을 상傷이라 하고 상주를 위문하는 것을 조弔라 한다.[38] 만약 아버지와 백숙伯叔 형제라면 곧 혼령을 위문하고 나서 상주에게 조문하면 된다. 혼령에 조문하는 것과 상주에 조문하는 것도 다만 '우吁, 우吁'라고 하면 그만이다. 만약 어머니와 백숙모나 자매 등의 경우라면 혼령에 조문하는 것은 하지 말고 다만 상주에게만 조문하면 되며, 자식과 관련된 여인으로서 규방과 바깥의 구분이 없는 경우라면 꼭 혼령에 조문하지 않아도 된다. 조문을 간 사람이 돌아가신 이보다 나이가 적으면 시신이 있는 곳까지 가서 예를 올린다."

—흔히 승려가 사망하면 계율도 버리기 때문에 절을 하지 않아도 된다고 말하였다. 만약 그렇다면 무슨 까닭에 남산南山 대사가 이르기를 "돌아가신 사람보다 나이가 적으면 시신이 있는 곳까지 가서 예를 올려야 한다."라고 하였으며, 또 경전에서는 "비구가 죽어 흙이 되면 부처님께서는 어떠 비구를 보내 예배하게 합니까?"라고 하였는가? 지금 이것을 상고해 보면 필시 죽은 이보다 나이가 많으면 예를 올리지 않아도 된다는 말인 듯하다.

또 그 제자에 대해서는 그의 손을 잡고 위문한 다음에 그 스승이 계신 곳으로 가서 법에 의거하여 조문을 행해야 한다.

—여기에서 '제자'란 돌아가신 사람의 제자이다. 그의 미혹함을 인도하는 차원에서 그의 손을 잡고 위문하는 것이다. '그 스승'이란 돌아가

38 지금의 조문은 고인과 유족을 함께 위로한다는 뜻을 가지고 있으나, 옛날에는 구별이 엄해서 고인의 친구는 유해를 찾아 애도의 뜻을 표했는데 이를 상傷이라 했다. 반면 고인은 모르지만 유족과 가까운 경우에는 유족의 슬픔을 위로했는데 그것이 조弔이다.

신 이의 두 스승을 말한다.【두 스승이란 계사戒師와 수업사受業師이다.】

—『예기』(「곡례曲禮」)에 이르기를 "살아 있는 분을 잘 아는 사이라면 상주에게 조문하고 돌아가신 분을 잘 아는 사이면 혼령을 조문한다."라고 하였으며, 『열반경』에서는 "부처님께서 멸도하시자 하늘과 사람의 대중들이 모두 말하기를 '어찌 이다지도 괴로움을 주는가, 어찌 이다지도 괴로움을 주는가?' 하였다."라고 하였으니 이것이 바로 혼령을 위문하는 말인 듯하다.

行吊

吊者至也。詩云。神吊矣。五杉集中。吊儀甚備。可撿行用。

五杉吊儀云。凡吊慰者。入門懷悲愴之容。孝家有引客之人。即通名紙。從後隨入。若僧院則入靈[1)]前。吁三兩聲。若重亡者。即設禮其亡者。捨識之時。戒亦隨捨故。送終之衣。須掛五條也。所以不用設禮亦得。便吊孝子。亦吁三兩聲便出。孝家若有伴客之人。略住。或與孝子有深分相知。入見孝子。執手叙慰。若是未成服。或初成服。無叙慰之道。已經齋七然後。即可叙慰也。若是俗家。慰靈曰傷。慰孝子曰吊。若是父及伯叔兄弟。即可傷而後吊。傷與吊。亦只是吁吁而已。若是母及伯母姉妹等。不用傷。但吊。孝子緣女人。無閨外之分。不必傷也。

行吊人。少於亡者。至屍所設禮。

多云僧亡戒捨故。不得設拜。若尒。何故南山大師云。少於亡者。至屍所設禮也。又經中。比丘化爲地。佛令有鑳[2)]比丘。設禮拜。今詳之。必是長於亡者。不禮尒。

又於其弟子。執其手。慰問然後。至其師所。依法吊之。

弟子即亡者之弟子也。以其導迷故。執其手而慰焉。其師即亡者之二師也。【二師即戒師受業師也。】

禮云。知生者吊。知死者傷。涅槃經云。佛滅度後。人天大衆咸曰。何斯苦哉。何斯苦哉。此似傷詞也。

1) ㉾ '靈'은 갑본에 '堂'으로 가필되어 있다. 2) ㉻ '[illegible]'는 '誰'의 오자인 듯하다.

수조受弔

화상和尙과 사리闍梨는 곧 휘장 밖에 있는 방석에 앉아 손님이 와서 조문을 하게 되면 동문수학한 사람으로서 자신이 나이가 적으면 풀을 깔고 그 위에 서 있고 나이가 많으면 풀 자리 위에 앉는다.

—'화상과 사리'란 곧 돌아가신 분의 두 스승이고 '동문수학한 이로서 나이가 적고 많다'는 것은 곧 돌아가신 분의 제자들이다.【이것은 『남산초南山抄』에서 뽑아낸 것이다.】

『상의喪儀』에 이르기를 "직접 득도시킨 제자라면 막幕 안에 들어가서 곡을 하고 학업을 받은 제자라면 장막 밖에서 곡을 한다. 보통 스님들이 와서 조문을 하면 곧 곡을 하고 엎드리며 속인이 와서 조문하면 곧 곡만 하고 엎드리지는 않는다. 만약 비구가 부모의 상을 당해서 속가에 가서 조문을 받을 적에는 곧 남녀 사이에 섞여 있어서는 안 되며, 장막 밖 당堂 앞에 풀이나 거적자리를 깔고 얼굴을 동쪽으로 향하고 앉아서 조문을 받는다. 어떤 사람이 와서 조문을 하면 곧 공수拱手[39]하고 머리를 조금 숙이고 슬프디 슬프게 곡을 하며, 사람들이 와서 조문하는 이가 없으면 경을 독송하거나 염불을 한다."라고 하였다.

39 공수拱手 : 왼손을 오른손 위에 포개어 잡아 공경의 뜻을 나타냄. 또는 그런 예.

受吊

和尙闍梨。即鋪床在幔外坐。擬有客來吊。同學小者布草立。大者坐於草上。

和尙闍梨。即亡者之二師。同學小者大者。即亡者之弟子也。【此出南山抄。】

喪儀云。親度弟子。哭於幕內。受學弟子。哭於幕外。凡僧來吊。即哭而伏。俗來吊。則但哭不伏。若比丘。於父母喪。往俗家受吊。即不可雜於男女之中。即於幕外堂前。布草或薦。面東而坐受吊。有人來吊。則拱手低頭。哀哀而哭。無人來吊。則誦經念佛。

분상奔喪[40]

석씨의 분상奔喪은 대가섭大迦葉으로부터 나왔다. 부처님께서 멸도滅度하신 지 이미 7일이 지나서 가섭이 제자들을 거느리고 비로소 영림靈林에 이르자 부처님께서 금관金棺에서 두 발을 내어 보이셨다.

초鈔(『南山鈔』)에 이르기를 "가령 분상하는 이는 곧바로 시신이 있는 곳에 가서 예배한 뒤에 차례를 따라 제자리에 앉는다."라고 하였다. 기記(『增輝記』)에 이르기를 "분상이라는 말은 멀리 외지外地에 있을 적에 스승이 돌아가시어 흉한 소식이 이르면, 친구들 간에 먼저 영위靈位를 설치하고,【이는 애도하는 의식을 거행하는 것이다.】 그런 뒤에 인도하여 그곳에 이르러 극진하게 애도를 표한 뒤에 속히 돌아가는데, 별을 보고 떠나기 시작해서 별을 보고 멈추어 쉬곤 한다. 이윽고 본원本院에 이르렀을 때 만약 감구龕柩가 끝나고 영골을 탑에 봉안하였으면 먼저 그곳에 가서 예배하고 극진한 애도를 표하고 그 탑을 몇 바퀴 돌고 난 다음 사찰로 돌아가서 법의 권속들에게 조문을 한다."라고 하였다.

초鈔에 이르기를 "만약 절개가 높고 뭇 사람들보다 뛰어나며 지금껏 청탁淸卓한 삶을 살아온 이라면 굳이 세속의 정에 얽매일 필요는 없다.【이 말도 역시 옳은 말이 아니다.】 만일 마음 쓰이는 대로 희로喜怒를 표하고 세속을 따라 부침浮沈하는 사람으로서 부모나 두 스승이 돌아가신 뒤에 호하護夏(여름 결제)로 인해 오지 못했거나 비록 왔더라도 슬픔을 다 펼치지 않으면

40 분상奔喪 : 먼 곳에서 부모가 돌아가신 소식을 듣고 급히 집으로 돌아감.

도속道俗이 다 부끄럽게 여길 것이다."라고 하였다.

奔喪

釋氏犇喪。出自大迦葉。佛滅度已七日。迦葉領徒。方至雙林。佛於金棺。出雙足示之。鈔云。若奔喪者。直至屍所禮拜而後。從次第位而坐。記云。奔喪者。謂在外處師亡。凶信至。用友間。先設靈位。【此擧哀儀也。】然後引至其處。擧盡哀後。疾疾而歸。見星而行。見星而舍。旣至本院。若龕柩已歸。塔先歸其處。禮拜盡哀。繞數匝而後歸院。與法眷行吊。鈔云。若高節拔羣。由來淸卓者。固不局世情。【此言亦不可也。】必若任情喜怒。隨俗浮沉者。或父母或二師亡。而護夏[1)]不來。雖來不展哀者。道俗同恥之。

1) ㉯ '夏'는 '憂'인 듯하다. ㉰ 원문대로 번역해도 무방하다.

장법葬法

천축天竺(인도)에는 네 가지 법이 있다. 첫째는 수장水葬이니 시신을 강이나 하천에 던져 모든 어룡魚龍의 먹이로 삼게 하는 것이고, 둘째는 화장火葬이니 장작을 쌓아 놓고 시신을 태우는 것을 말한다. 셋째는 토장土葬이니 언덕 옆에 구덩이를 파고 시신을 묻어서 속히 썩게 하는 것이며, 넷째는 임장林葬이니 싸늘한 숲(寒林) 속에 시신을 드러내 놓아 새나 짐승들의 먹이로 삼게 하는 것이다.

—'싸늘한 숲(寒林)'이란 곧 서역西域(인도)에서 시신을 내다 버리는 곳이다. 율律(『十誦律』)에 이르기를 "대부분 시신을 그 숲에 내다 버림으로써 모골毛骨이 오싹해지기 때문에 한림寒林이라고 이름을 붙인 것이다."라고 하였다.

葬法

天竺有四焉。一水葬。投之江河。飼諸魚鼈。二火葬。謂積薪焚之。三土葬。謂埋岸傍速朽之。四林葬。謂露置寒林。飼鳥獸也。

寒林即西域棄屍處。律云。多死屍。凡入其林者。可謂毛寒。故名寒林也。

사유闍維

사유闍維란 이곳 말로는 분소焚燒라 한다. 율律(『十誦律』)에 이르기를 "비구가 의심하기를 '화장火葬을 하면 몸속에 있는 벌레들이 다 죽을 것이 아닌가?'라고 하자 부처님께서 말씀하시기를 '사람이 죽으면 몸속의 벌레들도 다 죽는다'고 하셨다."라고 하였다.

闍維

闍維。此云焚燒。律云。比丘疑火葬則殺身中虫。佛言。人死虫已死。

송장送葬[41]

논論(『毘尼母經』)에 "『합사송장기闔寺送葬記』에 이르기를 '무상無常함을 관觀하게 하기 위해서이다'라 하였다."라고 되어 있다.

—지금 선禪을 하던 스님이 죽으면 어른이든 젊은 사람이든 주인이든 객승이든 따지지 말고 모두 북을 치며 널리 청한다고 하였으니 대개 이 율을 따르는 것이다.

율律(毘奈耶)에 이르기를 "비구의 장례(送葬)에는 독송 잘하는 이로 하여금 『무상경無常經』 게송을 독송하게 하여 그를 위해 축원해 주어야 한다."라고 하였으며, 『열반경涅槃經(정반왕열반경)』에서는 "정반왕淨飯王이 숨을 거두자 칠보관에 염殮을 하였는데, 부처님과 난타難陀는 관 앞에 공손히 엄숙하게 서 있었고 아난阿難과 라후라羅睺羅는 뒤에 서 있었다. 부처님께서는 미래 세상에 흉포凶暴한 승려들이 부모님의 깊은 은혜를 보답하지 않을까 염려하시어 직접 스스로 관을 메었다. 그때에 삼천대천세계三千大天世界가 여섯 가지로 진동震動하고 때마침 사천왕四天王이 부처님을 대신하여 관을 메었다. 부처님께서 이에 향로를 받쳐 들고 관 앞에서 인도하시며 걸어가셨다."라고 하였으니, 지금 석씨들은 부모님의 장례에 이 경을 기준하여 사람들로 하여금 착한 마음을 내게 해야 할 것이다.

---

41 송장送葬 : 망자의 가족과 친지·조문객들이 묘지로 가서 안장하는 것을 말한다.

送葬

論云。闍寺送葬記云。令觀無常故。

今禪居僧亡者。不論尊少主客。竝打皷普請。盖准此律。

律云。比丘送葬。可令能者。誦無常經伽陁。爲其祝願。涅槃經云。淨飯王命終。殮以七寶棺。佛與難陁在前。恭肅而立。阿難羅睺羅在後。佛念當來凶暴之僧。不報父母深恩。躬自擎棺。尒岦三千大千世界。六種震動。時四天王。代佛擎棺。佛乃執香爐在棺前。導引而行。今釋氏父母葬。可准此經。令人生善心。

석문상의초 하편

釋門喪儀抄 下篇

벽암 각성碧巖覺性 엮음

사리舍利

이것은 곧 계戒와 정定과 혜慧의 인행忍行 공덕으로 인해서 훈습하여 이루어진 것이다. 범어로는 설리라設利羅라고 하는데 지금 와전되어 간략하게 사리舍利라고 하고 있다. 중국 말로는 골신骨身이라고 하는데 그 말을 번역에 이용하지 않는 까닭은 범부의 골신과 혼동될까 봐 염려해서이다.

舍利

此物。迺戒定慧忍行功德所熏成也。梵語云。設利羅。今訛略稱舍利。華言骨身。所以不用譯者。恐濫凡夫骨身。

입탑立塔

범어로는 탑파塔婆라 하고, 이곳 말[1]로는 고현高現 또는 무덤(墳)이라 하며, 혹은 부도浮屠라 하기도 하는데 이곳 말로 풀이하면 취상聚相이라 한다.

전傳(『立表寄歸傳』)에는 다음과 같이 말하였다.

(탑파를) 구라俱羅로 쓰고 있는데 모두 벽돌이나 돌을 겹겹이 쌓아 만든 것으로서 그 형상이 마치 작은 탑과 같으나 위쪽에 수레바퀴 같은 덮개는 없다. 탑을 세우는 데에는 세 가지 의미가 있다. 첫째는 사람들의 훌륭한 점을 나타내기 위함이고, 둘째는 다른 사람들로 하여금 믿음을 내게 하기 위해서이며, 셋째는 은혜를 갚기 위해서이다. 그런데 탑에 등급이 있으니 만약 초과初果(수다원)면 1급級, 2과(사다함)면 2급, 3과(아나함)는 3급, 4과(아라한)는 4급으로 만드나니 이는 삼계三界를 초월하였음을 나타낸 것이고, 벽지불辟支佛은 11급으로 만드나니 무명無明 한 등급을 초월하지 못했음을 나타내기 위한 까닭이며, 부처님 탑은 13급으로 만드나니 이는 십이인연을 다 초월하셨음을 나타낸 것이다. 만약 덕망 있는 비구일 것 같으면 반드시 탑을 세워 주어야 하는데 급수를 따지지 않으며, 또 계율을 잘 지닌 비구나 법사法事나 사찰 경영(營事)을 잘한 비구로서 덕망이 있으면 반드시 탑을 세워 주어야 한다.

---

1 이곳 말 : 중국이나 우리나라에서 사용하는 한문漢文을 의미한다.

立塔

梵語塔婆。此云高現。又云墳。或云浮屠。此云聚相。傳云。作俱羅。皆疊塼石爲之。形如小塔。上無輪盖。具[1]立塔有三義。一表人勝。二令他生信。三爲報恩。而有等級。若初果一級。二果二級。三果三級。四果四級。表超三界。辟支佛十一級。表未超無明一級故。佛塔十三級。表超十二因緣故。若比丘有德望者。亦須立塔。即無級。又持律比丘。法事營事。有德望者。皆應立塔。

1) ㉰ '具'는 『釋氏要覽』에 '且'로 되어 있다.

명銘

'명銘'이란 새긴다(誌)와 같은 의미이다. 선조의 덕이 있음을 칭송하는 데 그 목적이 있다. 군자君子는 명을 보고서 이미 그 칭송한 것을 아름답게 여기고, 또 그가 한 행위를 아름답게 여긴다. 그런 까닭에 명의 의미는 아름다운 일은 칭송하고 나쁜 일은 칭송하지 않나니, 선조가 아름다운 일도 없는데 칭송하면 그것은 속이는 일이 되고, 아름다운 일이 있는데도 밝히지 못하거나 알면서도 전하지 않은 것은 어질지 못한 일이다. 그러니 이 세 가지는 군자가 부끄럽게 여기는 일이다. 지금 석자들은 두 스승의 진실한 덕행과 이름난 가르침을 마땅히 기록해야 할 것이니 이것이 승전僧傳의 근원이 된 것이다.

銘

銘者。誌也。論譔先祖之有德也。君子觀於銘。旣美其所稱。又美其所爲。故銘之義。稱美不稱惡。先祖無美而稱之是誣也。有美而不明。知而不傳。不仁也。三者君子所恥也。今釋子。二師實有德行名業。亦宜識之。爲僧傳之張本也。

칭고稱孤

『예기禮記』(「곡례曲禮」)에 이르기를 "고자孤子란 어머님만 살아계신 자를 말한다."라고 하였으니 나이가 30이 채 되지 못한 사람을 이르는 말이다. 어른이 되어 아내를 거느리면 어버이를 대신할 실마리가 생긴 것이므로 고孤라는 말을 쓰지 않는다. 그런데 지금 석자들을 보면 고제자孤弟子라고 말하고 있는데 그건 옳지 못하다. 『오삼집五杉集』에 이르기를 "효원孝院(상을 당한 사찰)의 소사小師[2]"라고 하였는데 그것이 옳은 말이다. 효원이란 상을 당한 상주(喪孝)가 사는 절을 이르는 말이니 세속에서 효당孝堂이라고 말하는 것과 같은 맥락이며, 스스로 대신 말하는 것이 아니다. 비록 큰 사원寺院의 방에 살더라도 그렇게 말할 수 있다.

稱孤

禮云孤子當室。謂秊未三十也。壯有室。有代親之端。不爲孤也。今見釋子稱孤弟子。不然也。五杉集云。孝院小師者。宜也。院[1)]謂喪孝之院。若俗云孝堂。非自代語也。雖居大寺院房者。亦可稱之。

1) ㉮ '院' 앞에 '孝'가 빠져 있다. 『釋氏要覽』에는 '孝院'으로 되어 있다.

2 소사小師 : ① 불가에서 가르침을 받은 지 10년이 차지 못한 스승을 이르는 말. ② 남에게 대하여 '자기의 스승'을 겸손하게 이르는 말.

소자疏子

소疏란 부처님께 아뢰는 편지이니, 대개 이 소문疏文을 가지고 재齋를 지내는 이의 마음을 소통한다는 의미이다. 돌아가신 분이 아무리 존귀해도 부처님 앞에서는 반드시 그 이름을 호명해야 한다. 예禮에 이르기를 "임금 앞에서는 아버지의 이름을 기휘(諱)하지 않고 아버지 앞에서는 자식의 이름을 기휘하지 않는다."라고 하였으니, 스승이나 부모의 이름도 존귀하신 분 앞에서는 감히 기휘하는 일이 없어야 한다. 율律에서 "사리불舍利弗이 멸도한 뒤에 그의 제자 사미 균제均提가 와서 부처님께 아뢰기를 '저의 화상 사리불이 목숨을 마쳤습니다. 묻자오니 무덤에도 정신이 살아 있습니까?'라고 하였다."라고 한 경우와 같다.

경經(『灌頂經』)에서 "아난이 부처님께 아뢰기를 '만약 사람이 죽으면 분묘나 탑을 세우는데, 그 사람의 넋(精魄)이 그 속에 있습니까?'라고 하자 부처님께서 대답하시기를 '있기도 하고 없기도 하다. 왜 그런가 하면, 만약 사람이 살았을 적에 선근善根을 짓지 않고 삼보三寶를 알지 못해서 선행으로 받을 복이 없거나 악행으로 받을 재앙이 없거나 선지식善知識으로서 복을 닦은 일이 없으면, 이런 이는 그 넋이 분묘 속에 남아 있나니 어느 곳에 가서 태어날 곳이 없기 때문이다. 혹 살아생전에 복과 선을 크게 지었으면 혹은 천상天上이나 인간 세계에 태어나기 때문에 무덤 속에 넋이 존재하지 않는다고 말한 것이다. 혹은 생전에 아라한(正眞)을 믿지 않고 사람들을 속여서 악업惡業을 지은 이는 곧바로 네 갈래 나쁜 세계에 떨어지기 때문에 역시 존재하지 않는다'라고 하셨다."라고 되어 있다. 경에 이르기를 "지극한 선행과 지극한 악행을 한 사람은 중음中陰이 없다."라고 한 말이 바로 그것이다.【이상은 『석씨요람』에서 초출抄出한 것이다.】

疏子

疏者。白佛之詞。盖疏通齋意也。亡師雖尊。對佛必須呼名。禮云。君前不諱父名。父前不諱子名。師及父母之名。不敢諱於尊前也。如律中舍利弗滅度後。有其弟子沙彌均提來。白佛言。我和尙舍利弗。命過。問墳間精神在否。經云。阿難白佛言。若人命終。造立墳塔。是人精魄在中否。佛言。亦在亦不在。何以故。若人生時。不造善根。不識三寶。無善受福。無惡受殃。無善知識爲修福。是其精魄在墳中。未有生處故。或生前大修福善。或生天上人間。故言不在。或生前不信正眞。諂誑欺人。造作惡業。即墮四惡趣故。亦不在也。經云。極善極惡無中陰。是也。【此上出釋氏要覽抄。】

조서법弔書法

법문法門【돌아가신 분이 만약 승관僧官을 역임했으면 곧 교문教門이라 하고 만약 장로長老면 곧 종문宗門이라 한다.】이 쇠衰해져서 어지신 화상께서 갑자기 타고나신 수명에 순응하시어【만약 나이가 70 이상이면 곧 천년을 순응했다(順天年)라고 하고 만약 60 이하면 곧 천년을 버렸다(棄天年)라고 해야 한다.】 진적眞寂으로 돌아가셨습니다. 세월이 빠르게 흘러 어느새 ○○【성복成服 · 귀탑歸塔 · 시서時序 · 재齋 · 상祥 등 맞는 말을 넣으면 된다.】을 지내게 되었으므로 엎드려 생각하고 추모해 보니 가슴이 찢어지고 오열이 일어납니다. 아무개는 일찍이 은혜를 입었사오니 엎드려 슬픔과 탄식만 더할 따름입니다.【만약 상주가 낮은 지위면 곧 '슬픔으로 오열합니다'라고 하고, '아무개는 일찍이 은혜를 입었사오니(早添)' 이하의 글은 사용하지 않는다.】

吊書法

法門衰。【前人若作僧官。即云教門。若長老。即云宗門。】賢和尙。奄順天季。【若年七十已上。即云順天年。若年六十已下。即云棄天年也。】式歸眞寂。日月遄流已經【成服歸塔時序齋祥】。伏惟追慕摧咽。某早添恩庥。伏增悲歎。【若孝子卑。即云悲咽。不用早添已下之文也。】

답答

아무개 시봉侍奉이 복이 적어서 선화상先和尙께서 갑자기 원적圓寂으로 돌아가시니 자비하신 은혜를 추모해 보면 슬프고 목이 메며 오열을 금할 길 없습니다.

答云

某侍奉寡祜。先和尙奄歸圓寂。追慕慈廕。不任悲哽咽絕。

다른 이의 부모가 돌아가심을 조문함

삼가 ○○○【존부군尊府君 또는 존부인尊夫人】께서 오랜 수명을 누리지 못하시고【만약 연세가 70이면 곧 '갑자기 천년天年에 순응하시어'라고 한다.】 갑자기 저 승길(玄路)로 돌아가셨다는 말을 받들었습니다. 세월이 쉬 흘러 어느새 ○○【운운云云……. 위와 같음.】을 지내게 되었으므로 엎드려 생각하고 추모해 보니 가슴이 찢어지며 오열이 일어납니다.

弔人父母亡

伏承【尊府君。尊夫人】。不享遐齡。【若年七十。即云奄順天年。】奄歸玄路。日月易流已經【云云同上】。伏惟追慕摧咽。

답

세속의 가문에서 흉한 재앙을 만나 ○○【선고비先考妃】께서 세상을 떠나시니(傾背[3]) 사랑으로 길러 주신 은혜를 추모해 보면 슬퍼 오열함을 금할 길이 없습니다. …….

3 경배傾背 : 등을 기울였다는 의미로, 죽음을 높여서 표현하는 말이다.

答云

俗門凶禍。【先考妣】傾背。追感慈育。無任悲咽云云。

다른 사람의 스승이나 백숙 형제·소사 등의 죽음을 조문함

법문이 쇠락해져서 어지신 스승(백숙 형제)께서 세상을 떠나셨습니다. 세월이 쉬 흘러 어느새 ○○【절서節序나 또는 칠재의 이름을 씀】을 지내게 되었기에 삼가 추모해 보건대 슬픔이 애절합니다.

吊人師伯叔兄弟小師等

法門衰喪。賢師伯叔兄弟遷化。日月易流。已經【節序齋七】。伏惟追慕傷切。

답

법을 이음이 사라지게 되었는데 스승(배숙 형제)께서 세상을 떠나셨습니다. 세월이 너무도 빨리 흘러 어느새 ○○을 지내려 하오니 비통悲痛함을 감당할 길이 없습니다.【세속 가문의 백숙부 등에 대해서도 모두 이와 같이 하면 된다.】

答云

法嗣凋喪。師伯叔兄弟遷化。日月遄流。已經云云。不任悲痛。【俗門叔伯等。皆倣此。】

다른 사람 스승에 대한 조문

【상주의 지위가 높으면 '곧 아무개는 아뢴다'고 하고 보통 친구 사이라면 곧 복승伏承이라 해도 무방하다. 지위가 낮으면 곧 승承이라 한다.】[4] 영靈이 무상無常으로 변화

하여 엎드려 어진 화상께서 하늘이 주신 수명에 순응하시어【혹은 '오랜 수명을 누리지 못하고'라고도 한다.】 갑자기 적멸寂滅로 돌아갔다는 말씀을 받들었습니다. 세월이 머물지 않고 흘러서 어느새 ○○【위에서와 같음.】을 지나게 되고 보니 삼가 추모해 보건대 목숨이 끊어질 듯하옵니다. 그 말씀을 받들어 들은 이래로 오직 슬픔만 더 늘어납니다. 아무개는 직접 혼령이 계신 자리에 나아가 뵈올 방법이 없어 삼가 편지를 받들어 위문을 진술하나이다. 참담하고 슬픔에 겨워 자세한 내막은 다 말하지 못하고 이만 줄이며(不次[5]) 삼가 편지를 올립니다.

○○월 ○○일에 아무 군에 사는 사문 아무개는 삼가 지극한 효자 대덕의 복전服前에 올립니다.【상주가 나이가 적으면 복전을 애차哀次로 고치고 ○○월 ○○일 이하의 글은 아래도 모두 이와 같이 하면 된다.】

慰人師亡

孝子尊。即云某啓。平交即亦無妨即云伏承。卑即云承。靈變無常。伏承賢和尙。式順天年。【或云不享遐岭。】奄歸寂滅。日月不居已經。【同上】伏惟追慕殞絶。承聞已來。唯增惻怛。某末由自詣靈席。謹奉狀陳慰。慘愴不次。謹狀。月日某郡。沙門某狀上。

至孝大德服前。【孝子卑。改服前作哀次。月日已下文下。皆倣此。】

삼가 존귀하신 화상께서 미수眉壽[6]를 길이 누리지 못하고(眉壽不永)【70 이상이면 곧 '미수가 비록 높으셨으나(眉壽雖峻)'로 쓴다.】 갑자기 진적眞寂으로 돌아가심을 보이셨습니다. 갑자기 교문敎門을 버리시니 슬픔이 갑절이나 더하

4 원문에는 의례의 본문으로 처리했으나 내용상 편자의 해설로 보여【 】로 표시하였다.
5 불차不次 : 서신 말미에 쓰는 용어로, '더 이상 자세히 말하지 않고 이만 줄인다'는 뜻.
6 미수眉壽 : 눈썹이 길게 자라도록 오래 사는 수명이라는 뜻. 남에게 오래 살기를 축원할 때 쓰는 말이다.

옵니다. 엎드려 현유玄猷[7]를 생각하고 추모해 보건대 죽을 것 같은 오열이 더욱 극에 달합니다. 효도를 실천하는 가운데 쇠하고 찢어지는 마음을 조금 누르고 오로지 예의 제도를 따르려 하옵니다. 아무개는 가서 위로할 방법이 없으니 슬픔만 더욱 쌓입니다. 슬프고 참담하여 자세한 내막은 다 말하지 못하고 이만 줄이며 삼가 편지를 올립니다. …….

切以尊和尙。眉壽不永。奄示眞歸。【七十已上。即云眉壽雖峻。】 倏棄教門。倍增感愴。伏惟追慕玄猷。殞咽彌極。孝履中。稍抑衰摧。用專禮制。某末由造慰。尤積悲酸。慘愴不次。謹狀云云。

답서

아무개 시봉이 복이 적어 선화상께서 하늘이 주신 명을 따르시어 갑자기 진적으로 돌아가셨습니다. 사랑으로 길러 주신 은혜를 추모해 보건대 죽을 것같이 오열하며 애절한 아픔을 감당하지 못하겠습니다. 삼가 편지를 올려 답하오며 슬프고 참담하여 자세한 내막은 다 말하지 못하고 이만 줄입니다.

효원孝院(상을 당한 절)의 소사小師 아무개는 답장을 올려 아룁니다. 제가 복이 적고 쌓은 덕이 없어 시봉이 느낄 사이도 없이 선화상께서 세상의 흐름을 따르시어 갑자기 진적으로 돌아가셨습니다. 사랑으로 길러 주신 은혜를 추모해 보건대 죽을 것 같은 오열을 감당하지 못하겠습니다. 삼가 높은 분의 자비를 입어 특별히 위문해 주시니 슬픈 감정을 감내할 길이 없습니다. 삼가 답하는 편지를 올려 사례하나이다. 슬프고 참담하여 자세

7 현유玄猷 : 돌아가신 성현의 대도大道를 뜻한다.

한 내막은 다 말하지 못하고 이만 줄입니다. …….

答書

某侍奉寡祐。先和尚克順天季。奄歸眞寂。追慕慈訓。任殞咽痛切。謹復白䟽。慘愴不次。孝院小師。某答白。寡祐所鍾。侍奉無感。先和尚克順世流。奄歸眞寂。追慕慈訓。不任殞咽。伏蒙尊慈。特垂慰問。不任悲感。謹復狀陳謝。慘愴不次云云。

다른 이의 부모가 돌아가심에 조문함

화禍의 연유는 일정함이 없어서 엎드려 어지신 존부군尊府君【혹은 존부인尊夫人이라 함.】께서 세상을 떠나셨다는 소식을 받들고 슬픔을 어찌할 길이 없을 따름입니다. 삼가 추모해 보건대 억누를 길 없는 오열을 어찌 참아 낼 수 있겠습니까? 세월이 쉬 흘러 어느새 ○○【위에서와 같음.】을 지나게 되고 보니, 아무개는 일찍이 인사仁私의 은혜를 입었기에 슬프고 가슴아린 심정을 감내할 길이 없습니다. 삼가 받들어 편지를 올립니다. 슬프고 참담하여 자세한 내막은 다 말하지 못하고 이만 줄입니다. …….

慰人父母亡

禍故無常。伏承賢尊府君【或尊夫人】。傾背聞問。惻怛不能已已。伏惟追慕殞咽。何可堪忍。日月易流。已經【上同】。某早忝仁私。不任悲酸。謹奉白䟽。慘愴不次云云。

또

삼가 존부군께서는 성대한 덕이 널리 숭배 받았고, 세속과 어긋나는 일은 들리지 않았습니다. 오랜 수명을 누리시면서 종가를 무성하고 화려하게 하시기를 바랐었는데 생각지도 못한 사이에 영원히 만날 기약이 사라지고 말았으니 실로 슬픔과 탄식만 늘어날 따름입니다. 직접 혼령이 계신 자리에 가서 뵈올 길이 없어서 오직 슬픔과 처량함만 더해집니다. 삼가 편지를 받들어 위문하오며, 슬프고 참담하여 자세한 내막은 다 말하지 못하고 이만 줄입니다. …….

又

伏以尊府君。盛德方崇。不聞違俗。冀享遐筭。以茂華宗。不啚遐遘永期。實增傷歎。末由躬詣靈席。唯增悲凉。謹奉狀陳慰。慘愴不次云云。

답서

속가의 가문에 흉화凶禍를 만나 선고先考를 하늘나라로 보내고 나니 사랑으로 길러 주신 은혜를 추모해 보건대 슬픔으로 심정이 끊어지고 찢어지고 죽을 듯한 심경을 감내할 길이 없습니다. 세월은 쉬 흘러 어느새 ○○을 지나게 되고 보니 엎드려 목이 메고 오열함이 늘어만 납니다. 삼가 답서를 올려 감사드립니다. …….

答書

俗門凶禍。上延先考。追慕慈育。不任哀絶摧殞。日月易流。已經云云。伏增哽咽。謹復白䟽云云。

또

삼가 선고께서 하늘이 주신 명을 따르시어【60 이하면 미협未마이라 한다.】 홀연히 세상을 떠나셨다고 알려오니 비록 사랑으로 길러 주신 은혜를 버렸다고 말하기는 하지만 낳아서 성장시켜 주신 은혜는 잊기 어렵습니다. 이러한 흉사를 당한 슬픔을 만나 오직 목이 메고 오열만 더할 따름입니다. 특별히 위문하는 편지를 보내 주시니 인사仁私의 은혜를 더욱 알겠습니다. 슬픈 감정의 마음 무엇에 비유할 길이 없기에 삼가 답서를 올려 감사드립니다. 슬프고 참담하여 자세한 내막은 다 말하지 못하고 이만 줄입니다. …….

又

切以先考甫順天年。【六十已下未叶。】 倏告永逝。雖云且捐慈育。而難忘生成。遘此凶哀。唯增哽咽。特蒙慰問。益認仁私。悲感之心。無以指比。謹復狀陳謝。慘愴不次云云。

다른 사람 백숙 형제의 죽음을 위문함

법문【속가면 속문俗門으로 쓴다.】이 쇠하고 쇠하여 엎드려 어지신 화상의 백숙부伯叔父께서 긴 수명을 누리지 못하시고 갑자기 진적【세속이면 곧 저승길(玄路)이라 한다.】으로 돌아가셨다는 말씀을 받들고 엎드려 생각하고 추모해 보건대 슬픈 감정이 너무도 간절합니다. 세월이 쉬 흘러 어느새 ○○을 지나게 되었사온데 직접 찾아뵐 방법이 없어 오직 슬픔과 탄식만 더할 뿐입니다. 삼가 받들어 편지를 올려 위문 드립니다. …….

慰人伯叔兄弟

法門衰衰。【俗即云俗門。】 伏承賢和伯叔。不享遐齡。奄歸眞寂。【俗即云玄路。】 伏惟追感傷切。日月易流。已經云云。末由躬進。唯增悲歎。謹奉狀陳慰云云。

답서

법문【세속의 가문이면 속문이라 한다.】이 시들어 떨어져 스님의 백숙부께서 홀연히 참된 곳으로 돌아가셨다는【세속이면 경배傾背라는 말을 쓴다.】 말을 알려오니 사랑의 음덕을 추모해 보건대 가슴 쓰리고 오열함을 감내할 길이 없습니다. 엎드려 존귀하시고 자비하신 분께서 특별히 내려 주신 위문을 입어 오직 슬픈 감정만 더할 따름입니다. 삼가 회답하는 편지를 올려 감사의 말씀 드립니다. 슬프고 참담하여 자세한 내막은 다 말하지 못하고 이만 줄입니다. …….

答書

法門凋謝。【俗即俗門。】 師伯叔。 焂告眞歸。【俗即傾背。】 追慕慈陰。 不任酸哽。 伏蒙尊慈特垂慰問。 唯增悲感。 謹復狀陳謝。 慘愴不次。

다른 사람의 소사가 죽음을 위문함

엎드려 법윤法胤이 시들어 떨어져서 어진 상족上足이 세수世壽를 다 누리지 못하고 갑자기 저승길(玄路)로 돌아갔다는 소식을 받들고 추모해 생각해 보건대 슬픔이 너무도 간절합니다. …….

慰人小師

伏承法衜[1]凋殞。 賢上足不享世壽。 奄歸玄路。 追念傷切云云。

1) ㉰ '衜'은 저본(목판본)에 '衜'으로 되어 있는데 '胤'의 오각으로 보인다.

답서

법문을 이은 제자는 쇠미衰微해져서 소사小師가 세상을 떠났다 하니, 이 복이 엷은 몸을 돌아보건대 진실로 슬프고 처량하기 그지없던 차에 특별히 내려 주신 위문의 편지까지 받고 보니 오직 슬픈 감정만 더할 따름입니다. …….

答書

系嗣衰微。小師亡沒。顧玆薄祐。實切悲凉。特垂慰問。唯增悲感云云。

형제가 외지에 있으면서 스승이 돌아가셨다는 부고를 받고 올리는 편지

시봉이 복이 적어 선화상께서 아무 달 아무 날 아무 시에 갑자기 진적으로 돌아가셨다는 소식을 받고 자비한 덕을 추모해 보건대 죽을 것 같은 오열을 이길 길이 없습니다. 이미 염습을 끝내고 입관까지 했으며 아무 날에 다비를 하기로 정했다는 유명遺命을 받았습니다. 삼가 받들어 편지를 올려 알리옵니다. 슬프고 참담하여 자세한 내막은 다 말하지 못하고 이만 줄입니다. 아우 아무개 올림.

兄弟在外報師亡書

侍奉寡祐。先和尙。以某月某日某時。奄歸眞寂。追慕慈陰。不勝殞咽。已掩龕柩。定以某日茶毗。稟遺命也。謹奉白䟽咨報。慘愴不次。弟某白。

화상의 부고를 받고 돌아갈 수 없어 편지를 올림

배움의 자리에 얽힌 인연으로 일찍이 시봉의 임무를 어겼사온데 선화상께서 하늘이 주신 수명에 순응하시어 갑자기 진적으로 돌아가실 줄 어찌 생각이나 했겠습니까? 홀연히 슬픈 부고의 소식을 받고 나니 다만 슬퍼서 오열만 더할 따름입니다. 당일에 가슴 아픈 소식을 듣고 제사를 올리고 겸하여 재를 경영하오나 인연이 끊어지고 길이 멀어서 달려갈 방법이 없으니 눈물만 흘리면서 멀리서 바라보며 사모하는 감정이 다가옴을 견딜 길 없습니다. 삼가 편지를 올리오며, 슬프고 참담하여 자세한 내막은 다 말하지 못하고 이만 줄입니다. 동학同學 아무개 올림.

得和尙哀訃後不歸復書

學地所縈。早違侍奉。何啚先和尙。式順天秊。奄歸眞寂。焂奉哀告。但增悲哽。欲以當日聞慟祭奠。兼營齋利。切緣路遠。末由奔赴。不任涕望感慕之至。謹復狀疏。慘愴不次。同學某白。

선사께서 임종할 당시 먼 곳에 있는 제자에게 유서를 남겼으므로 곧 편지를 쓰고 아울러 유서를 동봉하여 보냄

아무개 시봉이 어찌할 바를 모르겠습니다. 선화상께서 아무 달 아무 날에 세상을 떠나셨습니다. 선화상께서 편지를 남겨 주시면서 내가 죽은 뒤에 그 편지를 부치라는 명이 있었기에 삼가 편지를 받들고 사람을 보내 존귀하신 분이 들을 수 있도록 조치하옵니다. 삼가 내려 주신 은혜를 굽어보건대 슬픈 마음만 간절합니다. 슬프고 참담하여 자세한 내막은 다 말하지 못하고 이만 줄입니다.

先師臨終之時。遺書於遠地弟子。即修書。與遺書封送。

某侍奉無感。先和尙於某月日遷化。先和尙有遺書。令身後附送其書。謹奉狀引達尊聽。伏惟俯賜惻念。慘愴不次。

창의唱衣[8]

율律에 이르기를 "죽은 스님이 입었던 옷 등의 물건을 오법비구五法比丘 한 명을 차출하여 현전승現前僧에게 골고루 나누어 주게 하였는데, 고르게 나누어 주지 못하였기 때문에 부처님께서 대중을 모아 놓고 먼저 말로써 대중들에게 알리고 판매를 해서 똑같이 나누어 가지는 것을 허락하셨다."라고 하였다.

'오법五法'이라고 한 말은 탐애를 따르지 않는 것, 성냄을 따르지 않는 것, 어리석음을 따르지 않는 것, 두려움을 따르지 않는 것, 옳고 그름을 아는 것이다. 이를 오덕五德이라고 말하기도 한다.

율律(『十誦律』)에 이르기를 "옷을 팔 때 아직 세 차례 창唱하지 않았는데 비구가 값을 더 높이면 나중에 반드시 후회하고 그 옷을 빼앗을 것이다."라고 하였다.

唱衣

律云。亡僧衣物。差一五法比丘。分與現前僧。爲分不均故。佛聽集衆。先以言白衆許可。可買共分。言五法者。不隨愛。不隨嗔。不隨癡。不隨怖。知得不得。亦名五德。律云。賣衣未三唱。比丘益價。後必悔疑奪彼衣。

---

8 창의唱衣 : 영혼을 불러서 새로운 옷을 입히는 일.

앞에서 매겼던 수가酬價를 빼앗는 것으로 의심함

부처님께서 말씀하시기를 "미처 세 번 창唱하지 않았는데 값을 높여 놓은 것은 범犯한 것이 아니다."라고 하셨다.

또 부처님께서 말씀하시기를 "처음 옷의 기준을 삼을 때는 중간에 놓는 것이 옳으며 너무 비싸거나 너무 천하게 하지 말 것이며, 그 값이 최고에 오른 다음에 비로소 주는 것도 옳지 못하다. 만약 살 것도 아니면서 고의로 값만 올려놓는 것은 악작惡作죄를 범하는 것이다."[9]라고 하셨다.

疑是奪前琍[1)]價者

佛言。未三唱益價不犯。又佛言。初准衣直可處中。勿令大貴太賤。不應待其價極方與。若不買者。故增價犯惡作。

1) ㉮ '琍'은 『釋氏要覽』에는 '酬'로 되어 있다.

9 처음 옷의~범하는 것이다 : 『目得迦』에 나오는 말이다.

기일忌日

2월 15일은 바로 부처님께서 열반涅槃하신 날이다. 천하의 승속僧俗이 법회를 열고 이날 공양한 적이 있었으니 그것이 곧 (오늘날의) 기일忌日이 된 연유이다. 세속의 예에 이르기를 '군자君子는 종신終身토록 효행을 해야 한다'고 하였으니 이것은 곧 기일을 두고 한 말이다.

忌日

二月十五日。是佛涅槃之日。天下僧俗。有營會供養。即忌日也。俗禮云。君子有終身之孝。此即忌日也。

제문祭文 양식

입관할 때 올리는 제문

○○년 ○○월 ○○일에 소사 아무개 등은 삼가 차와 우유 등의 제물(奠)을 차려 놓고 감히 선화상의 혼령에 고합니다. 이미 세상을 떠나시는 한을 지어 영원히 보내고 나서 한 해 동안 슬픔을 견디어 냈습니다. 아! 슬픕니다. 시봉이 어찌할 바를 모르겠습니다. 진적眞寂으로 돌아가심이 엊그제 같은데 오늘 돌아가신 1주년을 맞았으니, 시봉들이 호위함을 드러내어 울부짖고 사모함이 망극하여 죽을 것 같은 마음 무너져 내리는 것 같습니다. 보잘것없는 음식을 차려 놓고 지금 당한 일을 호소하오니 삼가 흠향하시옵소서.

祭文式樣

將入龕祭文

維秊月日。小師某等。謹以茶乳之奠。敢昭告于先和尙之靈。旣搬終天之恨。堪悲永逞[1]之期。嗚呼。侍奉無由。眞寂如昨。今則遷止迨期。容衛首露。號慕罔極。殞心若崩。薦獻蘋蘩。以訴即事。伏惟尙饗。

1) ㉻ '逞'은 '往'의 고자古字이다.

감구에 들이기를 마친 뒤의 제문

○○년 ○○월 ○○일에 소사 아무개 등은 삼가 약식藥食으로 차와 우유 등의 제물을 차려 놓고 감히 선화상의 혼령에 고합니다. 적멸을 따르시어 이 지경에 이르렀으니, 감실龕室【밖에서 운명하였으면 곧 신실神室이라고 한다.】을 이제 덮으려고 합니다. 호읍號泣하며 사모하는 마음 그지없습니다. 마음이 무너져서 죽을 듯 오열합니다. 삼가 보잘것없는 음식을 차려 놓고 고하며 엎드려 바라옵건대 흠향하소서.

入龕柩畢祭文

維年月日。小師某等。謹以藥食茶乳之奠。敢昭告于和尙之靈。順寂逮玆。龕室斯掩。【外終即云神室。】號慕罔極。崩心殞咽。謹以薄奠告。伏惟尙饗。

산소에 이르러 다비를 하려 할 때 올리는 제문 또는 탑에 영골을 넣을 때 올리는 제문

○○년 ○○월 ○○일에 아무개는 삼가 다비할 때 시식時食[10]을 제물로 차려 놓고 감히 선화상의 혼령에 고합니다. 아! 슬픕니다. 장차 현궁玄宮[11]을 덮으려 하니 자비한 그늘이 영원히 막히려 하옵니다.【만약 화장을 한 뼈를 묻으려 할 적에 곧 이렇게 한다.】 이미 종천終天[12]의 한恨을 만들어 영원히 보내야 하는 기약을 견디어 내었으니, 자비慈悲를 추모해 보건대 죽을 것 같아 오열을 감내할 길이 없습니다. 삼가 흠향하소서.

---

10 시식時食 : 때에 맞는 음식. 여기에서 시時는 가시假時, 즉 때에 따른 것을 말한다. 시약時藥·시의時衣 등의 경우에 쓰이는 시와 같다.

11 현궁玄宮 : 원래는 임금의 관을 묻는 광중壙中을 말하나, 고인故人을 높여서 말하는 것이기도 하다.

12 종천終天 : 비통함이 오래간다는 뜻으로, 부모의 초상을 이르는 말이다.

到山所將茶毗時祭文。又云入塔岧祭文。

維年月日。某謹以茶毗時食之奠。敢昭告于先和尙之靈。嗚呼。將掩玄宮。永隔慈蔭。【若以所燒之骨埋之卽云。】旣瘋終天之恨。堪悲永往之期。追慕慈悲。不任殞咽。伏惟尙饗。

대숙야제문

○○년 ○○월 ○○일에 소사 아무개는 삼가 약식으로 차와 우유 등의 제물을 올리고 감히 선화상의 혼령에 고합니다. 아! 슬픕니다. 시양侍養(侍奉)이 복이 없어 화상께서 갑자기 진적으로 돌아가시니 자비한 모습 날로 멀어져만 가며 행적도 의연해져 갑니다. 가르침을 받고자 해도 방법이 없으니 오직 슬프고 한스러움만 뒤엉킵니다. 지금 남겨 주신 계戒를 따라 장차 다비(闍維)의 장소에 이르려 합니다. 이미 내일 새벽으로 결정하고 신神을 옮겨 영원히 보낼 것이라 생각하니, 연모의 감정으로 가슴이 찢어지고 오열이 일어납니다. 울부짖으며 하소연한들 어찌할 길이 없습니다. 삼가 보잘것없는 음식을 바치고 천신하옵니다. 아! 슬픕니다. 아! 슬픕니다. 삼가 흠향하소서.

大宿夜祭文

維年月日。小師某。謹以藥食茶果之奠。敢告于先和尙之靈。嗚呼。侍養無祐。和尙奄歸眞寂。慈顔日遠。行跡依然。思敎誨而無由。唯悲恨之交集。今則甫從遺戒。將赴闍維。已選來晨。遷神永迬。[1] 感戀摧咽。號訴何由。謹獻蔬羞。用薦精爽。嗚呼嗚呼。伏惟尙饗。

1) ㉾ '迬'은 '往'의 고자古字이다.

회삭일과 절서에 올리는 제문

○○년 ○○월 ○○일에 소사 아무개는 삼가 약식으로 차와 우유 등의 제물을 올리고 감히 화상의 혼령에 고합니다. 아! 슬픕니다. 혼령으로 변한 지가 엊그제 같은데 어느새 ○○【회삭晦朔 절서節序를 쓴다.】을 지나게 되었습니다. 음성과 용모가 완전히 막혀서 모시고 묻고자 해도 아무 방법이 없습니다. 자비하신 얼굴을 추모해 보건대 죽을 것 같고 오열한들 어찌 미칠 수 있겠습니까? 부족하나마 차와 과실을 진설해 놓고 참다운 혼령에 하소연하오니 삼가 흠향하소서.

晦朔節叙祭文

維年月日。小師某。謹以藥食茶乳之奠。敢告于先和尙之靈。嗚呼。靈變如昨。奄經【晦朔節序】。音容洞隔。侍問無由。追慕慈顔。殞咽何追。聊陳茶果。用訴眞靈。伏惟尙饗。

대상과 소상에 올리는 제문

○○년 ○○월 ○○일에 소사 아무개 등은 삼가 재식齋食으로 차와 과실 등 제물을 차려 놓고 감히 선화상의 혼령에 고합니다. 아! 슬픕니다. 시봉이 느낄 사이도 없이 화상을 하늘나라로 보냈습니다. 아무개 등은 어려서 속세(塵網)를 떠나 시봉하고 수발할 스승을 만나 가르침을 받고 세속을 벗어나 계율을 지키는 경지에 올랐으니 이 은혜와 이 덕을 어느 날인들 잊을 수 있겠습니까? 지금은 ○○【소상小祥·중상中祥·대상大祥이라 함.】에 이르러 감히 시식時食을 천신하오나 혼령이 계신 자리가 너무도 쓸쓸하니 슬픔과 처량한 마음 갑절이나 동합니다. 자비하신 모습을 추모해 보건대 고개를 떨어뜨리고 오열합니다. 삼가 흠향하소서.

大小祥祭文

維年月日。小師某等。謹以齋食茶果之奠。敢昭告于先和尙之靈。於戱。侍奉無感。上延和尙。某等幼離塵網。獲侍巾甁。誨勗敎詔。出俗登戒。此恩此德。何日忘之。今則爰届【小祥中祥大祥】。敢薦旹食。靈几蕭索。倍動悲凉。追慕慈悲。不任殞咽。伏惟尙饗。

몸이 먼 곳에 있을 때 화상의 슬픈 부고를 받고 올리는 제문

○○년 ○○월 ○○일에 삼가 차와 과실 등 제물을 차려 놓고 감히 선화상의 혼령에 고합니다. 아! 슬픕니다. 슬픈 부고가 멀리서 이르렀는데 선화상께서 아무 달 아무 날에 홀연히 원적圓寂으로 돌아가셨다 하니, 이에 생각하건대 제자는 스스로 스승님의 곁을 떠나와 점차 세월이 흘러갔습니다. 비록 구름과 산이 가로막고 있으나 항상 자비하신 덕을 받들어 왔었는데, 어떻게 참된 곳으로 돌아가심이 그리 빠르단 말입니까? 달려갈 방법이 없어서 멀리서 세속을 벗어나게 해 주신 은혜를 생각하면서 영원히 종천終天의 이별을 남기나이다. 삼가 보잘것없는 제수를 의지하여 자비에 대한 보답을 하고자 하오니 삼가 흠향하소서.

身在遠地和尙哀訃至祭文

維年月日。謹以茶果之奠。敢昭告于先和尙之靈。嗚呼。哀訃遠臨。先和尙以某月日。奄歸圓寂。爰念弟子。自離几杖。荏苒光陰。雖隔雲山。常承慈蔭。其柰眞歸有日。末由奔臨。遐思出俗之恩。永貽終天之別。謹憑薄奠。用答慈悲。伏惟尙饗。

먼 곳에서 혼령의 자리에 이르러 고하는 제문

○○년 ○○월 ○○일에 소사 아무개는 삼가 시식으로 다약茶藥 등 제물을 차려 놓고 감히 선화상의 혼령에 고합니다. 아! 슬픕니다. 아무개는 일찍이 시봉하기를 어기고 산과 강이 가로막게 하였사온데, 슬픈 소식이 갑자기 이르렀습니다. 혼령이 계신 자리에 달려가 지팡이를 어루만지니 슬픔만 더하옵니다. 삼가 보잘것없는 음식을 차려 올리고 천신하여 바치는 마음을 펴옵니다. 삼가 흠향하소서.

在遠犇喪靈席告祭文

維年月日。小師某。謹以時食茶藥之奠。敬昭告于先和尙之靈。於戲哀哉。某早違叅陪。山河有隔。哀信忽至。奔赴靈筵。撫杖錫而益悲。謹以蘋蘩之奠。以申薦獻之心。伏惟尙饗。

화상이 소사의 제사를 지내며 올리는 제문

○○년 ○○월 ○○일에 학업을 가르쳤던 화상은 시식으로 제물을 차려 놓고 소사 아무개의 혼령에 공경히 재를 시냅니다. 아! 슬프구나. 그대는 본래 어버이를 떠나와 나를 의지하여 득도해 주기를 청하여 이윽고 물과 우유가 합해지는 듯했습니다. 또한 일찍이 교조敎詔[13]와 성문省問[14]의 노고를 다했습니다. 본디 늙은 몸이 영원히 가기를 바랐건만 도리어 그대의 장례를 치르게 되었으니 어찌할꼬? 수명은 기약이 있어서 앞서 먼 길을 갔으니 공경하여 따르던 모습을 생각해 보건대 오직 슬프고 처량함만

13 교조敎詔 : 『法華經』에 "비록 반복해 교조敎詔하나 신수信受하지 않는다."라는 말이 있으니, 교조란 후학을 가르침을 말한다.

14 성문省問 : 윗사람을 보살피는 것을 말한다.

더할 따름입니다. 내일 새벽이면 그대를 황량한 벌판으로 옮겨 영원히 이별해야 하기에 지금 시식을 차려 놓았으니 와서 흠향하소서.

和尙祭小師文

維年月日。授業和尙。以時食之奠。敬祭于小師某之靈。嗚呼哀哉。爾本辭親依余求度。旣合水乳。亦嘗敎招[1)]省問。備亦勞苦。本望老身永逝。籍尒送終無何。壽涯有期。前造長逝。想念敬順。唯動悲凉。來晨遷尒荒郊。斯爲永別。今致旹食。示來歆饗。

1) ㉲ '招'는 '詔'인 듯하다.

부모님 상에 조전祖奠[15] 제문

○○년 ○○월 ○○일에 남승男僧 아무개는 삼가 제수로 다과를 차려 놓고 감히 선고先考【어머니면 비妃라 함.】의 혼령에 고하나이다. 엎드려 생각하건대 길러 주신 은혜 너무도 깊으니 낳아 길러 준 은혜를 어떻게 다 보답하겠습니까? 게다가 사랑을 끊고 치문緇門(佛門)에 참예할 수 있도록 해 주셨으니 부모를 보살피는 일은 비록 하지 못했으나 근본을 숭상하는 일이야 감히 게을리 할 수 있겠습니까? 세상의 나이에 정해진 수가 있다고 말하지 마십시오. 큰 한계가 이에 이르렀으니 존대尊大하신 영혼을 추모해 보건대 다만 종천의 한만 맺힐 따름입니다. 오늘은 이미 길일을 선택하여 장차 현궁玄宮을 덮으려 하면서 감히 아득한 오열의 감정을 진술하나이다. 곧 조촐한 제수를 바치오니 삼가 흠향하시옵소서.

父母喪祖奠祭文

維年月日。男僧某。謹以齋羞茶果之奠。敢昭告于先考【母則云妃】之靈。伏念

15 조전祖奠 : 발인 전에 영결을 고하는 제사 의식.

恩育至深。生成何報。且蒙割愛。獲預緇門。定省雖虧。資崇敢怠。不謂世壽有數。大限斯臨。追惟奠大之靈。但結終天之恨。今則已選吉日。將掩玄宮。敢陳幽咽之情。輒獻蘋蘩之奠。伏惟尙饗。

석문상의초 하편 끝

釋門喪儀抄 下篇 終

이상의 책은 곧 벽암碧巖 대화상께서 편집한 『석문상의釋門喪儀』이다. 이는 억지로 만들어 낸 것이 아니라 널리 여러 고전을 인용해서 요긴한 것만 뽑아내어 초록鈔錄한 것이다. 실로 나고 죽음의 사이에 하나의 커다란 예禮로서 남의 스승이 된 자에게 장차 귀감龜鑑이 되지 않을 수 없다. 내가 이 책이 사라져 없어질까 염려하여 선정에 들어 수행하고 남는 시간에 삼가 독모禿毛(몽당붓)를 뽑아 차례를 따라 베껴 써서 계정溪正 대사에게 청하여 판목에 새겨 간행하게 하여 길이 전하라 하였다. 아! 곤산의 옥이 비록 보배이긴 하나 밝은 눈을 만나지 못하면 한낱 자갈의 궁벽함을 면하지 못할 것이다. 바라건대 통달한 사람들이여, 그릇이 깨질까 염려되면 쥐를 잡지 말지어다.[16]

정유丁酉년(1657) 봄 문인 백곡白谷 선자禪子 처능處能은 칠불암七佛庵에서 삼가 재배再拜하고 쓰다.

右編。迺碧巖大和尙所編次釋門喪儀也。此非胸臆誕出。而廣引諸古選要而鈔錄。實生死間一大禮。而爲人師者。不得不將爲龜鑑焉。余伏慮其泯而不傳。禪悅之餘。謹拈禿毛。隨次而寫。與請溪正大師。入梓刊行。以永厥傳焉。噫。昆玉雖寶。未遇高眼。則不免爲一礫之窮也。唯通人忌器而勿投鼠也。

旹丁酉春。門人白谷禪子處能謹再拜書于七佛菴中云尒。[1)]

1) 원 이 발문은 저본에는 제목 없이 서문의 다음에 있는데 찬자가 여기로 옮겨 두었다.

16 그릇이 깨질까~잡지 말지어다 : 투서기기投鼠忌器. 즉 해를 없애고자 하나 꺼려 주저하는 바가 있는 것을 비유한다.

징광사澄光寺 개판開板

시주질施主秩 — 법정法正, 선계禪戒, 흠밀欽密, 영준靈俊, 홍해弘海, 수일守一, 성신性信, 혜신慧信, 정안正安, 석한碩閑, 천일天日, 경안敬眼, 천습天習, 대일大日, 대익大益, 영기靈機, 의간義諫, 청탄淸坦, 청안淸眼.

연판鍊板 — 묘영妙英.

각자刻字 — 원행願行.

澄光寺開板

施主秩。法正。禪戒。欽密。靈俊。弘海。守一。性信。慧信。正安。碩閑。天日。敬眼。天習。大日。大益。靈機。義諫。淸坦。淸眼。

鍊板。妙英。

刻字。願行。

석문가례초

| 釋門家禮抄 |

나암 진일懶庵眞一 엮음
김두재 옮김

석문가례초釋門家禮抄 해제

김 두 재
전 동국역경원 역경위원

1. 개요

『석문가례초釋門家禮抄』는 조선 중기의 나암 진일懶庵眞一(생몰년 미상, 17세기 중엽)이 불교 의식 가운데 중요한 것을 간추려 편친한 의식집儀式集으로서 2권 1책으로 되어 있다. 나암의 스승 벽암 각성碧巖覺性(1575~1660)이 지은『석문상의초釋門喪儀抄』를 정리하고 보완한 책이다.

2. 편자

나암 진일의 생애와 행적에 대해서는 그 어느 곳에도 전해지는 것이 없어서 상고해 볼 여지가 없다.

다만 채영采永(영조 대)이 편찬한『서역중화해동불조원류西域中華海東佛祖源流』(1764)에 '부휴하浮休下 제일세第一世 벽암 (각)성碧嵓性 법사法嗣'라고 하여 소개한 38명의 제자 명단 중 한 사람으로 들어가 있다. 그 명단은 취미 수초翠微守初·백곡 처능白谷處能·고운 정특孤雲挺特·모운 진언暮雲震言·동림 혜원東林慧遠·벽천 정현碧川正玄·월파 인영月波印英·무의 천연無依天然·제하 청순霽霞淸順·유곡 충경幽谷冲冏·한계 현일寒溪玄一·연화 인욱蓮華印旭·나암 진일 등이다(『한국불교전서』 제10책 123쪽). 이로 볼 때 진일은 각성의 법제자임이 틀림없다.

이외에 신익성申翊聖(1588~1644)이 지은 「송광사개창비松廣寺開創碑」에 벽암碧巖 문파 제자라 하여 '동지同知 진일眞一'이라 기록되었다.

이상의 단편적인 기록과 이 문헌의 간행 연도를 참조할 때 진일은 각성의 제자로서, 17세기 초·중엽에 활동한 인물로 정리할 수 있다.

3. 서지 사항

조선 현종 1년(1660)에 간행한 상·하권 1책의 목판본이다. 체제는 『석문가례초』 상·하편에 이어 부록 「백장 화상 청규법百丈和尙淸規法」이 수록되어 있다. 표제는 '석문가례초釋門家禮抄'이다. 서문은 '대명大明 숭정崇禎 병자丙子(1636) 8월 중완中浣에 나암 진일懶菴眞一'이 썼으며, 발문은 '순치順治 16년 기해己亥(1659) 늦은 봄 상완上浣에 매곡 경일梅谷敬一'이 썼다. 부록 다음에 있는 별도의 발문 간기에 '순치順治 17년 경자庚子(1660) 2월 일에 문경聞慶 배산호裵珊瑚 봉안奉鴈'이라 되어 있다.

『한국불교전서』 제8책에 수록된 『석문가례초』는 연세대학교 소장본을 저본으로 하였다. 이와 같은 판본이 국립중앙도서관, 동국대학교 중앙도서관 등에도 소장되어 있으며, 국립중앙도서관에서는 디지털 원문을 제공하고 있다.

권두에 있는 진일의 서문은 스승 각성이 쓴 『석문상의초』의 서문과 글자의 넘나듦이 있지만 대동소이하다. 아마도 스승이 쓴 서문을 그대로 인용하면서 자신의 이름을 기입한 것으로 생각된다.

4. 내용과 성격

경일은 발문에서 진일의 『석문가례초』는 각성의 『석문상의초』를 정리하고 보완하여 펴낸 것으로 소개하였다.

상편의 첫 부분에는 도판 다섯 개가 나온다. 「승속오복도僧俗五服圖」, 「전물절차奠物節次」, 「본종오복지도本宗五服之圖」, 「본종오복촌수도本宗五服寸數圖」, 「감구효당도龕柩孝堂圖」 순이다.

「승속오복도」는 승속 간에 얼마나 오랜 기간의 복을 입어야 하는지에 대하여 기록한 것으로, 『석문상의초』의 도판에는 그림 아래에 자세한 해설이 있는 반면 여기에는 해설이 없으며 내용도 조금 다르다. 그 다음에 나오는 「전물절차」·「본종오복지도」·「본종오복촌수도」는 『석문상의초』에 없는 도판이다. 마지막에 나오는 「감구효당도」는 『석문상의초』에 있는 내용인데, 그 책에서는 도판 아래 자세한 해설이 있는 반면 여기에는 해설은 없으며 내용도 조금 다르다.

도판에 이어 「명정서규名旌書規」에서는 망인亡人을 대종사大宗師·염불인念佛人·좌선인坐禪人·판사인判事人·학도인學道人·평상인平常人 등으로 나누어 각각 위패 쓰는 방식의 차이를 서술하고 있다. 「다비작법절차茶毘作法節次」에서는 다비 의식 절차의 방법을 자세히 기록하고 설명하였다. 신체를 발인할 때 나열해 서는 규칙을 비롯하여 오방번五方幡을 쓰는 규칙, 노제路祭 지낼 때의 의식 절차, 영혼을 맞이하는 의식의 절차를 상세하게 소개하였다. 단순히 의식문만을 서술하는 데 그치지 않고, 절차에 따라 의식을 주재하는 승려들의 소임, 장례인이 서는 위치, 행렬에 대한 방법까지 상세하게 정리하였다.

하편은 상주가 짚는 지팡이의 의미에 대해 설명한 「장杖」, 상주가 곡을 하는 의미를 담은 「곡哭」, 조문을 실행하는 방법인 「행조行弔」, 조문 받는 사람이 취할 태도를 설명한 「수조受弔」, 「분상奔喪」, 「장법葬法」, 「사유闍維」, 「송장送葬」, 「사리舍利」, 「입탑立塔」, 「명銘」, 「칭고稱孤」, 「기일忌日」, 「소자疏子」(疏文) 등의 유래와 의미 등에 대하여 상세하게 기록하였다. 이들은 대부분 『오삼집五杉集』과 『석씨요람釋氏要覽』 등에서 발췌한 것이다.

다음으로 조문을 가지 못할 경우에 드리는 편지를 쓰는 방법 및 답서 쓰는 방법을 설명한 「조서법弔書法」, 상주를 위로하기 위해 올리는 편지 및 답서 쓰는 방법을 설명한 「위로 편지 쓰는 법(慰書法)」이 있다. 이어 「제문 양식(祭文式樣)」을 소개하였다. 입관할 때 올리는 제문(將入龕時祭文), 감구에 들이기를 마친 뒤의 제문(入龕柩畢祭文), 노차제문路次祭文, 회삭일과 절서에 올리는 제문(晦朔節叙祭文), 대숙야제문大宿夜祭文, 대상과 소상에 올리는 제문(大小祥等文), 먼 곳에서 혼령의 자리에 이르러 고하는 제문(在遠奔喪至靈席告祭文), 몸이 먼 곳에 있을 때 화상의 슬픈 부고를 받고 친구들이 먼저 혼령의 자리를 설치한 곳에서 올리는 제문(身在遠地和尙哀訃至【朋友等先設靈席置】祭文), 소사의 제사를 지내며 올리는 제문(祭小師文), 부모님에게 올리는 제문(祭父母文) 등 각종 제문을 쓰는 양식과 방법에 대하여 상세하게 기술하였다.

이상의 상·하편에 이어 부록으로 「백장 화상 청규법」을 수록하였다.

참고로 불교 상례 의식에 관한 『석문상의초』와 『석문가례초』와 『승가예의문僧家禮儀文』의 목차를 표로 만들어 독자들의 이해를 돕고자 한다.

『석문상의초』	『석문가례초』	『승가예의문』
숭정 丙子(1636) 碧巖覺性 서문	숭정 丙子(1636) 懶庵眞一 서문(『석문상의초』와 동일함)	
上篇	上篇	

僧五服圖(도면 아래 해설 있음)	僧俗五服圖(『상의초』와 조금 다름, 해설 없음)	
	奠物節次圖(『상의초』에는 없음)	
	本宗五服之圖(『상의초』에는 없음)	
	本宗五服寸數圖(『상의초』에는 없음)	
龕柩孝堂圖(도면 아래 해설 있는 데 부분부분이 『가례초』 다른 곳에 섞여 있음)	龕柩孝堂圖(『상의초』와 조금 다름, 해설 없음)	
	名旌書規(『상의초』에는 없음)	名旌書規
	茶毘作法節次	喪禮奠祭節次(『가례초』 「茶毘作法節次」와 비슷한데 내용이 조금 다름)
	身體發引時行立規(『상의초』에는 없음)	身體發引時行立規
	五方幡書規(『상의초』에는 없음)	
	無常戒偈(『상의초』에 없음)-①	路祭(『가례초』 ①~⑤의 내용 포함됨)
	返魂着語(『상의초』에 없음)-②	
	擧火篇 下火篇-③	五方佛請書規
	茶毗法師唱奉送篇(『상의초』에는 없음)-④	無常戒偈
		消身處置水器法
哭	碎骨法(『상의초』에는 없음)	碎骨法
祭奠	擧物誡(『상의초』 하편 「창의」와 같음)	擧物誡
行弔		法師立方法
受弔		僧喪服圖(『상의초』와 『가례초』와 조금 다름)
奔喪		
葬法	送葬時禁斷規	送葬時標斷規
闍維	祭奠釋名(『상의초』 「祭奠」과 내용 같음)	
送葬		
下卷	下篇	附錄
	杖(『상의초』에는 효당도 아래 설명에 들어 있음)	茶毘作法文
		削髮文
	哭(『상의초』에는 상권에 있음)	沐浴
	行弔(『상의초』에는 상권에 있음)	洗手
	受弔(『상의초』에는 상권에 있음)	洗足
	奔喪(『상의초』에는 상권에 있음)	著裙
	葬法(『상의초』에는 상권에 있음)	着衣
	闍維(『상의초』에는 상권에 있음)	着冠
	送葬(『상의초』에는 상권에 있음)	正坐
舍利	舍利	施食
立塔	立塔	入龕
銘	銘	起龕
稱孤	稱孤	擧火
	忌日	下火
疏子	疏子(疏文)	唱衣
弔書法	弔書法	拾骨
弔人師亡	弔人師亡(『상의초』에는 「조서법」 아래 제목 없이 수록)	起骨
		碎骨
弔人父母亡	弔人父母亡	散骨
弔人師伯叔兄弟小師等	弔人師伯叔兄弟小師等	
	慰書法	

慰人師亡 慰人父母亡 慰人伯叔兄弟 慰人小師 兄弟在外報師亡書 得和尙哀訃後不歸復書 唱衣(『가례초』에는 없음) 忌日 祭文式搽 將入龕祭文(『가례초』와 내용 조금 다름) 入龕柩畢祭文 到山所將茶毗時祭文(入塔時祭文) 大宿夜祭文 晦朔節叙祭文 大小祥祭文 身在遠地和尙哀訃至祭文 在遠犇喪靈席告祭文 和尙祭小師文 父母喪祖奠祭文	慰人師亡 慰人父母亡 慰人伯叔兄弟 慰人小師 兄弟在外報師亡書 得和尙哀訃後不歸復書 祭文式搽 將入龕祭文(『상의초』「入塔時祭文」과 같음) 入龕柩畢祭文 路次祭文(『상의초』에는 없음)-⑤ 晦朔節叙祭文 大宿夜祭文 大小祥等文 在遠奔喪至靈席告祭文 身在遠地和尙哀訃至祭文 祭小師文(『상의초』「和尙祭小師文」과 같음) 祭父母文(『상의초』「父母喪祖奠祭文」과 같음)	
跋(白谷處能 씀)	釋門家禮抄跋(梅谷敬一 씀)	跋[강희 9(1670) 冲絅 씀]
	[附] 百丈和尙淸規法 裵珊瑚 발문	

5. 가치

반만년의 우리 문화는 태반이 불교문화임에도 불구하고 사람의 마지막 가는 송종送終의 예에 있어서 불교에서는 따로 의식문이 제대로 만들어진 것이 없이 유교의 상례를 따라 장례를 치러 왔다.

이를 안타깝게 여기던 각성이 처음으로 『석씨요람』·『오삼집』·『선원청규禪院淸規』 등을 참조하여 불교에 걸맞게 『석문상의초』를 만들었고, 이어서 진일이 이를 정리하고 보완하여 『석문가례초』를 만들었다.

이 책은 치밀하게 규정된 유교의 예법과 그 절차에 대응하여 불교계가 어떤 방식으로 불교적 예법을 수행하였는가를 보여 주는 귀중한 자료이며, 조선 시대 유교와 불교의 상례법을 비교, 연구함에 있어 귀중한 문헌적 가치를 지닌다.

이 책 상편의 끝부분에는 '장례를 치를 때 금단하는 예규(送葬時禁斷規)'가 있다. 여기서 편자는 출가한 사람이 계율을 지키지 않고 상가에 가서 술을 마구 마신다면 죽어서 태산지옥에 들어갈 것이라고 경고하는 한편, 상례에 참여하여 술을 마시거나 돈을 받는 등의 일에 몰두하여 불제자답지 않은 행위를 많이 저지르고 있음을 개탄하였으며, 상부상조하는 승풍僧風이 전혀 없음을 명시하고 있다. 이를 통해 당시 승가에 상을 당했을 때 조문객들의 폐해가 어떠했을지 가늠해 볼 수 있다. 그리고 당시 승가의 장례에 있어서 문란한 점을 바로잡기 위하여 이 책을 편찬했음을 알 수 있다. 이러한 구체적인 내용은 당시 승가의 상례를 조명하는 데 실제적인 도움을 준다는 점에서 매우 중요한 자료적 가치가 있다고 하겠다.

6. 참고 문헌

각성覺性 편, 『석문상의초釋門喪儀抄』, 『한국불교전서』 제8책, 동국대학교출판부.

진일眞一 편, 『석문가례초釋門家禮抄』, 『한국불교전서』 제8책, 동국대학교출판부.

명조明照 편, 『승가예의문僧家禮儀文』, 『한국불교전서』 제8책, 동국대학교출판부.

『석씨요람釋氏要覽』 권하, 『대정신수대장경大正新脩大藏經』 제54책.

박세민朴世敏 편, 『한국불교의례자료총서韓國佛教儀禮資料叢書』, 보경문화사, 1993.

동국대학교 불교문화연구소 편, 『한국불교찬술문헌총록韓國佛教撰述文

獻總錄』, 동국대학교출판부, 1976.

김용덕, 「상장례 풍속의 사적 고찰」, 『관혼상제』(한국민속학연구논저 v.15), 거산, 1998.

정각正覺(문상련), 『한국의 불교의례 I』, 운주사, 2001.

__________, 「상장례에 나타난 왕생미타정토 행법—한국 소전 행법의 형태적 측면을 중심으로」, 『정토학연구』 제6집, 한국정토학회, 2003.

황영환, 「한국 가례서의 발전계통에 관한 서지적 연구」, 『서지학연구』 제10집, 서지학회, 1994.

차례

일러두기

1 '한글본 한국불교전서'는 문화체육관광부의 지원을 받아 동국대학교 불교학술원에서 수행하고 있는 '불교기록문화유산아카이브(ABC)사업'의 결과물을 출간한 것이다.
2 이 책의 번역은 『한국불교전서』(동국대학교출판부 간행) 제8책에 수록된 『석문가례초釋門家禮抄』를 저본으로 하였다.
3 번역문에 이어 원문을 병기하였다. 원문은 『한국불교전서』를 대본으로 하였으며, 띄어쓰기를 표시하기 위해 고리점(。)을 사용하였다.
4 원문의 교감 사항은 번역문의 미주와 별도로 원문 아래 부분에 제시하였다.
   ㉯은 『한국불교전서』 편찬자가 교감한 내용이다.
   ㉰은 번역자가 교감한 내용이다.
5 약물은 다음과 같다.
   『 』: 서명
   「 」: 편명, 산문 작품

석문가례초釋門家禮抄 서문

대개 길례吉禮[1]는 조금 가볍게 여겨도 흉례凶禮(상례)는 더욱 소중하게 여겨야 한다. 이미 이가 나고 머리카락이 난 사람이라면 어떻게 한결같이 정을 잊고 그 예를 끊어 버릴 수 있겠는가? 아무리 우리 종파가 적멸寂滅을 즐거움으로 삼고 생사를 아무렇지도 않은 일로 여긴다지만, 바른 비니毘尼(律)를 따른 후에야 법칙에 부합하게 될 것이다.

『석씨가례釋氏家禮』와 같은 책은 우리나라(東國)에는 본래 없었으니, 석씨의 집안에서 덕 높으신 스님이 돌아가시면 흉례를 치름에 있어서 어긋나는 일이 많았다. 감실龕室·당당當堂·애읍哀泣의 경우는 세속과 똑같이 하였는데, 이미 좋은 방법을 만들어 낼 길도 없고 게다가 옛 법을 따르는 방법조차 사라져 버리고 말았다.

그리하여 대대로 내려오면서 전례前例만을 답습하는 것으로 실로 슬픔을 견뎌 내는 역할을 해 왔다. 아울러 구조口弔와 제문祭文에 대해서는 말은 풍성하지만 상고할 길이 없고, 제복制服의 경중도 규범에 맞는 것이 없으며, 수답酬答하는 제서題書에 있어서도 높고 낮은 신분을 다하지 못하였으며, 사유闍維(다비)와 도종導從에 있어서도 길례와 흉례가 서로 뒤섞여

1 길례吉禮 : ① 관례冠禮나 혼례婚禮 따위의 경사스러운 예식禮式. ② 대사大祀·중사中祀·소사小祀 따위의 나라 제사의 모든 예절.

있었다. 내가 이를 늘 마음에 언짢게 생각해 오던 차 근래 자각慈覺 대사의 『선원청규禪院淸規』와 응지應之 대사의 『오삼집五杉集』, 그리고 『석씨요람釋氏要覽』을 얻어 모조리 열람해 보니, 그 가운데 가례家禮가 너무도 상세하게 되어 있었다. 그런데 다만 그것은 중국에서 숭상하던 법으로서 동방의 예와는 걸맞지 않았다. 그런 까닭에 그 요점만을 초출抄出하여 초학初學들에게 남겨 줄 따름이다.

대명大明 숭정崇禎 병자丙子년(1636) 8월 중완中浣에 나암 진일懶庵眞一이 삼가 쓰다.

釋門家禮抄序

夫吉禮且輕。凶禮尤重。旣合齒髮。[1] 豈可一槩忌[2]情而絶其禮哉。雖我宗以寂滅爲樂。生死是常。隨方毗尼。須[3]合其則。如釋氏家禮。[4] 東國素無其本。釋門上德歸寂。凶禮多違。龕室當堂哀泣同俗。旣無生善之路。且虧遵古之道。遞[5]相沿襲。實所堪傷。兼乃[6]口吊祭文。言多無稽。制服輕重。罔所合規。至於酬答書題。匪窮高下。闇維導從。凶吉相叅。余每以介懷歎息。[7] 近得慈覺大師禪院淸規。應之大師五杉集。釋氏要覽。讀之。其中。家禮甚詳。[8] 而但是中國所尙之法。不合東方之禮。[9] 抄出其要。[10] 以寄初學云爾。[11]

時大明崇禎丙子。八月。中浣。懶庵眞一謹序。[12]

1) ㊇ '合齒髮'은 '含齒戴髮'의 오류인 듯하다. 『釋門喪儀抄』에도 '含齒戴髮'로 되어 있다. 2) ㊇ '忌'는 저본(목판본)에 '忘'으로 보이기도 한다. 『釋門喪儀抄』에는 '忘'으로 되어 있다. 3) ㊇ '須'는 『釋門喪儀抄』에 '後'로 되어 있다. 4) ㊇ '家禮'는 『釋門喪儀抄』에 '喪儀'로 되어 있다. 5) ㊇ '遞'는 『釋門喪儀抄』에 '遆'로 되어 있다. 6) ㊇ '乃'는 『釋門喪儀抄』에 '迺'로 되어 있다. 통용된다. 7) ㊇ 『釋門喪儀抄』에는 '歎息' 두 글자가 없다. 8) ㊇ '家禮甚詳'은 『釋門喪儀抄』에는 '最爲龜鑑者。喪禮一儀甚詳。'으로 되어 있다. 9) ㊇ 『釋門喪儀抄』에는 '禮' 다음에 '故'가 있다. 10) ㊇ 『釋門喪儀抄』에는 '要' 다음에 '分爲上下篇'이 있다. 11) ㊇ 『釋門喪儀抄』에는 '爾'가 없다. 12) ㊇ 『釋門喪儀抄』에는 이 부분이 '旹大明崇禎丙子秋日碧巖長老書于華嚴寺丈室中'으로 되어 있다.

석문가례초 상편

釋門家禮抄* 上篇

나암 진일懶庵眞一 엮음

* ㉚ 저본은 '순치順治 17년(1660) 문경聞慶 배산호裴珊瑚 봉안奉鴈 간행본'(연세대학교 소장)이다. 『석문상의초』와 『석문가례초』의 내용은 대체로 같고 그 서문은 약간 다르다. 서문을 쓴 이의 이름이 서로 다른데 전자는 벽암 각성碧巖覺性, 후자는 나암 진일懶庵眞一이다. 백곡 처능白谷處能은 전자의 발문에서 '이 책은 각성이 펴낸 것'이라 하였다. 후자에 있는 매곡 경일梅谷敬一의 발문 또한 이 설과 같다. 진일은 각성의 제자이다. 그런즉 진일이 스승의 저서를 자신의 저작으로 삼은 것이리라. 그렇지 않다면 처능과 경일 등 후인이 이 책을 각성의 명성에 가탁한 것일 수 있다. 편자는 결정할 수 없어 여기에 덧붙여 기록해 둔다.

승속오복도僧俗五服圖

		조부모【주년】		
수업사【3년】		부모【3년】		조사【대공】
어산사【대공】	증계사【주년】	양육사【3년】	수계사【주년】	갈마사【시마】
교수사【마】	승백숙【대공】	친제자【주년】	속백숙【대공】	속형제제매【대공】
수학사【마】	승형제【소공】	친법손【대공】	수업제자【마】	승속질【마】

조부모는 1년, 부모는 3년, 조사祖師는 대공大功(9개월), 수업사授業師는 3년이며, 양육사養育師는 3년, 수계사受戒師는 3년, 증계사證戒師는 대공, 갈마사羯磨師는 시마緦麻(3개월), 어산사魚山師는 대공이며, 친제자는 1년, 속가의 백숙은 대공, 승가의 백숙은 대공, 속가의 형제 제매는 대공, 교수사敎授師는 시마이며, 친법손은 대공, 수업제자는 시마, 승가의 형제는 소공小功, 승속의 조카는 시마, 수학사授學師는 시마이다.

3년이란 25개월이고 주년周年이란 12개월이며, 시마緦麻란 3개월이고 대공大功은 9개월이며, 소공小功은 5개월이다.

僧俗五服圖

		祖父母 【周年】		
受業師 【三年】		父母 【三年】	祖師 【大功】	
魚山師 【大功】	證戒師 【周年】	養育師 【三年】	受戒師 【三年】	羯磨師 【緦麻】
教授師 【麻】	僧伯叔 【大功】	親弟子 【周年】	俗伯叔 【大功】	俗兄弟娣妹 【大功】
授學師 【麻】	僧兄弟 【小功】	親法孫 【大功】	受業弟子 【麻】	僧俗姪 【麻】

三年者。二十五月。周年者。十二月。緦麻者。三月。大功者。九月。小功者。五月。

제물을 차리는 절차

		영실		
밥	시접 匙楪	소반	초醋	국
		잔		
국수				떡
		전		
나물		나물		나물
집사		향로		상주
삼헌		이헌		초헌

奠物節次[1)]

		靈室		
飯	匙	盤	醋	羹
		箋[2)]		
粫		炙		餠
菜		蔬		菜
執事		香爐		喪者
三獻		二獻		一獻

---

1) ㉯ 이 도표는 저본에는 '감구효당도' 앞에 있지만 편자가 이곳으로 옮겼다. 2) ㉮ '箋'은 '盞'의 오자인 듯하다.

본 종파의 오복도五服圖

				고조모【시마】	고조부【시마】								
			증조고【시마 가무】	증조모【소공】	증조부【소공】		증조 백숙부모【시마】						
		종조고【시마 가무】	조고【주년】	조모【부장기】	조부【부장기】		조 백숙부모【부장기】		종조 백숙부모【시마】				
	재종고【시마 가무】	종고【대공 가마】	고【주년 가소공】	모【3년】	부【3년】		백숙부모【부장기】		종 백숙부모【소공】		재종 백숙부모【시마】		
삼종 제매【시마 가무】	재종 제매【소공 가마】	종제매【대공 가마】	제매【주년 가대공】	처【부모재 즉부장】	기신【부모재 즉부장】	처【소공】	형제【부장기】	처【무】	종부 형제【대공】	처【무】	재종 형제【소공】	처【무】	삼종 형제【시마】
	재종 질녀【시마 가무】	종질녀【소공 가마】	질녀【주년 가대공】	부【대공】	자【장3년】	처【대공】	질【부장기】	처【시마】	종질【소공】	처【무】	재 종질【시마】		
		종질 손녀【시마 가무】	질손녀【소공 가마】	부【대공】	손【대공】	부【시마】	질손【소공】	부【무】	종 질손【시마】				
			증질 손녀【시마 가무】	부【무복】	증손【소공】		증질손【시마】						
				부【무복】	현손【시마】								

【부장기不杖期란 지팡이를 짚지 않고 1년이라는 의미이다.】

고조부와 고조모는 시마緦麻(3개월)복을 입고, 증조부와 증조모는 소공小功(5개월), 증조백숙부모는 시마, 증조고모는 시마의 복을 입으나 시집을 갔으면 복을 입지 않는다.

조부와 조모, 조백숙부모는 지팡이를 짚지 않고 1년 복을 입는다. 조고모는 1년, 종조백숙부모는 시마, 종조고모는 시마복을 입으나 시집을 갔으면 복을 입지 않는다.

부모는 3년복을 입으며, 백숙부모는 지팡이를 짚지 않고 1년, 고모는 1년복을 입는데 시집을 갔으면 소공, 종백숙부모는 지팡이를 짚지 않고 소공, 종고모는 대공大功(9개월)이나 시집을 갔으면 시마, 재종백숙부모는 시마, 재종고모도 시마인데 시집을 갔으면 복을 입지 않는다.

자신과 아내는 부모가 살아 계시면 지팡이 없이 1년이고, 형제는 지팡이 없이 1년, 형제의 아내는 소공, 제매는 1년복을 입는데 시집을 갔으면 대공의 복을 입으며, 종부의 형제는 대공, 그 아내는 복을 입지 않으며, 종제매는 대공복을 입으나 시집을 갔으면 시마이며, 재종형제는 소공이고 그의 아내는 복을 입지 않으며, 재종 제매는 소공인데 시집을 갔으면 시마이며, 삼종형제는 시마이고 그의 아내는 복이 없으며, 삼종제매는 시마복을 입으나 시집을 갔으면 복을 입지 않는다.

아들(장자)은 3년이고 며느리는 대공이며, 조카는 지팡이 없이 1년이고 질부는 대공이며, 질녀는 1년인데 시집을 갔으면 대공이며, 종조카는 소공, 종조카의 아내는 시마이며, 종질녀는 소공인데 시집을 갔으면 시마이며, 재종질은 시마이고 재종질의 아내는 복을 입지 않으며, 재종질녀는 시마인데 시집을 갔으면 복을 입지 않는다.

손자와 손부는 대공이고, 조카의 손자는 소공, 조카손부는 시마이며, 조카손녀는 소공인데 시집을 갔으면 시마이며, 종조카의 손자는 시마이고 종조카의 손부는 복을 입지 않으며, 종조카의 손녀는 시마이나 시집을 갔으면 복을 입지 않는다.

증손자는 소공이고 증손부는 복을 입지 않으며, 증조카손자는 시마이고, 증조카손녀는 시마인데 시집을 갔으면 복을 입지 않는다. 현손玄孫은 시마이고 현손부는 복을 입지 않는다.

本宗五服之圖

				高祖母【緦麻】	高祖父【緦麻】								
			曾祖姑【麻 嫁無】	曾祖母【小功】	曾祖父【小功】		曾祖伯叔父母【麻】[1]						
		從祖姑【麻 嫁無】	祖姑【周年】	祖母[2]	祖父[3]		祖伯叔[4]父母【不杖期】		從祖伯叔父母【麻】				
	再從姑【麻 嫁無】	從姑【大功 嫁麻】	姑【周年 嫁小功】	母【三年】	父【三年】		伯叔父母【不杖期】		祖[5]伯叔父母【小功】		再從伯叔父母【麻】		
三從娣妹【麻 嫁無】	再從娣妹【小功 嫁麻】	從娣妹【大功 嫁麻】	娣妹【周年 婦[6]大功】	妻【父母在 則不杖】	己身【父母在 則不杖】	妻【小功】	兄弟【不杖期】	妻【無】	從父兄弟【大功】	妻【無】	再從兄弟【小功】	妻【無】	三從兄弟【麻】
	再從姪女【麻 嫁無】	從姪女【小功 嫁麻】	姪女【周年 嫁大功】	婦【大功】	子【長三年】	妻【大功】	姪【不杖期】	妻【麻】	從姪【小功】	妻【無】	再從姪【麻】		
		從姪孫女【麻 嫁無】	姪孫女【小功 嫁麻】	□[7]【大功】	孫【大功】	婦【麻】	姪孫【小功】	婦【無】	從姪孫【麻】				
			曾姪孫[8]【麻 嫁無】	婦【無服】	曾孫[9]		曾姪孫【麻】						
				婦【無服】	玄孫【麻】								

【不杖期一年。】

1) ㊈ '麻'는 '緦麻'를 줄인 것이다. 이하도 동일하다. 2) ㊉ 이 아래에 '【不杖期】'가 빠진 듯하다. 3) ㊉ 이 아래에 '【不杖期】'가 빠진 듯하다. 4) ㊉ '叔' 아래 '父'가 빠진 듯하다. 5) ㊉ '祖'는 '從'인 듯하다. 6) ㊉ '婦'는 '嫁'인 듯하다. 7) ㊉ □는 '婦'인 듯하다. 8) ㊈ '孫' 아래 '女'가 빠진 듯하다. 9) ㊉ '孫' 아래 '【小功】'이 빠진 듯하다.

본 종파의 오복五服 촌수도寸數圖

고조모【마】 · 고조부【마】

오촌대고【마가무】 · 증조모【소공】 · 증조부【소공】

종조고【마가무】 · 조고【소공가무】 · 조모【주년】 · 조부【주년】 · 사촌대부모【소공】 · 오촌대부모【마】

칠촌질녀【시가무】 · 재종고【부지육촌시가무】 · 오촌질녀【소공가시】 · 종고【기지사촌대공가시】 · 사촌손녀【소공가시】 · 고【부지제매주년가소공】 · 모【3년】 · 부【3년】 · 삼촌백숙부모【주년】 · 육촌대부모【마】 · 처【시】 · 오촌질【소공】

팔촌부매【시가무】 · 칠촌제매【소공가시】 · 육촌손녀【소공가무】 · 종제매【기지사촌대공가시】 · 칠촌손녀【마가무】 · 제매【기지동생주년가대공】 · 처【부모재부장】 · 기【부모재부장】 · 처【소공】 · 형제【주년】 · 오촌백숙부모【소공】 · 처【무】 · 육촌【시】 · 처【무】 · 칠촌질【시】

삼촌질녀【주년가대공】 · 부【대공】 · 자【주년】 · 처【대공】 · 삼촌질【주년】 · 처【마】 · 사촌【대공】 · 칠촌백숙부모【시】 · 처【무】 · 팔촌【시】

손부【적부소공서부시】 · 손【대공】 · 처【마】 · 사촌손【소공】 · 처【무】 · 육촌손【소공】

부【무복】 · 증손【소공】 · 처【무】 · 오촌손【마】

부【무복】 · 현손【마】

고조부와 고조모는 시마緦麻이고, 증조부와 증조모는 소공小功, 오촌 대고모는 시마인데 시집을 갔으면 복을 입지 않는다.

조부와 조모는 1년, 사촌 대부모는 소공, 조고모는 소공인데 시집을 갔으면 복을 입지 않으며, 오촌 대부모는 시마, 종조고모는 시마인데 시집을 갔으면 복을 입지 않는다.

부모는 3년이고, 삼촌 백숙부모는 1년, 고모(아버지의 제매)는 1년인데 시집을 갔으면 소공이며, 육촌 대부모는 시마, 사촌 손녀는 소공인데 시집을 갔으면 시마이며, 오촌 조카는 소공이고 오촌 조카의 아내는 시마, 종고모(자기의 사촌)는 대공인데 시집을 갔으면 시마이며, 오촌 질녀는 소공인데 시집을 갔으면 시마이고, 재종고모(아버지의 육촌)는 시마인데 시집을 갔으면 복을 입지 않으며, 칠촌 질녀는 시마인데 시집을 갔으면 복을 입지 않는다.

나와 내 처는 부모가 살아 계시면 지팡이를 안 짚고 1년, 형제는 1년이고 형제의 처는 소공이고, 제매(나의 여동생)는 1년인데 시집을 갔으면 대공이며, 오촌 백숙부모는 소공, 칠촌 손녀는 시마인데 시집을 갔으면 복을 입지 않으며, 육촌은 시마이고 육촌의 처는 복을 입지 않고, 종제매(나의 사촌)는 대공인데 시집을 갔으면 시마이며, 칠촌 조카는 시마이며 그 아내는 복을 입지 않으며, 육촌 손녀는 소공인데 시집을 갔으면 복을 입지 않고, 칠촌 제매는 소공인데 시집을 갔으면 시마이며, 팔촌 제매는 시마인데 시집을 갔으면 복을 입지 않는다.

아들은 1년이고 자부는 대공이며, 삼촌 조카는 1년이고, 그 아내는 대공이며, 삼촌 질녀는 1년인데 시집을 갔으면 대공이며, 사촌은 대공이고 그 아내는 시마이며, 칠촌 백숙부모는 시마이며, 팔촌은 시마이고 그 아내는 복을 입지 않는다.

손자는 대공이고 손부(적손의 손부)는 소공이며 서손의 손부는 시마이다. 사촌의 손자는 소공이고 그 아내는 시마이며, 육촌 손자는 소공이고 그 아내는 복을 입지 않는다.

증손자는 소공이고 증손부는 복을 입지 않으며, 오촌손자는 시마이고 그 손부는 복을 입지 않는다. 현손은 시마이고 현손부는 복을 입지 않는다.

本宗五服寸數圖

						高 祖母 【麻】	高 祖父 【麻】							
					五寸 大姑 【麻 嫁無】	曾 祖母 【小功】	曾 祖父 【小功】							
				從祖 姑 【麻 嫁無】	祖 姑 【小功 嫁無】	祖 母 【周年】	祖 父 【周年】		四寸 大 父母 小功】	五寸 大 父母 【麻】				
七寸 姪女 【緦 嫁無】	再從 姑 【父之 六寸 緦嫁無】	五寸 姪女 【小功 嫁緦】	從姑 【己之 四寸 大功 嫁緦】	四寸 孫女 【小功 緦嫁[1]】	姑 【父之 娣妹 周年 嫁小功】	母 【三年】	父 【三年】		三寸 伯叔 父母 【周年】	六寸 大 父母 【麻】	妻 【緦】	五寸 姪 【小功】		
八寸 婦[2]妹 【緦嫁 無】	七寸 娣妹 【小功 嫁緦】	六寸 孫女 【小功 嫁無】	從娣妹 【己之 四寸 大功 嫁緦】	七寸 孫女 【麻 嫁無】	娣妹 【己之 同生 周年 嫁大功】	妻 【父母 在 不杖】	己 【父母 在 不杖】	妻 【小功】	兄弟 【周年】	五寸 伯叔 父母 【小功】	妻 【無】	六寸 【緦】	妻 【無】	七寸 姪 【緦】
					姪三 女寸 【周年 嫁大功】	婦 【大[3]】	子 【周年】	妻 【大功】	二寸 姪 【周年】	妻 【麻】	四寸 【大功】	七寸 伯叔 父母 【緦】	妻 【無】	八寸 【緦】
						孫婦 【嫡婦 小[4]庶 婦緦】	孫 【大功】	妻 【麻】	四寸 孫 【小功】		妻 【無】	六寸[5] 【小功】		
						婦 【無服】	曾孫 【小功】	妻 【無】	五寸 孫 【麻】					
						婦 【無服】	玄孫 【麻】							

1) 역 '緦嫁'는 '嫁緦'의 오류인 듯하다. 2) 역 '婦'는 '娣'의 오기인 듯하다. 3) 원 '大' 뒤에 '功'이 빠진 듯하다. 4) 원 '小' 뒤에 '功'이 빠진 듯하다. 5) 역 '寸' 아래 '孫'이 빠진 듯하다.

감구효당도龕柩孝堂圖[1]

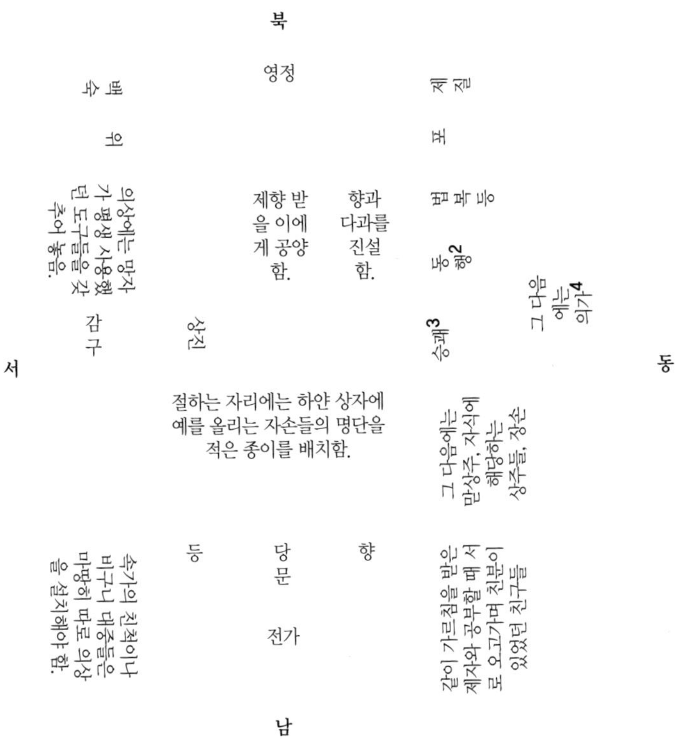

1 감구효당도龕柩孝堂圖 : 영구靈柩가 안치되어 있는 방의 진설을 도표로 만든 것이다.

2 동행童行 : 선사禪寺에서 아직 승려가 되지 않은 나이 어린 행자.

3 승괘繩掛 : 당산에서 산신山神에게 제사를 지낼 때 새끼줄을 나무에 걸고 당산제를 거행하는 것과 같이 신에게 제사를 올릴 때 진설하는 하나의 도구이다.

4 의가衣架 : 옷을 걸도록 만든 도구.

龕柩孝堂圖

北

伯叔

眞儀

弟姪

幃

布

儀床備平生道具等

供養於此受祭

以香茶果羅列

法服等

童行

其次衣架

龕柩

床眞

纏掛

西

東

拜席置素箱備
見禮孝名紙等

次孝 重孝 長孫

俗親或尼衆當此別設儀床

燈

堂門

香

受業弟子 時輩交往

前架

南

명정서규名旌書規

대종사

부처님의 심인을 전하고 종지를 부호하며 교학을 세워 온 나라 모든 산문에 대종사로 명성이 드러나신 ○○당 대선사의 감龕.【시호가 있으면 또한 써야 한다.】

名旌書規

大宗師

傳佛心印。扶宗豺敎。一國諸山。名現大宗師。某堂大禪師之龕。【有謚號則亦書之。】

염불인

염불삼매에 마음과 입이 호응하여 대덕으로 명성이 드러나신 ○○당 대사의 널.

念佛人

念佛三昧。心口相應。名現大德。某堂大師之柩。

좌선인

활구를 상세하게 참구하여 고해를 벗어나 납승으로 산중의 덕 높으신 ○○ 대사의 널.

坐禪人

叅詳活句。脫洒衲僧。山中大德。某大師之柩。

판사인

승가의 풍습을 드날리고 규승을 어기지 않으신 선교겸판[5] ○○ 대사의 널.

判事人

摠領僧風。不違規繩。禪敎兼判。某大師之柩。

학도인

부처님의 유촉을 받들어 선禪·교敎를 아울러 강론하여 온 나라 모든 산문에 산인으로 명성이 드러나신 ○○ 대사의 널.

學道人

奉佛遺囑。禪敎兼講。名現山人。某大師之柩。

5 선교겸판禪敎兼判 : 승려 직함의 하나로서 선교겸판서를 말하는 듯하다.

평상인

머리 깎고 물든 옷 입고 운수에 깃들어 살면서 스승 따라 도를 배운 청풍 납자 ○○의 널.

平常人

剃染栖雲。從師學道。淸風衲子。某人之柩。

다비작법절차茶毘作法節次

무릇 사람이 멸도滅度하면 먼저 종을 세 번 치고 사잣밥을 시설해 놓는다. 시신의 머리를 깎고 목욕을 시키는 일은 「다비문」에 설명한 대로 하면 된다.

그 다음에 신체를 감龕(널) 안에 넣어 안치한 다음 제물祭物을 차린다.

다음에는 영자影子(영정)를 왼쪽 가에 걸어 놓고 단을 만들고 향과 꽃과 등촉을 배열해 놓는다.

그 다음에는 명정名旌을 오른쪽 가에 세워 놓는다.

그 다음 아침저녁으로 올리는 제사는 진영을 안치한 단 앞에 올리는 것이 보통이지만, 혹 시신이 들어 있는 널 앞에서 제사를 올리기도 한다. 보통 사람으로서 진영이 없으면 위패位牌를 만들어 쓰기도 한다.

茶毘作法節次

凡人臨滅之後。先打鍾三下。設使者飯。剃頭沐浴事。一如茶毘文。

次身體入龕安置後。祭物排設。

次影子則左邊掛之。設壇。置香花燈燭。

次名旌則右邊立之。

次朝夕祭。則影子壇前奉獻。或龕前。亦以奠祭。平人。無影子。則作位牌。

신체를 발인할 때 나열해 서는 규칙

맨 앞에 위의威儀[6]가 서고, 그 다음으로 용을 그린 깃발(龍旗) 1익翼, 부채 한 쌍, 봉황이 그려진 부채(鳳扇) 한 쌍, 호랑이를 그린 일산 한 쌍, 둥근 부채 한 쌍, 털 채찍 한 쌍, 불자拂子 한 쌍, 천원지방天圓地方(엽전, 즉 돈), 월부鉞斧,[7] 횡과橫瓜,[8] 직과直瓜[9]를 나열한다.

다음에는 원불연願佛輦(원불을 모신 가마)을 세우고, 다음에는 인로왕번引路王幡을 세우며, 다음에는 만사挽詞(추도하는 글을 쓴 깃발)를 세우고, 다음에는 명정을 세우며, 다음에는 향정자香亭子[10]를 세운다.

이렇게 차례차례 행차할 순서를 정하고, 그 다음에는 장례를 집전하는 주승主僧이 여러 사람들을 거느리고 영감靈龕의 왼쪽과 오른쪽에 나누어 늘어선 다음에 종을 세 번 치고 바라를 울린 후에 어산魚山이 영취게靈鷲偈[11]를 창唱하면 각기 바라를 울린다.

스스로 부처님께 귀의합니다.

---

6 위의威儀 : 망자의 영정이나 초상화를 말하는 듯하다.

7 월부鉞斧 : 용이 도끼를 물고 있는 모양의 나무 도끼를 붉은 칠을 한 긴 자루에 꿰어 만든 의장의 한 가지. 금을 칠한 도끼를 금월부金鉞斧라 하고 은칠을 한 것을 은월부銀鉞斧라 한다.

8 횡과橫瓜 : 나무로 만든 참외 모양을 붉은 장대 끝에 가로로 꿴 의장의 일종이다. 금물을 칠한 것을 금횡과金橫瓜라 하고 은물을 칠한 것을 은횡과銀橫瓜라 한다.

9 직과直瓜 : 나무로 참외 모양을 만들어 붉은 칠을 한 장대에 세워 꽂는 의장의 일종이다. 『嘉禮都監』에서는 '입과立瓜'로 표기하고 있는데 직과直瓜와 같은 것이며, 금물을 칠하면 금립과金立瓜라 하고 은물을 칠하면 은립과銀立瓜라 한다.

10 향정자香亭子 : 장례식 때에 향합香盒·향로, 그 밖의 제구祭具를 받쳐 드는 작은 정자 모양의 기구. 영여靈輿를 말하기도 한다.

11 영취게靈鷲偈 : 『禪門拈頌』 제1권 5칙則 '염화시중'에 대한 삽계익霅溪益의 게송. "영취산에서 꽃을 들어 큰 기틀에게 보이심이, 눈먼 거북이가 넓은 바다에서 뗏목을 만나는 것 같다네. 음광이 만일 미소 짓지 않았다면, 끝없는 맑은 바람을 누구에게 전했을까?(靈鷲拈華示上機。肯同浮木接盲龜。飮光不是微微笑。無限淸風附與誰。)"

스스로 불법에 귀의합니다.
스스로 승가에 귀의합니다.

이상 세 자리에 각각 바라를 울린다.
다비를 주관하는 법사가 요령을 흔들고 소리 내어 읊는다.

신원적新圓寂 ○○영가여!

만 떨기 청산은 범찰을 둘러싸고
한 줄기 붉은 해 시방세계를 비추도다
삼보님의 가지加持의 힘 높이 받들어
구름 수레 높이 몰아 극락으로 향하소서

身體發引時行立規

先立威儀龍旗一翼。扇一雙。鳳扇一雙。虐[1]盖一雙。圓扇　雙。毛鞭一雙。拂子一雙。天圓地方。鈛[2]斧橫笊[3]直笊。

次立願佛輦。次立引路王幡。次立挽詞。次立名旌。次立香亭子。次次行立。次葬司上僧。領諸人。分列靈龕左右後。打鍾三下。鳴鈸后。魚山。唱靈鷲偈云云。各動鈸。

自歸依佛法僧。上三位。各動鈸。

茶毘法師。振鈴云。新圓寂。某靈駕。

萬採青山圍梵刹。一竿紅日照十方。

願承三寶加持力。高馭雲車向蓮邦。

---

1) (역) '虐'는 '虎'의 오기인 듯하다. 2) (역) '鈛'은 '鉞'의 오기인 듯하다. 『嘉禮都監』 같은 데에 보면 장례 도구 중에 금월부金鉞斧·은월부銀鉞斧 등이 나온다. 3) (역) '笊'는 '瓜'의 오기인 듯하다. 『嘉禮都監』 같은 데에 보면 장례도구 중에 금횡과金橫瓜·은횡과銀橫瓜 등이 나온다. 다음에 나오는 글자도 같다.

다음에 어산魚山이 소리를 길게 늘여 열두 분 부처님의 명호를 창唱한다.

서방극락세계 대자대비大慈大悲 아미타부처님께 귀명歸命합니다.

금대보좌金臺寶座에 앉아 허공 타고 오시어 이 몸을 맞이해 인도하사 정토에 가서 태어나게 하옵소서.

【대중은 합창으로】 아미타부처님께 귀명합니다.

서방극락세계 대자대비 아미타부처님께 귀명합니다.

곧 부처님의 명호를 듣고 몸이 이 세계를 벗어나 안락安樂의 국토에서 믿음으로 받고 받들어 실천하게 하옵소서.

【대중은 합창으로】 아미타부처님께 귀명합니다.【이 아래에서 대중이 합창하여 창하는 것은 모두 이와 같이 하면 된다.】

서방극락세계 대자대비 아미타부처님께 귀명합니다.

관음觀音 세지勢至 보살님께서 갈 길을 인도하사 가장 선한 사람을 따라 부처님의 국토에 노닐며 살아가게 하옵소서.

서방극락세계 대자대비 아미타부처님께 귀명합니다.

보배의 땅에서 경행經行하고 원림園林에 유희遊戲하면서 삼공三空을 크게 깨닫고 팔고八苦[12]를 겪지 않게 하옵소서.

---

12 팔고八苦 : 생生·노老·병病·사死의 사고四苦와, 사랑하는 사람과 이별하는 고통인 애별리고愛別離苦, 원망하고 증오하는 이를 만나는 마음의 고통인 원증회고怨憎會苦, 구하는 것을 얻지 못하는 소유욕의 고통인 구부득고求不得苦, 오온에 의한 인간의 온갖 조건을 취함으로 인해 생기는 고통인 오음성고五陰盛苦의 네 가지 고통을 합한 것을 말한다.

서방극락세계 대자대비 아미타부처님께 귀명합니다.

아유월지阿惟越智[13]의 지혜와 이 불퇴심不退心으로 저 생겨남이 없는 경지를 증득하고 무생인無生忍[14]에 통달하게 하옵소서.

서방극락세계 대자대비 아미타부처님께 귀명합니다.

금모래에 맑은 물과 보배 나무 허공에 떠 있는 곳에서 사다라니(四摠持)를 깨닫고 육바라밀을 얻게 하옵소서.

서방극락세계 대자대비 아미타부처님께 귀명합니다.

무량수無量壽부처님을 만나 한량없이 많은 광명을 얻으며 자재롭게 유희하며 넉넉한 광명의 상相과 꼭 같게 하옵소서.

서방극락세계 대자대비 아미타부처님께 귀명합니다.

지혜로운 자를 가까이하여 최상의 착한 사람과 같아지게 하며, 여래를 만나 문득 수기를 받고 법을 듣게 하옵소서.

서방극락세계 대자대비 아미타부처님께 귀명합니다.

흔들리지 않는 지혜를 얻고 스스로 자재한 몸을 이루며, 오분향五分香을 사르고 육도六度(육바라밀)가 원만하게 하옵소서.

서방극락세계 대자대비 아미타부처님께 귀명합니다.

---

13 아유월지阿惟越智 : 보살의 계위階位 중 하나. 불도 수행의 과정에서 이미 얻은 공덕을 잃지 않고 더 이상 퇴보하거나 악취惡趣에 떨어지지 않는 경지를 말함. 아유월치阿惟越致·아비발치阿鞞跋致·불퇴不退·아유안阿惟顔·불퇴전不退轉·무퇴無退·필정必定이라고도 한다.

14 무생인無生忍 : 무생법인無生法忍의 줄임말. 세상 모든 것이 공空하다는 이치를 터득하는 것을 말한다.

모든 부처님께 함께 돌아가서 하늘과 사람을 크게 교화하고, 맑고 깨끗한 몸으로써 청정하고 미묘한 법을 연설하게 하옵소서.

서방 극락세계의 대자대비하신 관세음보살님께 귀명합니다.

서방 극락세계의 대자대비하신 대세지보살님께 귀명합니다.

관음보살님과 대세지보살님의 큰 서원이 유행流行하고 연화보좌 가르쳐 주시어 정토에 태어나게 하옵소서.

次魚山引聲唱十二佛號

南無西方極樂世界大慈大悲阿彌陀佛。唯願金臺寶座。乘空而來。接引此身。往生淨土。【衆和】歸命阿彌陀佛。

南無西方極樂世界大慈大悲阿彌陀佛。唯願便隨佛號。脫此界身。信受奉行。安樂國土。【衆和】歸命阿彌陀佛。【下衆和。皆倣此。】

南無西方極樂世界大慈大悲阿彌陀佛。惟願觀音勢至。引導而行。隨上善人。遊歷佛國。

南無西方極樂世界大慈大悲阿彌陀佛。惟願經行寶地。遊戱園林。大悟三空。不聞八苦。

南無西方極樂世界大慈大悲阿彌陀佛。惟願阿惟越智。是不退心。訂彼無生。達無生忍。

南無西方極樂世界大慈大悲阿彌陀佛。惟願金沙瑩水。寶樹浮空。悟四摠持。得六波羅密。

南無西方極樂世界大慈大悲阿彌陀佛。惟願遇無量壽。得無量光。自在遊戱。優光相齊等。

南無西方極樂世界大慈大悲阿彌陀佛。惟願親近智者。同上善人。得遇如來。便聞授記。

南無西方極樂大慈大悲阿彌陀佛。惟願得不動智。成自在身。五分香燃。六度圓滿。

南無西方極樂世界大慈大悲阿彌陀佛。惟願還同諸佛。大化人天。以淸淨身。演淨妙法。

南無西方極樂世界大慈大悲觀世音菩薩摩訶薩。

南無西方極樂世界大慈大悲大勢至菩薩摩訶薩。惟願觀音勢至。大願流行。指授花臺。令生淨土。

오방번을 쓰는 규칙

동방 만월滿月세계 약사유리광藥師琉璃光부처님께 귀명합니다.

큰 자비로써 새로 원적圓寂에 든 ○○영가를 청유리광靑琉璃光세계로 인도하시옵소서.

【대중은 합창으로】 약사여래부처님께 귀명합니다.【이 아래에서 대중이 합창하는 것은 모두 이와 같이 하면 된다.】

남방 환희歡喜세계 보승寶勝여래불께 귀명합니다.

큰 자비로써 새로 원적에 든 ○○영가를 적유리赤琉璃세계로 인도하시옵소서.

서방 극락세계 아미타부처님께 귀명합니다.

큰 자비로써 새로 원적에 든 ○○영가를 백유리白琉璃세계로 인도하시옵소서.

북방 무우無憂세계 부동존不動尊부처님께 귀명합니다.

○○영가를 흑유리黑琉璃세계로 인도하시옵소서.

중방 화장華藏세계 중방 비로자나毘盧遮那부처님께 귀명합니다.

○○영가를 황유리黃琉璃세계로 인도하시옵소서.

五方幡書規

南無東方滿月世界藥師琉璃光佛。惟願大慈。接引新圓寂某人靈駕。靑琉璃光世界中。【衆知[1]】歸命阿彌陀佛。【下衆和。皆倣此。】

南無南方歡喜世界寶勝如來佛。惟願大慈。接引某赤琉璃世界中。

南無西方極樂世界阿彌陀佛。惟願大慈。接引某白琉璃世界中。

南無北方無憂世界不動尊佛。惟願接引某黑琉璃世界中。

南無中方華藏世界中方毘盧遮那佛。惟願接引某黃琉璃世界中。

1) ㉮ '知'는 '和'인 듯하다.

무상계게【긴 번(長幡)을 만들어서 이 게를 쓴다.】

대저 무상계無常戒는 열반涅槃에 들어가는 중요한 문이고 고해苦海를 건너는 자비의 배입니다. 그러므로 모든 부처님께서도 이 계로 인하여 열반에 드셨고 중생들도 이 계를 의지하여 고해를 건넜습니다.

○○영가시여, 그대는 오늘 육근六根과 육진六塵을 멀리 벗어나서 영혼의 알음알이만이 홀로 드러나 부처님의 위없는 깨끗한 계를 받게 되었으니 어찌 다행한 일이 아니겠습니까?

○○영가시여, 겁화劫火가 타 버리면 대천세계도 다 부서지고 수미산과 큰 바다도 다 말라 버리고 맙니다. 하물며 나고 늙고 병들고 죽음과 근심·슬픔·고뇌苦惱에 시달리는 이 몸인들 어찌 이를 멀리 벗어날 수 있겠습니까?

○○영가시여, 머리카락·털·손톱·치아·피부·살·근육·골수·뇌腦·때(垢)·색신色身들은 모두 흙으로 돌아가고, 침·눈물·고름·피·진액·거

품·가래·정액·대변·소변들은 모두 물로 돌아가며, 따뜻한 기운은 불로 돌아가고, 움직이는 기운은 바람으로 돌아가 사대四大(몸)가 제각기 흩어지면 오늘 이 죽은 몸은 장차 어느 곳에 있겠습니까?

○○영가시여, 사대는 허망한 것이며 임시로 있는 것이어서 사랑하고 아낄 만한 것이 아닙니다. 그대는 시작이 없는 옛적부터 오늘에 이르기까지 무명無明을 인연因緣하여 행行을 일으키고, 행을 인연하여 인식 작용(識)을 일으키며, 인식 작용을 인연하여 명색名色을 일으키고, 명색을 인연하여 육입六入을 일으키며, 육입을 인연하여 촉觸을 일으키고, 촉을 인연하여 수受를 일으키며, 수를 인연하여 애愛를 일으키고, 애를 인연하여 취取를 일으키며, 취를 인연하여 유有를 일으키고, 유를 인연하여 생生을 일으키며, 생을 인연하여 늙음·죽음·근심·슬픔·고뇌를 일으킵니다.

그러니 무명만 없앤다면 행도 없어질 것이요, 행을 없애면 식이 사라질 것이며, 식이 사라지면 명색이 사라질 것이요, 명색이 사라지면 육입이 사라질 것이며, 육입이 사라지면 촉이 사라질 것이요, 촉이 사라지면 수가 사라질 것이며, 수가 사라지면 애가 사라질 것이며, 애가 사라지면 취가 사라질 것이요, 취가 사라지면 유가 사라질 것이며, 유가 사라지면 생이 사라질 것이요, 생이 사라지면 늙음·죽음·근심·슬픔·고뇌가 사라질 것입니다.

모든 법은 본래부터
언제나 저절로 적멸한 모습
불자가 이 도리를 실천하면
내세에 붓다를 이루게 되리

모든 행은 무상하여
일어나고 멸하는 이치

일어나고 멸함을 끝내 버리면
적멸로써 낙을 삼으리라

부처님의 계에 돌아가 의지합니다
달마(法)의 계에 돌아가 의지합니다
승가의 계에 돌아가 의지합니다

과거의 보승여래寶勝如來 · 응공應供 · 정변지正遍知 · 명행족明行足 · 선서善逝 · 세간해世間解 · 무상사無上士 · 조어장부調御丈夫 · 천인사天人師 · 불세존佛世尊께 귀의하십시오.

○○영가시여, 오음五陰의 각루자殼漏子[15]를 벗어 버리고 영식靈識만이 또렷하게 드러나 무상계無常戒를 받았으니, 이 어찌 상쾌한 일이 아니겠습니까? 천당天堂과 불찰佛刹(극락)에 생각대로 가서 태어나는 법이니 쾌활快活하고 쾌활한 일입니다.

서역에서 오신 조사의 뜻 가장 당당하도다
스스로 마음을 깨끗이 하여 성품의 본 고향에 돌아가리
미묘한 몸은 맑고 고요하여 처소 없으니
산과 강과 대지가 모두 참다운 빛을 발하네

無常戒偈【造長幡。書此偈。】

夫無常戒者。入涅槃之要門。越苦海之慈航。是故一切諸佛。因此戒而入涅槃。一切衆生。因此戒而渡苦海。【某靈】汝今日。逈脫根塵。靈識獨路。受佛無上淨戒。何幸如之。【某靈】劫火洞然。大千俱壞。須彌巨海。磨滅無餘。何

15 각루자殼漏子 : 속에 대소변을 담은 우리 육신의 껍질이라는 의미이다.

況此身。生老病死。憂悲苦惱。能與遠違。【某靈】髮毛爪齒。皮肉筋骨。髓腦垢色。皆歸於地。唾涕膿血。津液涎沫。淡淚精氣。大小便痢。[1] 皆歸於水。暖氣歸火。動轉歸風。四大各離。今日此身。當在何處。【某靈】四大虛假。非可愛惜。汝從無始已來。至于今日。無明緣行。行緣識。識緣名色。名色緣六入。六入緣觸。觸緣受。受緣愛。愛緣取。取緣有。有緣生。生緣老死憂悲苦惱。無明滅則行滅。行滅則識識。滅識[2]則名色滅。名色滅則六入滅。六入滅則觸滅。觸滅則受滅。受滅則愛滅。愛滅則取滅。取滅則有滅。有滅則生滅。生滅則老死憂悲苦惱滅。

諸法從本來。常自寂滅相。佛子行道已。來世得作佛。諸行無常。是生滅法。生滅滅已。寂滅爲樂。

歸依佛陀戒。歸依達摩戒。歸依僧伽戒。

南無過去寶勝如來。應供。正遍知。明行足。善逝。世間解。無上士。調御丈夫。天人師。佛世尊。【某靈】脫却五陰殼漏子。靈識獨露。[3] 受無常戒。豈不快哉。天堂佛刹。隨念往生。快活快活。

西來祖意最堂堂。自淨其心性本鄉。

妙體湛然無處所。山河大地現眞光。

1) ㉯ '痢'는 '利'인 듯하다. 2) ㉯ '識識滅識'은 '識滅識滅'인 듯하다. 3) ㉯ '獨露'는 저본에는 두 줄로 되어 있다.

다음에 다비茶毘법사는 거감편擧龕篇을 창唱한다.

그 다음에 무상계無常戒법사는 무상계無常戒를 창한다.

그 다음에는 오방五方법사가 각각 오방번五方幡을 들고 동시에 오방번五方幡을 세 번 창한다.

그 다음에는 〈행보게行步偈〉[16]를 (독송하고 〈하직게下直偈〉[17]를 창한다.)

16 〈행보게行步偈〉: "천 리에 가득 찬 허공을 옮겨 가다가, 돌아가는 길에 망정을 잊으면 정토에 도달한다네. 삼업을 던져 정성스레 삼보님께 절하옵고, 성인과 범부 모두 함께

찬탄하는데 두 구를 송한 다음 〈산화락散花落〉을 창한다. …….

(이어 〈회향게廻向偈〉, 즉) 원컨대 이 공덕으로써(願以此功德)……. 그리고는 감龕(널)을 운구하여 옮기기 시작하는데 절 마당(庭中)에서 멈춘다.【아주 큰 절이면 해탈문解脫門 바깥마당에 멈추고, 작은 절이면 월대月臺[18] 가운데에 멈춘다. 다시 널을 들었다가 놓기를 두 번(重) 하고 나면 향정자香亭子와 명정名旌을 세 번 들었다 놓았다 한다.】

次荼毗法師唱擧龕篇。次無常戒法師唱無常戒。次五方法師各執五方幡。一時三請。次行步讃兩勾下散花落云云。願以此功德云云。而行龕則庭中止。【大刹則解脫門外庭中止。小刹則月臺中止。且擧龕至重。則香亭子及名旌。擧之三回。】

어산魚山은 바라를 울리며 보례삼보普禮三寶를 창한다.

시방에 상주하는 부처님께 널리 절합니다.(普禮十方常住佛)
시방에 상주하는 법에 널리 절합니다.(普禮十方常住法)
시방에 상주하는 승가에 널리 절합니다.(普禮十方常住僧)

【삼보례를 창하는 동안 재자齋者는 명정을 들고 각각 하직하는 절을 한 번 올린다. 또 산중 암자에서 죽은 사람을 발인發靷하여 내려올 때에는 본사 정문 밖에서 하직하고 떠난다.】

법왕궁에 모이소서.(移行千里滿虛空。歸途情忘到淨邦。三業投誠三寶禮。聖凡同會法王宮。)"(출전 미상)

17 〈하직게下直偈〉: "성현의 가는 걸음 허공을 떨치고, 세상 육신 이미 벗어 극락에 이르네. 이제 망자 또한 이와 같아서, 오음을 받지 않고 즐거운 곳 향하네.(聖賢行步振虛空。離脫色身到淨邦。汝今亡者亦如是。不受五陰向樂方。)"(출전 미상)

18 월대月臺 : 궁전이나 누각 앞에 세워 놓은 섬돌. 여기에서는 사찰 법당 앞의 섬돌을 말한다.

어산魚山이 '서방대교주나무아미타불西方大敎主南無阿彌陀佛'을 창한다.【계속 이어서 염불을 하면서 나아간다. 또 나아갈 때에는 상여 앞부분의 자리(龕橋木)에 한 사람이 서서 큰소리로 '나무아미타불'을 창하면 상여를 메고 가는 사람들이 일시에 '나무아미타불' 하고 화답하여 합창하며 서서히 앞으로 나아간다.】

魚山又動鈸唱三寶云。

普禮十方常住佛法僧。【唱三寶時。齋者執名旌。各一拜下直。又山中死人。下來時。本寺正門外。下直而發行。】

魚山唱西方大敎主南無阿彌陀佛。【連聲念佛而發行。又發行時。龕橋木上。一人挺立。以大聲唱南無阿彌陀佛。則擔橋衆人。一時唱和。徐徐而行。】

노제

그 다음 노제路祭는 햇볕 가리개(遮日)와 휘장을 설치하고 단壇을 배치한다. 단 위에 영자影子(영정)를 배치해 놓고 그 영자 앞에 제물을 진열한다. 시신이 든 널은 마목馬木[19] 위에 안치한다. 또 영자단 앞에서 제문祭文을 읽는다. …….

이렇게 노제를 마친 다음에 이어 감龕을 들고 사유처闍維處(다비소)를 향해 간다. 다비할 곳에 이르게 되면 그곳에 햇볕 가리개와 휘장을 치고, 원불願佛(阿彌陀佛) 탱화는 단을 만든 다음 그 위에 걸어 놓는다.

【권공勸供 의식은 평상시에 하는 것과 같이 하면 된다.】

영자는 한 층 밑에다가 단을 만들고 걸어 놓는다. 그리고는 또 단 앞에 명정을 세운다. 그 두 개의 단 앞에 향화香火·등촉燈燭·다과茶果 등 제사

19 마목馬木 : 가마·상여喪輿를 올려놓을 때 괴는, 네 발 달린 나무 받침틀. 또는 집을 지을 때에 딛고 서서 일하는 받침대.

에 필요한 물건을 배설한다.

혹은 영반靈飯을 하거나 혹은 시식施食을 한 다음 함께 「행원품行願品」(「普賢行願品」)을 독송한다.

미리 다비할 장소에 이르러 땅을 평평히 골라 대臺를 만든다. 대의 중앙에 석 자 깊이로 땅을 파고 중방수中方水【속언俗諺에 영골靈骨을 받드는 물이라고 말하지만 그것은 잘못된 표현이다.】를 담은 물그릇을 묻는다. 그리고 돌로 덮고 흙을 메운다. 그 위에 땔나무를 쌓고 땔나무 위에다가 시신이 든 감龕을 들어다 놓는다.

이어 다비법사는 요령을 흔들며 창한다.

신원적【○○영가여】

위없는 큰 열반이여
원융하고 명철明徹하여 항상 고요히 비추고
겁화가 바다 밑바닥까지 태운다 해도
바람이 불어 산끼리 부딪쳐도
진상眞常한 것은 적멸寂滅의 낙이니
열반에 든 상相도 이와 같도다[20]

일체의 작용이 있는 법은
꿈 같고 환 같으며 물거품 같고 그림자 같으며
이슬 같고 또한 번갯불 같나니
모든 것을 이렇게 관해야 하리
형상으로 나를 보거나

20 이상은 『涅槃經』에 나오는 게송이다.

음성으로 나를 구하면
삿된 도를 행하는 사람
결단코 여래를 보지 못하리[21]

한 찰나에 한량없는 겁을 관하니
과거도 미래도 현재도 없네
이와 같이 삼세三世를 깨달아 알면
모든 방편 뛰어넘어 십력十力을 이루리라[22]

(路祭)

次路祭。則設遮日幃帳排壇。壇上排影子。其影子前。設祭龕則馬木上安置。又影子壇前。讀祭文云云畢后。擧龕□[1)]行到闍維處。設遮日幃帳。願佛幀則設壇掛之。【勸供如常。】

影子則下一層。作壇掛之。又立名旌。其兩壇前。【香火燈燭祭果等物排設。】

或靈飯。或施食而後。同誦行願品。

預於茶毘之地。平其土爲臺。掘其臺正中深三尺。置水器。此則中方水也。諺傳云。奉靈骨水者。非也。[2)] 以石盖之。以土塡之。積薪其上。擧龕。安於薪上。

茶毘法師。振鈴云。新圓寂。【某靈】

無上大涅槃。圓明常寂照。劫火燒海底。風鼓山上擊。眞常寂滅樂。涅槃相如是。一切有爲法。如夢幻泡影。如露亦如電。應作如是觀。

若以色見我。以音聲求我。是人行邪道。不能見如來。

一念普觀無量劫。無去無來亦無住。

21 이상은 『金剛經』에 나오는 게송이다.

22 이 게송은 『華嚴經』에 나온다. 시간은 영원하고, 공간은 무변하다는 것이다.

如是了知三世事。超諸方便成十力。

1) ㊙ □는 '發'인 듯하다. 2) ㊎ "諺傳云。奉靈骨水者。非也。"는 저본에는 본문으로 되어 있지만 내용상 협주로 보아야 할 것 같다.

영혼을 맞이하고 착어함

【○○영가여】
진성은 미묘하여 헤아리기 어려웁고
가을 못에 비친 달 속 계수나무 더욱 차네
요령 울려 깨침의 길 닦았으니
허깨비 몸 벗으시고 영가 단에 앉으소서

이어 원선圓扇과 인로왕번引路王幡과 명정 등을 영자단影子壇 앞에 둘 때 안좌진언安座眞言[23]…….

그리고 차를 올리는데 그때에 또 요령을 흔들면서

【○○영가여】

다음에는 다게茶偈를 송한다.

조주 약차 들어 절하고 올리오며
충정의 작은 정성 표하오니
혼미한 삼계의 꿈 깨시고
몸 바꿔 법왕 성에 이르소서

23 안좌진언安座眞言 : "옴 마니 군다리 훔훔 사바하."

그 다음 영반靈飯 혹은 시식施食을 한 후.【둥근 부채와 명정·만사挽詞, 인로왕번과 모든 위의물威儀物들을 사유대闍維臺 위에 둥그렇게 진열한다.】

返魂着語【某靈】

眞明性體妙難測。月墮秋潭桂影寒。

金鐸數聲開覺路。幻舡[1]永脫坐靈壇。

圓扇引路王幡名旌等。置影子壇前時。安痤[2]眞言云云。

奉茶。又振鈴云。【某靈】

茶偈。

趙州茶藥親拜獻。聊表冲情一片誠。覺醉昏迷三界梦。翻身直到法王城。

次或靈飯。或施食后。【圓扇名旌挽詞引路王幡威儀等物。還進闍維臺上。】

1) ㉮ '舡'는 '軀'의 이체자이다. 2) ㉯ '痤'는 '座'인 듯하다.

거화편[24]

擧火篇。

하화편[25]【하화下火할 때】

무상계無常戒법사는 사유대闍維臺(다비대) 앞에 서서 무상계無常戒를 설

24 거화편擧火篇 : "이 한 개의 횃불은 삼독의 불이 아니라, 여래의 한 등인 삼매의 불입니다. 그 빛이 빛나고 빛나서 삼세를 두루 비추고 그 불꽃은 빛나고 빛나서 시방세계에 사무쳤습니다. 그 빛을 얻으면 하루아침에 모든 부처님과 같을 것이요, 그 빛을 잃으면 만겁에 나고 죽음을 따르게 되리라. 영가여, 빛을 돌이켜 비추어서 무생을 확실하게 깨닫고 열뇌의 고통을 여의고서 쌍림열반의 낙을 얻으시오.(此一炬火。非三毒之火。是如來一燈三昧之火。其光赫赫。遍照三際。其熾煌煌。洞徹十方。得其光也。等諸佛於一朝。失其光也。順生死之萬劫。靈駕廻光返照。頓悟無生。離熱惱苦。得雙林樂。)"(출전 미상)

25 하화편下火篇 : 시신을 올려놓은 곳에 불을 붙이는 의식. "삼연三緣(父母子)이 화합하

하고, 오방五方법사는 각각 방번方幡을 잡고 일시에 요령을 흔들면서 세 번 청請한다.【오방의 각처마다 물그릇(水器)을 놓아둔다.】

下火篇【下火時】

無常戒法師。立闍維前。說無常戒。五方法師。各執方幡。一時振鈴三請。【五方。各置水器。】

다비법사 창봉송편

삼가 돌아가신 고인 아무개 비구 아무 영가여, 이미 인연을 따라 적멸로 돌아갔고, 곧 법을 의지하여 다비하였으니, 백 년 동안 여러 갈래 세계에 떠돌던 허무한 몸을 사르고, 한길인 열반의 문에 들어 깨침의 길 도와주는 존경받는 대중을 의지하소서.【그 다음 십념十念[26]과 표백表白[27]을 한다.】

茶毗法師唱奉送篇

切以歿故比丘。某人靈駕。旣隨緣而順寂。乃依法而茶毘。焚百年弘道之

여 잠시 이루었다가 사대가 흩어지고 홀연히 공으로 돌아가게 되었으니 몇 해나 저 허무한 세계에 돌아다녔던가? 이제 아침에 벗어 버렸으니 경쾌하기가 쑥대와 같도다. 대중에게 또 묻노니 금일 영가는 어느 곳을 향해 갔는고? 목마를 거꾸로 타고 몸 한 번 뒤척이니 이글거리는 불 속에 찬바람이 이는구나.(三緣和合。暫時成有。四大離散。忽得還空。幾年遊於幻海。今朝脫却。慶快如蓬。大衆且道。向甚麼處去。木馬倒騎翻一轉。大紅焰裡放寒風。)"(출전 미상)

26 십념十念 : 열 분의 보살 명호를 외는 것. "청정법신비로자나불清淨法身毗盧遮那佛, 원만보신노사나불圓滿報身盧舍那佛, 천백억화신석가모니불千百億化身釋迦牟尼佛, 구품도사아미타불九品導師阿彌陀佛, 당래하생미륵존불當來下生彌勒尊佛, 시방삼세일체제불十方三世一切諸佛, 시방삼세일체존법十方三世一切尊法, 대성문수사리보살大聖文殊師利菩薩, 대행보현보살大行普賢菩薩, 대비관세음보살大悲觀世音菩薩."

27 표백表白 : 수법修法이나 법회의 시작을 본존불에 고하는 일. 제문祭文이나 회향문廻向文을 읽는 것.

身。入一路涅槃之門。仰憑尊衆。資助覺路。【次十念。次表白。】

표백

위에서 성현의 이름을 부른 공덕으로 도움을 받아 극락에 갈 것입니다. 지혜의 거울(慧鏡)이 분명하고 진풍眞風이 채색을 흩은 보리 동산 속에서 깨달음의 꽃이 피고, 법 성품의 바닷속에서 진심塵心의 때를 씻어버리고, 찻잔을 기울여 석 잔 올리고 한 향로에 한 가지 향 사르오니 구름 수레 높이 타고 성중聖衆에게 절하소서.

다음으로 대중들이 같은 소리로 염불하고, 법사와 10인이 다 같이 「행원품行願品」(「普賢行願品」)을 독송한다. 다 탈 때를 기다렸다가 오방번五方幡을 흩어서 불 속에 다시 넣어 태운다.

대중들이 절로 돌아올 때에는 원불연願佛輦이 제일 앞서 가고, 다음으로 향정자香亭子(靈輿)가 간다. 서서히 행차하여 원불은 탁자에 걸어 놓고, 영자影子는 불전에 참례參禮한 뒤에 영자전影子殿에 걸어 놓는다. 평범한 사람이라서 영자가 없으면 다만 위패를 향정자 안에 넣어 안치한다. 오고 가는 의식은 이와 같이 한다.

그 다음날 장례의 일을 집전하는 사람은 영골靈骨을 거두어서 탑塔 속에 넣어 안치한다.

석씨釋氏(스님)의 죽음을 열반涅槃·원적圓寂·귀진歸眞·귀적歸寂·멸도滅度·천화遷化·순세順世라고 하는데 다 똑같은 의미이다. 편의에 따라 일컫는 말로서 대개 세속과는 다르다.

감龕【음은 감甘이다.】은 탑塔을 이르는 말이다.[28] 석씨는 온몸(周身)의 모습

28 이상은 『唐韻』에 나오는 말이다.

이 탑과 같은 까닭에 감龕이라고 이름을 붙인 것이다. 또는 성盛(담는다는 의미)이라 하기도 하는데 대개 세속과 다른 점이다.[29]

또 시신을 두루 감추는 것을 관棺(널)이라고 말하는데, 관은 관寬(너그럽다)의 의미이다.[30]

『석명釋名』에서는 "'관棺'이란 관關(닫아걸다)이다."라고 하였다.

관을 만드는 이유는 추악한 형체를 가리기 위해서이다. 또 시신이 널 속에 있는 것을 구柩라고 하는데, '구柩'는 오래(久)라는 의미이니, 다시는 드러날 수 없다는 의미이다.[31]

누워서 임종할 경우에는 곧 오른쪽 옆구리를 자리에 대고 머리는 북쪽으로 한다.【얼굴은 서쪽을 향하게 한 다음 이불로 덮는다. 만약 앉아서 임종하는 경우라면 얼굴을 남쪽으로 향하게 한다.】

(表白)

上來稱揚聖號。資薦往生。惟願慧鏡分明。眞風散彩。菩提園裡。開敷覺意之花。法性海中。蕩滌塵心之垢。茶傾三奠。香爇一爐。用薦雲程。和南聖衆。

次大衆。同聲念佛。法師及十人。同誦行願品。以待燒盡後。五方幡。則還入火中燒之。大衆迴寺時。先行願佛輦。次行香亭子。徐徐而行。願佛則卓子掛之。影子則佛前叅禮後。影子殿掛之。且凡人無影子。則但以位牌。入香亭子。往來如此。

次日。掌事人。收靈骨入塔。

釋氏死。謂之涅槃。圓寂。歸眞。歸寂。滅度。遷化。順世。皆一義也。隨便稱之。盖異俗也。

29 이상은『釋氏要覽』에 나오는 말이다.
30 이상은『周禮』에 나오는 말이다.
31 이상은『白虎通』에 나오는 말이다.

龕。【音甘】。塔也。□[1)]氏周身。其形如塔。故名龕也。亦云盛也。此盖異俗也。又周屍曰棺。棺。寬也。釋名曰棺。關也。所以有棺者。以掩其形惡也。又屍在棺曰柩。柩。久也。不可復彰之義也。臥終則右脇着席北首。【面西以衾覆之。坐亡則面南回坐。】

1) ㉤ □는 '釋'인 듯하다. ㉧『釋門喪儀抄』에 따르면 '釋'이 옳다.

쇄골법

『진언대장眞言大藏』 제10함의 『누각기樓閣記』에 말하였다.[32]

사람이 죽으면 그 시신을 잡목雜木이 없는 곳에서 태운다. 3일 후에 빨지 않은 상포常布[33]로 여덟 자쯤 되게 주머니를 만들어 소골소燒骨所(화장장)에 이른다. 그런 다음 나무젓가락으로 뼈를 주워서(拾骨) 동쪽을 향하여 주머니에 집어넣는다.

큰 버드나무 토막을 다듬어서 발우 두 개 정도가 들어갈 만한 크기의 빈 항아리처럼 절구통을 만들고, 버드나무 가지 부분으로는 절굿공이를 만든다.

그리고는 참기름 석 되, 백탄白炭 서 말, 참깨 가루 세 숟가락, 풀방석 한 장 등을 준비해서 높은 산봉우리 정상에 올려 큰 반석磐石 위에 놓는다. 나무젓가락으로 뼈를 집어 향탕수香湯水에 씻고 백탄 위에서 태운다.

그때 왕생게往生偈[34]를 독송한 다음 나무젓가락으로 타고 남은 뼈를 집어 버드나무로 만든 발우에 담은 다음 절굿공이로 빻아 가루로 만든다. 참기름 석 되를 뼛가루에 붓고 솔로 풀방석 위에 바른다. 그 다음 판판한

32 『樓閣記』가 현재 전해지는 것이 없어서 어디까지가 직접 인용인지 불확실하다.

33 상포常布 : 품질이 좋지 아니한 베.

34 왕생게往生偈 : 『華嚴經』「普賢行願品」에 나오는 게송이다. "이 몸이 세연을 마칠 때, 온갖 어려움 모두 다 없어져, 직접 피안의 아미타불 뵈옵고, 그대로 왕생극락하여지이다.(願我臨欲命終時。盡除一切諸障碍。面見彼佛阿彌陀。卽得往生安樂刹。)"

돌 위에 세우고 풀방석을 불에 태운다.

이때 대중들은 대의大衣[35]를 입고 「행원품行願品」을 독송한 다음 환귀본토진언還歸本土眞言을 읊는다.

옴 바즈라 사다모

산좌송散座頌을 읊는다.

법신은 백억 세계에 두루 가득하여
금빛 놓아 인천세계 비추네
물에 응해 나타남이 못가의 달과 같고
본체는 원만하여 보련대에 정좌하네

그 다음에는 '아무개 영가여, ……' 하고 영가를 축원할 때에, 상을 당한 사람들은 대중 앞에 각각 세 번 절한 다음에 풀방석 태운 재를 흩뿌린다.

참깨 가루 세 숟가락을 물에 골고루 잘 섞어서 뼛가루와 반죽하여 큰 콩 크기만 한 환丸을 만든다. 환을 푸른 연못 안의 고기들에게 보시한 후 '이 공덕으로 ○○영가여, 곧바로 서방 극락세계에 이르거나, 아니면 다시 사람으로 태어나 출가하여 대법왕大法王의 몸이 되어지이다.'라고 한다. 이와 같은 법으로 쇄골碎骨하였으면 수륙재水陸齋는 지낼 필요가 없다.

碎骨法

眞言大藏十函樓閣記云。人死屍體。雜木嚴之處。燒之三日後。不洗常布。作囊八尺。至燒骨所。以木筯拾骨。入囊向東。柳枝瓮筒。研取作鉢。入二

35 대의大衣 : 승려가 왕궁이나 마을에 갈 때나 설법할 때 입는 겉옷.

鉢。其木末作磨子。眞油三升。白炭三斗。眞抹三匙。草席一立等准備。上高峯頂磐石上。香湯水。以木筯執骨洗。白炭上燒之。時住生偈然後。木筯執骨。入楊鉢。磨子碎抹。眞油三升。瀉骨灰以茅。似乃草席上塗之。軸石上立燒之。時大衆着大衣。誦行願品後。還歸本土眞言。唵。鉢嚼羅。娑怛慕。頌云。

法身遍滿百億界。普放金色照人天。

應物現影潭底月。體圓正座寶蓮臺。

次某靈駕祝願時。喪者。大衆前各三拜。然後燒席灰散。眞末三匙。以水交合。輪泥粉骨。作丸如大豆。施淸淵裡大魚後。以此功德。某靈駕。直至西方。還到人生。便得出家。作大法王身也。若如此法碎骨。則不勞齊儭水陸也。

거물계

율律에 "죽은 스님의 재물은 대중 앞에서 하나하나 들어 보여 다 매각하여 혼령을 천도하는 데 사용하나니, 이는 승가僧家의 풍속이다."라고 하였다.

물건을 거양하는 법을 쓸 때에는 총림叢林의 법을 따르는 것이 좋다. 그러나 한편 물건을 팔아서 영혼을 천도하는 일은 전부 제자들의 마음 씀에 달려 있다. 그런 내용에 대해서는 비록 책에 나타나 있지만, 그 내용을 써 봤자 아무 이익이 없기 때문에 여기에는 기록하지 않는다. 제자들이 스승을 위해 하는 일이 어찌 그런 것뿐이겠는가? 많은 사람들의 비웃음을 사지 않는다면 천만다행일 것이다.

擧物誡

律云。亡僧財物。擧示衆人前。盡賣薦靈。是僧家之風也。書擧物法。爲叢林軌式。可矣。然且賣薦事。都在弟子之用心。雖有書之。書之無益故。今不書之。弟子之行爲師。豈徒然哉。勿爲衆人之笑具。千萬幸甚。

장례를 치를 때[36] 금단하는 예규

내가 옛 성현이 지은 예의문禮儀文을 자세히 살펴보니 "상을 당한 상주 아무개가 그 스님이 천화遷化한 슬픔에 대하여 주지住持에게 고하면, 주지는 즉시 날짜를 정해서 본사本寺는 물론 모든 암자에 상을 당했다는 글을 돌려야 한다. 그러고 나면 여러 덕 높은 스님들은 각각 『금강경金剛經』과 「행원품行願品」, 차·과일·호병胡餠과 몇 가지 기물을 빠짐없이 챙겨 스님이 천화한 곳으로 내려간다. 그리하여 신체身體(죽은 시신)를 받들어 모시고 사유소闍維所(다비할 장소)에 이르러 제물을 올리고 경전을 독송하며 좋게 망자를 보낸다. …….”라고 하였다.

이 숙세叔世(末世)를 당하여 모든 산중의 크고 작은 사찰에서는 가례의 법을 살피지 못하여 장례의 일을 마음 밖에 방치해 두거나, 승가 풍속의 예가 없을 뿐만 아니라, 심지어 상을 당한 사람에게 질책을 가하거나, 장례에 쓸 나무를 베는 데에 값을 받으며, 상을 당한 집안의 음식을 마구 먹고, 상을 당한 집안의 술을 함부로 마시며, 종일토록 방자하게 마시고 흠뻑 취해서는 허튼 수작이나 부리고 영원히 부조扶助할 마음이 없다. 제사를 올리는 예에 대하여 승려들의 행동을 깊이 생각해 보니 부끄러워 낯이 뜨거울 지경이다.

사람에게 태어남이 있으면 언젠가는 반드시 죽음이 있는 법. 나고 죽는 일이 어느 누구엔들 없으랴? 이에 의거하여 보면 어찌 이를 승려들의 풍속이라고 말할 수 있겠는가? 실로 속가 사람들의 망령된 행동이라고 할

---

36 장례를 치를 때(送葬時) : 원문의 송장送葬은 망자의 가족과 친지·조문객들이 묘지로 가서 안장하는 것을 말한다.

만하다.

삼가 바란다. 여러 산중의 크고 작은 사찰에 사는 덕 높은 스님들은 장례에 쓸 나무를 베어 가더라도 나뭇값을 받지 말고, 상을 당한 집의 음식을 함부로 먹지 말며, 상을 당한 집에서 술을 마시지 말고, 개인이 준비해 간 음식을 먹어야 한다.

또한 차와 과일, 그리고 호병胡餠과 장례에 필요한 각종 기물과 『금강경』을 가지고 가서 새로 혼령이 된 영전에서 예를 다하는 것이 총림 절집의 풍속이다. 이런 일로 영원한 경계를 삼는 것이 옳을 것이다.

무릇 사람이 천화하고 난 뒤에 경계하는 일이 없이 마구 먹고 마시면서 함부로 행동한다면 죽어서 태산지옥에 들어갈 것이다. 이와 같이 마구 행동하는 출가한 사람은 법을 어겨 몸을 욕되게 함이니 잘 생각해서 조심해야 한다.

자신을 제멋대로 방치하여 받는 지옥의 고통은 이루 다 갖추어 기록하기 어렵다. 지금 그런 까닭에 가르쳐 보이니, 이를 법규로 받들어 숭상하면 참으로 다행한 일이 될 것이다.

送葬時禁斷規

愚按古聖所作禮儀文。喪者某人。以其僧遷化之哀。告之于住持。住持即時定日。回文於本寺及諸庵。則僉位尊宿。各持金剛經行願品。及茶果胡餠。幾器無遺。下來遷化之處。奉侍身體。到闍維所。奠祭誦經。好送云云矣。當此叔世。諸山大小寺刹。不審家禮之法。葬事置之意外。非徒無僧風之禮。至於侵責喪者。受斫木價。噉喪者飯。飮喪者酒。終日恣飮。醉盃狂妄。永無扶助。致祭之禮。深思僧行。恧然靦面。人有生必有死。生死誰無。依此見之。何謂釋子之風耶。實謂俗子之妄行也。伏願諸山大小寺刹。僉位尊宿。勿以受斫木價。食喪者飯。飮喪者酒。當自私食。亦持茶果胡餠幾器及金剛經。致禮於新靈之前。叢林釋子之風也。可爲永誡。凡人遷化。無誡飮酒。死入太山之獄。如此出家。損[1)]法辱身。思之愼之。好自捋[2)]身地獄之痛。難可具書。今故誨約。宜崇典規。幸幸。

1) ㉝ '損'은 '損'인 듯하다. 2) ㉞ '捋'은 '將'의 오기인 듯하다. 『僧家禮儀文』에는 '將'으로 되어 있으므로 이를 따라 번역한다.

제전석명(제물의 이름 풀이)

'제祭'란 찰察이라는 뜻이다. '찰察'은 지극하다(至)라는 의미로서 사람이 신을 섬기는 마음이 신에게 지극한 것을 말한다.[37]

'전奠'은 머무르다(停)라는 뜻이니, 오랜 기간 멈추어 있는 것을 말한다.[38]

무릇 제례祭禮는 너무 졸폭卒爆하게 해서도 안 되고 세속을 본받는 것도 옳지 않다. 시약時藥[39]·향香·꽃 등을 공양하는 것이 옳을 것이다. 어떤 책에는 "전奠은 열列과 같은 의미이다."라고 하였으니 제물을 진열해 놓는다는 의미이다.

시신을 감龕(널)에 넣어 빈당殯堂에 안치한 다음 새로 원적에 든【아무】영가 앞에 제물을 진설한다.

『오삼집』에 말하였다.

"이 다비례茶毘禮가 처음부터 끝까지 법에 맞도록 행해지면 영가는 불(火) 가운데서 색신色身이 본래 공空한 것이라는 이치를 깨닫게 된다. 그런 까닭에 놀라지 않고 몸과 마음이 편안하고 고요해져서 세간을 초월하여

37 『尙書大傳』에 "'제사'라는 말은 찰察이라는 의미이니, '찰察'은 지至의 의미이다. 사람의 일이 지극한 연후에 제사를 지내야 한다는 뜻이다.(祭之爲言察也。察者。至也。人事至然後祭。)"라고 하였고, 같은 책 「洛誥」편 '祭奠釋名'에는 "'제祭'란 찰察의 뜻이다. 사람의 섬기는 일이 신에 대하여 지극하다는 의미이다.(祭者。察也。言人事至於神也。)"라고 하였다.

38 이상은 『釋名』에 나오는 말이다.

39 시약時藥 : 음식을 일컫는 말이다.

극락에 태어나게 되며, 재齋를 올린 자의 복덕도 그지없이 많을 것이다.

그러나 이 법에 의거하지 않으면 영가는 그 고통을 견디지 못해서 불속을 뛰쳐나와 물을 찾아 들어갈 것이다. 그렇게 되면 만겁萬劫이 지나도 물귀신의 과보를 벗어날 수 없을 것이며, 재를 올린 자도 또한 조그마한 공덕도 없이 도리어 재앙과 화禍만 초래할 뿐이다."

祭奠釋名

祭者。察也。察者。至也。言人事之情至於神也。奠者。停也。停者。久也。祭禮不得卒爆。不可倣俗。可稱時藥香花供養耳。一作奠者。列也。奠物之意也。入龕殯堂安置後。進祭物新圓寂【某】靈駕。

五杉集云。此茶毘禮。自初至末。依法則靈駕火中。悟色身本空之理。故不驚而身心安寂。超生極樂。齋者福德無邊。不依此法。則靈駕不勝其苦。跳出火裏覔水入。則歷萬劫而不離水鬼之報。然則齋者。片無功德。返招殃禍者耳。

석문가례초 하편

釋門家禮抄 下篇

나암 진일懶庵眞一 엮음

장杖

상주(孝子)는 어버이를 잃고 나면 슬프고 애달파서 통곡하고 울며, 3일 동안 아무것도 먹지 않아 신체가 마르고 병이 들기 때문에 지팡이로 몸을 부호扶護한다. 이는 죽음 때문에 산 사람이 상하는 일이 없게 하려 함이다. 어린아이나 부녀자는 지팡이를 짚지 않는데 그들은 병드는 일이 없기 때문이다.

그런데 지금 석자釋子(승려)들은 마음과 몸이 속인과는 달라서 무상無常함을 통달해 알고 있기 때문에 비록 어버이나 스승을 잃었다 하더라도 곡기를 끊어서 병을 얻는 일이 없는데 무슨 지팡이가 필요하겠는가?

이는 불효하거나 부인이나 동자 등이라서 그런 것이 아니다. 대개 율律와 예禮, 그리고 종교적인 것이 같지 않기 때문에 지팡이를 사용하지 않는 것이다. 이 또한 과실過失이 아니다.

杖

孝子失親。悲哀哭泣。三日不食。身體羸病故。以杖扶身。明不以死傷生也。童子婦女不杖。以其不能病也。今釋子。心形異俗。達了無常。雖喪其親與師。未有絶醬而成病者也。何必杖乎。非是不孝婦人及童子等。盖律禮宗致不同故。其杖不用。亦無過失也。

곡哭

『열반경涅槃經』에 말하였다. "부처님께서 멸도滅度하시자 모든 성문聲聞 제자들이 다 통곡하였다. 욕망을 여의지 못한 이는 모두 땅에 뒹굴기까지 하였다." 또 "비구는 스승이 죽어도 크게 소리 내어 곡을 해서는 안 된다. 작은 소리로 흐느껴 울면서 눈물을 흘려야 한다."[1]

무릇 석자들도 스승이나 어버이가 상을 당하면, 애통함이 마음으로부터 발생하니 어찌 곡을 하지 않을 수 있겠는가? 다만 소리를 놓아 울지 않고, 사정이나 곡절을 이야기하거나 허튼 이야기를 하지 않아야 하며, 오직 한결같은 소리를 내어 슬픔을 극진하게 할 따름이다.

哭

涅槃經云。佛滅度後。諸聲聞弟子皆哭。未離欲者。皆宛轉于地。比丘師亡。不得擧聲大哭。應小小泣淚。凡釋子。師主[1)]二親或喪。痛自心發。豈有不哭者乎。但不得縱聲委曲并致他詞。惟一任其聲。哀哀而已。

1) ㉮ '主'는 『釋氏要覽』에 '亡'으로 되어 있다.

1 이 말은 「五百問」에 나오는 말이다.

행조行弔

'조弔'란 이르다(至)라는 의미이다. 『시경詩經』에 "신이 이르렀다.(神弔矣)" 고 하였다. 『오삼집五杉集』「조의弔儀」편에 매우 잘 갖추어져 있으니 이를 검토하여 사용하는 것이 좋을 것이다.

『오삼집』의「조의」편에 말하였다.

"무릇 조문을 가서 위로하는 사람은 상가(孝家)의 문안에 들어가면 비창悲愴한 모습을 해야 한다. 상가에는 손님을 인도하는 사람이 있으니, 곧 명지名紙[2]를 통하고 인도하는 사람의 뒤를 따라 들어가야 한다.

만약 승원僧院(사찰)이면 영전靈前에 들어가 '우吁' 하고 두세 번 소리를 내고, 만약 소중한 사람의 죽음에는 곧 그 죽은 이에 대하여 예를 올려야 한다.

죽은 이는 의식을 버릴 때에 계율도 따라 버리기 때문에 송종送終[3]하는 옷으로는 반드시 오조가사를 걸치게 한다. 그런 까닭으로 굳이 예를 올리지 않아도 된다. 그저 상주(孝子)만을 조문할 때에도 '우吁' 하는 소리를 두세 번 하고 곧 나가면 된다.

상가에 만약 도반이 손님으로 와 있으면 조금 머물러 있고, 혹 상주와 깊은 친분이 있거나 서로 아는 사이라면 들어가서 상주를 뵙고 손을 맞잡고 위문해도 된다.

---

2 명지名紙 : 원래는 과거시험에 쓰던 종이. 여기서는 방명록에 자기의 이름을 기재하여 알리는 경우와 같은 이름을 적은 종이를 말한다.

3 송종送終 : 장사葬事에 관련된 온갖 일. 죽은 이를 보내는 일.

아직 성복례成服禮를 치르기 전이거나 혹 갓 성복례를 치른 경우라면 위로하는 도리를 해서는 안 되고, 이미 칠재七齋를 치르고 난 뒤라면 바로 위로해도 좋다.

속가일 경우 혼령만 위로하는 것을 상傷이라 하고, 상주를 위문하는 것을 조弔라 한다.[4] 만약 아버지나 또는 백숙伯叔 형제라면 곧 혼령을 위문하고 나서 상주에게 조문하면 된다. 혼령에 조문하는 것과 상주에 조문하는 것도 다만 '우吁, 우吁'라고 하면 그만이다.

만약 어머니와 백모伯母나 자매 등의 경우라면 혼령에 조문하지 말고 상주에게만 조문하면 되며, 상주와 관련이 있는 여인으로서 규방閨房과 바깥의 구분이 없는 경우라면 꼭 혼령에 조문하지 않아도 된다.

조문을 간 사람이 돌아가신 이보다 나이가 적으면 시신이 있는 곳까지 가서 예를 올려야 한다."

—대부분 승려가 사망하면 계율도 버리기 때문에 절을 하지 않아도 된다고 말하였다. 만약 그렇다면 무슨 까닭에 남산南山 대사가 "돌아가신 사람보다 나이가 적으면 시신이 있는 곳까지 가서 예를 올려야 한다."라고 하였으며, 또 경전에서 "비구가 죽어 흙으로 변화하면 부처님께서는 어찌 비구를 보내 예배하세 합니까?"라고 하였겠는가? 지금 이것을 상고해 보면 필시 죽은 이보다 나이가 많으면 예를 올리지 않아도 된다는 말인 듯하다.[5]

---

4 속가일 경우~조弔라 한다 : 지금의 조문은 고인과 유족을 함께 위로한다는 뜻을 가지고 있으나, 옛날에는 구별이 엄해서 고인의 친구는 유해를 찾아 애도의 뜻을 표했는데 이를 상傷이라 했다. 반면 고인은 모르지만 유족과 가까운 경우에는 유족의 슬픔을 위로했는데 그것이 조弔이다.

5 이 부분은 저본에 한 칸 내려 쓴 부분이다.

또 그 제자弟子에 대해서는 손을 잡고 위문한 다음에 그 스승이 계신 곳으로 가서 법에 의거하여 조문을 행해야 한다. 여기에서 '제자'란 돌아가신 사람의 제자를 말한다. 그의 미혹함을 인도하는 차원에서 그의 손을 잡고 위문하는 것이다. '그 스승'이란 돌아가신 이의 두 스승을 말한다.【두 스승이란 계사戒師와 수업사受業師이다.】

『예기禮記』에 "살아 있는 분을 잘 아는 사이라면 상주에게 조문하고, 돌아가신 분을 잘 아는 사이라면 그 혼령을 조문한다."[6]라고 하였다. 『열반경』에는 "부처님께서 멸도滅度하시자 하늘과 사람의 대중들이 모두 '어찌 이다지도 괴로움을 주는가, 어찌 이다지도 괴로움을 주는가?'라 말하였다."라고 하였으니 이것이 바로 조문하는 말이다.

行吊

吊者。至也。詩云。神吊矣。五杉集中吊儀甚備。可撿行用。

五杉吊儀云。凡吊慰者。入門。懷悲愴之容。孝家。有引客之人。即通名紙。從後隨入。若僧院。則入靈前。吁兩三聲。若重亡者。即設禮。其亡者。捨識之時。戒亦隨捨。故送終之衣。須掛五條也。所以不用設禮。亦得。便吊孝子。亦吁兩三聲便出。孝家。若有伴客之人。署住。或與孝子。有深分相知。入見孝子。執手叙慰。若是未成服。或初成服。無叙慰之道。已經齋七然後。即可叙慰也。若是俗家。慰靈曰傷。慰孝子曰吊。若是父及伯叔兄弟。即可傷而後吊。傷與吊。亦只是吁吁而已。若是母及伯母娣妹等。不用傷但吊。孝子緣女人。無閨外之分。不必傷也。行吊人。少於亡者。至屍所設禮。

多云。僧亡戒捨故。不得設拜。若爾。何故南山大師云。少於亡者。至屍所設禮也。又經中。比丘化爲地。佛令有讎比丘。設禮拜。今詳之。必是長於亡者。不禮尔。

6 『禮記』의 「曲禮」편에 나오는 말이다.

又於其弟子。執手慰問然後。至其師所。依法吊之。弟子即亡者之弟子也。以其遭迷故。執其手而慰焉。其師即亡者之二師也。【二師即戒師受業師也。】禮云。知生者吊。知死者傷。涅槃經云。佛滅度後。人天大衆咸曰。何斯苦哉。何斯苦哉。此似傷詞也。

수조受弔

화상和尙과 사리闍梨는 곧 휘장 밖에 있는 방석에 앉아 손님이 와서 조문을 하게 되면 동문수학한 사람으로서 저들보다 나이가 적으면 풀을 깔고 그 위에 서 있고 나이가 많으면 풀 자리 위에 앉는다.

—'화상'과 '사리'란 곧 돌아가신 분의 두 스승이고, '동문수학한 이로서 나이가 적고 많다'고 한 것은 곧 돌아가신 분의 제자들을 말한다.【이것은 『남산초南山抄』에서 뽑아낸 것이다.】

『상의喪儀』에 말하였다.

"직접 득도시킨 제자면 막幕 안에 들어가서 곡을 하고 학업學業을 받은 제자이면 장막 밖에서 곡을 한다. 무릇 스님이 와서 조문을 하면 곡을 하고 엎드리며 속인이 와서 조문을 하면 곧 곡만 하고 엎드리지는 않는다.

만약 비구가 부모의 상을 당해서 속가에 가서 조문을 받을 적에는 곧 남녀 사이에 섞여 있어서는 안 되며, 장막 밖 당堂 앞에 풀이나 혹은 거적을 깔고 얼굴을 동쪽으로 향하고 앉아서 조문을 받아야 한다.

조문하러 오는 사람이 있으면 곧 공수拱手[7]하고 머리를 조금 숙이고 슬프디 슬프게 곡을 하며, 조문하는 이가 없으면 경을 독송하거나 염불을 해야 한다."

---

7 공수拱手 : 왼손을 오른손 위에 포개어 잡아 공경의 뜻을 나타냄. 또는 그런 예.

受吊

和尙闍黎。鋪床在幔外坐。擬有客來吊。同學小者。布草立。大者。坐於草上。

和尙闍黎。即亡者之二師。同學小者大者。即亡者之弟子也。【此出南山抄。】

喪儀云。親度弟子。哭於幕內。受學弟子。哭於幕外。凡僧來吊。即哭而伏。俗來吊。則但哭不伏。若比丘。於父母喪。往俗家受吊。不可雜於男女之中。即於幕外堂前。布草或薦。面東而坐受吊。有人來吊。則拱手低頭。哀哀而哭。無人吊。則誦經念佛。

분상奔喪[8]

석씨釋氏의 분상奔喪은 대가섭大迦葉으로부터 시작되었다. 부처님께서 멸도滅度하신 지 이미 7일이 지났는데, 그제야 가섭이 제자들을 거느리고 비로소 쌍림靈林에 이르렀다. 그러자 부처님께서 금관金棺에서 두 발을 내어 보이셨다.

초鈔(『南山鈔』)에 "분상하는 이는 곧바로 시신이 있는 곳에 가서 예배한 뒤에 차례를 따라 제 위치를 찾아 앉는다."라고 하였다.

기記(『增輝記』)에 말하였다.

"분상이란 먼 외지外地에 있을 적에 스승이 돌아가시어 흉한 소식이 이르면, 친구들 간에 먼저 영위靈位를 설치해야 하나니, 이는 애도하는 의식을 거행하는 것이다. 그런 뒤에 인도하여 그곳에 이르러 극진하게 애도를 표한 뒤에 빨리 돌아가야 한다. 별을 보고 떠나기 시작해서 별을 보고 멈추어 쉬곤 해야 한다.

이윽고 본원本院에 이르렀을 적에 만약 감구龕柩가 끝나고 이미 돌아와서 영골靈骨을 탑에 봉안하였으면, 먼저 그곳에 가서 예배하고 극진한 애도를 표한 다음에 탑을 몇 바퀴 돌고 나서 사찰로 돌아가 법으로 맺어진 권속들에게 조문을 한다."

초鈔(『南山鈔』)에 말하였다.

"만약 절개가 높고 뭇 사람들보다 뛰어나며 지금껏 깨끗하고 고상한

---

8 분상奔喪 : 먼 곳에서 부모가 돌아가신 소식을 듣고 급히 집으로 돌아감.

삶을 살아온 이라면 굳이 세속의 정에 얽매일 필요는 없다.【이 말도 역시 옳은 말이 아니다.】

만약 마음 쓰이는 대로 기쁘고 성남(喜怒)을 표출하고 세속을 따라 부침浮沈하는 사람으로서 부모나 혹은 두 스승이 돌아가신 뒤에 호하護夏(여름결제)로 인해 오지 못했거나 비록 왔다 하더라도 슬픔을 다 펼치지 않으면 도속道俗이 다 부끄럽게 여길 것이다."

奔喪

釋氏奔喪。出自大迦葉也。佛滅度已七日。迦葉領徒。方至雙林。佛於金棺。出雙足示之。鈔云。若奔喪者。直至屍所禮拜而後。從次第位而坐。記云。奔喪者。謂在外處師亡。凶信至。朋友間。先爲設靈位。此擧哀儀也。然後引至其處。擧盡哀後。疾疾而歸。見星而行。見星而舍。旣至本院。若龕柩已歸塔。先歸其處。禮拜盡哀。繞數匝而後歸院。與法眷行吊。鈔云。若高節拔群。由來淸卓者。固不局世情。【此言亦不可也。】

若任情喜怒。隨俗浮沉者。或父母。或二師亡而護憂[1]不來。雖來不展哀者。道俗同恥之。

1) 역 '憂'는 '夏'의 오기인 듯하다.『釋門喪儀抄』에도 '夏'로 되어 있다.

장법葬法

천축天竺(인도)에는 네 가지 장례법이 있다.

첫째는 수장水葬이니, 죽은 사람의 시신屍身을 강이나 하천에 던져 모든 어별魚鼈의 먹이로 삼게 하는 것이고, 둘째는 화장火葬이니, 장작을 쌓아놓고 그 위에 시신을 얹어 태우는 것을 말한다. 셋째는 토장土葬이니, 언덕 옆에 구덩이를 파고 시신을 묻어서 속히 썩게 하는 것이며, 넷째는 임장林葬이니, 싸늘한 숲(寒林) 속에 시신을 드러내 놓아 새나 짐승들의 먹이로 삼게 하는 것이다.

—'싸늘한 숲(寒林)'이란 곧 서역西域(인도)에서 시신을 내다 버리는 곳이다. 율律(『十誦律』)에 "대부분 시신을 그 숲에 내다 버림으로써 모골毛骨이 송연해지기 때문에 한림寒林이라고 이름을 붙인 것이다."라고 하였다.

葬法

天竺葬法。有四焉。一水葬。謂投之江河。飼諸魚鼈。二火葬。謂積薪焚之。三土葬。謂埋岸傍速朽之。四林葬。謂露置寒林。以飼鳥獸也。

寒林。即西域棄屍處。律謂。多死屍。凡入其林者。可謂毛寒。故名寒林也。

사유闍維

사유闍維란 이곳 말로는 분소焚燒라 한다.

율律(『十誦律』)에 말하였다. “비구가 ‘화장火葬을 하면 몸속에 있는 벌레들이 다 죽을 것이 아닌가?’ 하고 의심하자 부처님께서 ‘사람이 죽으면 몸속의 벌레들도 다 죽는다.’고 말씀하셨다.”

闍維

闍維。此云焚燒。律云。比丘疑火葬則殺身中虫。佛言。人死虫已死。

송장送葬[9]

논論(『毘尼母經』)에 말하였다. "『합사송장기闔寺送葬記』에서 '무상無常함을 관觀하게 하기 위해서이다'라고 하였다."

—지금 선禪을 하던 스님이 죽으면 존귀한 이든 젊은 사람이든 주승主僧이든 객승客僧이든 간에 따지지 않고 모두 북을 치며 널리 초청한다고 하였으니 대개 이 율법에 준하면 된다.

율律(毘奈耶)에 "비구의 장례(送葬)에는 독송 잘하는 이로 하여금 『무상경無常經』 게송을 독송하게 하여 그를 위해 축원해 주어야 한다."라고 하였다.

『열반경涅槃經(정반왕열반경)』에 말하였다. "정반왕淨飯王이 숨을 거두자 칠보관七寶棺에 염殮을 하였는데, 부처님과 난타難陀는 그 관 앞에 공손히 엄숙하게 서 있었고 아난阿難과 라후라羅睺羅는 뒤에 서 있었다. 부처님께서는 장차 다가올 세상에 흉포凶暴한 승려들이 부모님의 깊은 은혜를 보답하지 않을까 염려하시어 직접 스스로 관을 메었다. 그때 삼천대천세계三千大千世界가 여섯 가지로 진동震動하자 사천왕四天王이 내려와 부처님을 대신하여 관을 메었다. 부처님께서는 향로를 받쳐 들고 관 앞에서 인도하시며 걸어가셨다."

9 송장送葬 : 망자의 가족과 친지·조문객들이 묘지로 가서 안장하는 것.

그러니 지금 석씨들은 부모님의 장례에 이 경을 기준하여 사람들로 하여금 선한 마음을 내게 해야 할 것이다.

送葬

論云。闍寺慈送葬記[1]云。令觀無常故。

今禪居僧亡者。不論尊少主客。並打鼓普請。盖准此律。

律云。比丘送葬。可令能者。誦無常經伽陀。爲其祝願。

涅槃經云。淨飯王命終。殮以七寶棺。佛與難陀在前。恭肅而立。阿難羅睺羅在後。佛念當來凶暴之僧。不報父母深恩。躬自擎棺。爾時三千大千世界。六種震動。時四天王。代佛擎棺。佛乃執香爐。在棺前導引而行。今釋氏父母葬。可准此經。令人生善心。

1) ㊂ '闍寺慈送葬記'는 『釋門喪禮抄』에는 '闍寺送葬記'로 되어 있다. 이것은 책 이름이니 '慈'가 중간에 잘못 들어간 듯하다. 어떤 곳에는 '闍寺並送葬記'로 된 곳도 있으니 '並'의 오기인지도 모르겠다.

사리舍利

이 물질은 곧 계戒와 정定과 혜慧의 인행忍行 공덕으로 인해서 훈습하여 이루어진 것이다.

범어梵語로는 설리라設利羅라고 하는데, 지금은 와전되어 간략하게 사리舍利라고 한다. 중국 말로는 골신骨身이라고 하는데 이 말을 번역에 이용하지 않은 까닭은 범부凡夫의 골신으로 외람되이 알려지는 것을 염려해서이다.

舍利

此物。乃戒定慧忍行功德所熏成也。梵語云。設利羅。今訛畧稱舍利。華言。骨身。所以不用譯者。恐濫凡夫骨身。

입탑立塔

범어로는 탑파塔婆라 하고, 이곳 말로는 고현高現 또는 무덤(墳)이라 한다. 혹은 부도浮屠라 하기도 하는데, 이곳 말로 풀이하면 취상聚相이라 한다.

전傳(『立表寄歸傳』)에 말하였다.

"(탑파塔婆를) 구라俱羅로 쓰고 있는데, 모두 벽돌이나 돌을 겹겹이 쌓아 만든 것으로서 그 형상이 마치 작은 탑과 같으나 위쪽에 수레바퀴 같은 덮개는 없다.

또 탑을 세우는 데에는 세 가지 의미가 있다.

첫째는 사람들의 훌륭한 점을 나타내기 위함이고, 둘째는 다른 사람들로 하여금 믿음을 내게 하기 위함이며, 셋째는 은혜를 갚기 위함이다.

탑에 등급이 있으니 만약 초과初果(수다원)를 얻은 이면 1급級으로, 2과(사다함)는 2급, 3과(아나함)는 3급, 4과(아라한)는 4급으로 만들어야 하나니, 이는 삼계三界를 초월하였음을 나타낸 것이다.

벽지불辟支佛은 11급으로 만드나니 무명無明 한 등급만 초월하지 못했음을 나타내기 위한 까닭이며, 부처님은 13급으로 만드나니 이는 십이인연十二因緣을 다 초월하셨음을 나타낸 것이다.

만약 덕망이 있는 비구일 것 같으면 그 역시 꼭 탑을 세워 주어야 하는데 급級은 없게 할 것이며, 또 계율을 잘 지닌 비구나 법사法事나 사찰 경영을 잘한 비구로서 덕망이 있으면 모두 꼭 탑을 세워 주어야 한다."

立塔

梵語塔婆。此云高現。又云墳。或云浮屠。此云聚相。傳云。作俱羅。皆疊塼石爲之。形如少塔。上無輪盖。且立塔有三義。一表人勝。二令他生信。三爲報恩。而有等級。若初果一級。二果二級。三果三級。四果四級。表超三界。辟支佛十一級。表未超無明一級故。佛塔十三級。表超十二因緣故。若比丘有德望者。亦須立塔則無級。又持律比丘。法事營事。有德望者。皆應立塔。

명銘

'명銘'이란 지誌와 같은 의미이다. 선조의 덕이 있음을 칭송하는 데 그 목적이 있다. 군자君子는 명을 보고서 이미 그 칭송한 것을 아름답게 여기고, 또 그가 한 행위를 아름답게 여긴다.

그런 까닭에 명銘의 의미는 아름다운 일은 칭송하고 나쁜 일은 칭송하지 않는 법이니, 선조가 아름다운 일도 없는데 칭송하면 그것은 속이는 일이 되고, 아름다운 일이 있는데도 밝히지 못하거나 알면서도 전하지 않는 것은 어질지 못한 일이다. 그러니 이 세 가지는 군자가 부끄럽게 여기는 일이다.

지금 석자들은 두 스승의 진실한 덕행이 있거나 이름난 행업行業이 있으면 기록하는 것이 옳다. 이것이 승전僧傳의 장본張本[10]이 되는 것이다.

銘

銘者。誌也。論譔先祖之有德也。君子觀於銘。既美其所稱。又美其所爲。故銘之義。稱美不稱惡。先祖無美而稱之。是誣也。有美而不明。知而不傳。不仁也。三者。君□[1)]所取也。今釋子。二師實有德行名業。亦宜識之。爲僧傳之張本也。

1) ㉯ □는 '子'인 듯하다. ㉮ 저본에 '子'로 확인된다.

10 장본張本 : 일의 발단이 되는 근원.

칭고稱孤

예禮에 "고자孤子란 어머니만 살아 계신 자를 일컫는 말이다."[11]라고 하였으니, 나이가 아직 30이 되지 못한 사람을 이르는 말이다. 어른이 되어 아내를 거느렸다면 어버이를 대신할 실마리가 생긴 것이므로 고孤라는 말을 쓰지 않는다. 그런데 지금 석자들을 보면 고제자孤弟子라고 말하는데 그건 옳지 못하다.

『오삼집』에 "효원孝院의 소사小師[12]"라고 하였는데 그것이 옳은 말이다. 효원이란 상을 당한 상주가 사는 절을 이르는 말이니, 세속에서 효당孝堂이라고 말하는 것과 같은 맥락이며, 스스로 자신을 자랑하기 위해서 하는 말이 아니다. 비록 큰 사원寺院의 방에 살고 있더라도 그렇게 말할 수 있다.

稱孤

禮云。孤子當室。謂年未三十也。壯有室。有代親之端。不爲孤也。今見釋子。稱孤弟子。不然也。五杉云。孝院小師者。宣也。孝院謂喪孝之院。若俗云孝堂。非自伐語也。雖居大寺院房者。亦可稱之。

---

11 『禮記』「曲禮」편에 나오는 말이다.

12 소사小師 : ① 불가佛家에서 가르침을 받은 지 10년이 차지 못한 스승을 이르는 말. ② 남에게 대하여 '자기 스승'을 겸손하게 이르는 말.

기일忌日

2월 15일은 바로 부처님께서 열반涅槃하신 날이다. 천하의 승속僧俗이 법회를 열고 공양한 적이 있었으니, 그것이 곧 기일忌日이 된 것이다.

세속의 『예기禮記』에 "군자君子는 종신終身토록 효행을 해야 하나니, 이것은 곧 기일을 두고 한 말이다."[13]라고 하였다.

忌日

二月十五日。是佛涅槃之日。天下僧俗。有營會供養。即忌日之事也。俗禮云。君子有終身之孝者。即忌日也。

13 『禮記』「祭儀」 제24. "君子有終身之喪。忌日之謂也。"

소자疏子

'소疏'란 부처님께 아뢰는 편지이니, 아마도 이 소문疏文을 가지고 재齋를 지내는 이의 마음을 소통한다는 의미이다.

돌아가신 분이 아무리 존귀해도 부처님 앞에서는 반드시 그 이름을 불러야 한다.

예禮(『禮記』)에 "임금 앞에서는 아버지의 이름을 기휘(諱)하지 않고 아버지 앞에서는 자식의 이름을 기휘하지 않는다."라고 하였으니, 스승이나 부모의 이름도 존귀하신 분(부처님) 앞에서는 감히 기휘하는 일이 없어야 한다.

율律에 "사리불舍利弗이 멸도한 뒤에 그의 제자 사미 균제均提[14]가 와서 부처님께 '저의 화상 사리불이 목숨을 마쳤습니다. 여쭈옵건대 무덤에서도 정신은 살아 있습니까?'라고 하였다."라고 한 경우와 같다.

경經(『灌頂經』)에 말하였다.

"아난이 부처님께 '만약 사람이 죽으면 분묘나 탑을 세우는데, 그 사람의 넋(精魄)이 그 속에 있습니까?'라고 여쭈었다. 부처님이 말씀하셨다. '있기도 하고 없기도 하다. 왜 그런가 하면, 만약 사람이 살아 있을 적에 선근善根을 짓지 않고 삼보三寶를 알지 못해, 선한 일로 받을 복이 없거나 악한 일로 받을 재앙이 없거나 선지식善知識으로서 복을 닦은 일이 없으면, 이런 이는 그 넋이 분묘 속에 남아 있나니 어느 곳에 가서 태어날 곳

---

14 균제均提 : 석가모니 당시 사리불舍利弗의 제자.

이 없기 때문이다. 혹 살아생전에 복을 받을 만한 선한 일을 많이 했으면 천상天上이나 인간 세계에 태어나기 때문에 무덤 속에 넋이 존재하지 않는다고 말한 것이다. 혹은 생전에 아라한(正眞)을 믿지 않고 사람들을 속여서 악업惡業을 지은 이는 곧바로 네 갈래 나쁜 세계[15]에 떨어지기 때문에 역시 존재하지 않는다.'"

경에 "지극한 선행과 지극한 악행을 한 사람은 중음中陰[16]이 없다."라고 한 말이 바로 그것이다.【이상은 『석씨요람』에서 초출抄出한 것이다.】

䟽子

䟽者。白佛之詞。盖䟽通齋意也。亡師雖尊。對佛必須呼名。禮云。君前不諱父名。父前不諱子名。師及父母之名。不敢諱於尊前也。如律中。舍利弗滅度後。有弟子沙彌均提來。白佛言。我和尚舍利弗命過。問墳問[1)]精神在否。經云。阿難白佛言。若人命終。造立墳塚。是人精魄在中否。佛言。亦在亦不在。何以故。若人生時。不造善根。不識三寶。無善受福。無惡受殃。無善知識爲修福。是其精魄在墳中。未有生處故。或生前大修福善。或生天上人間。故言不在。或生前不信正眞。諂誑欺人。造作惡業。即墮四惡聚故。亦不在也。經云。極善極惡無中陰。是也。【上出釋氏要覽抄。】

1) ㉯ '問'은 '間'인 듯하다.

15 네 갈래 나쁜 세계 : 지옥·아귀·축생·수라의 세계.
16 중음中陰 : 49일간의 명부 일주를 하는 동안 망자의 신분 상태를 이른다. 일종의 가사 상태로서 삶과 죽음의 중간 지대. 이승이란 양陽과 저승이란 음陰의 중간 세계.

조서법弔書法

남의 스승의 죽음을 조문함

법문法門【돌아가신 스승이 승관僧官을 역임했으면 교문敎門이라 하고, 장로長老였으면 종문宗門이라 한다.】이 쇠상衰喪해져서 어지신 화상和尙【대사大師 또는 대덕大德】께서 갑자기 타고나신 수명에 순응하시어【만약 나이가 70 이상이면 곧 타고난 수명을 순응했다(順天年) 하고, 만약 60 이하면 곧 타고난 수명을 버렸다(棄天年)고 해야 한다.】 진적眞寂으로 돌아가셨습니다.

세월이 빠르게 흘러 어느새 ○○【성복成服 · 귀탑歸塔 · 시서時序 · 재齋 · 상祥】을 지내게 되었습니다. 엎드려 생각하고 추모하니 가슴이 찢어지고 오열이 일어납니다.

아무개는 일찍이 은혜를 입었기에 엎드려 슬픔과 탄식을 더할 따름입니다.【만약 상주가 자기보다 낮은 지위면 곧 '슬픔으로 오열합니다'라 하고, '조첨早添' 이하의 글은 사용하지 않는다.】

弔書法

弔人師亡

法門衰喪。【前人師。若作僧官。即云教門。若長老。即云宗門。】賢和尙。【大師。大德。】奄順天年。【若七十已上。即云順天年。若年六十已下。即云棄天年也。】式歸眞寂。日月遄流已經【成服歸塔時序齋祥】。伏惟追慕摧咽。某早添恩庥。伏增悲哽。【若孝子卑即云悲咽。不用早添已下之文也。】

답

시봉侍奉 아무개가 복이 적어서 선화상先和尙께서 갑자기 원적圓寂으로 돌아가셨으니, 자비하신 은혜를 추모해 보면 슬프고 목이 메어 오열을 금할 길 없습니다.

荅云

某侍奉寡祐。先和尙奄歸圓寂。追慕慈陰。不任悲哽咽絶。

다른 이의 부모가 돌아가심을 조문함

삼가 ○○○【존부군尊府君 또는 존부인尊夫人】께서 수명을 오래도록 누리지 못하시고【만약 연세가 70에 이른 스승이라면 곧 '갑자기 천년天年에 순응하시어'라고 한다.】 갑자기 저승길(玄路)로 돌아가셨다는 말을 받들었습니다.

세월이 빠르게도 흘러서 어느새 ○○【위와 같음】을 지내게 되었으니, 엎드려 생각하고 추모하건대 가슴이 찢어지며 오열이 일어납니다.

吊人父母亡

伏承【尊府君尊夫人】。不享遐齡。【若年七十師云。奄順天年。】奄歸玄路。日月易流已經【云云同上】。伏惟追慕摧咽。

답

세속 집안의 흉한 재앙을 만나 ○○【선고先考 또는 선비先妃】께서 세상을 떠나시니(傾背[17]) 사랑으로 길러 주신 은혜를 추모해 보면 슬퍼 오열함을

17 경배傾背 : 등을 기울였다는 의미로, 사람의 죽음을 높여서 표현하는 말이다.

금할 길이 없습니다. …….

答云

俗門凶禍。【先考妣】傾背。追感慈育。無任悲咽云云。

다른 사람의 스승이나 백숙 형제·소사 등의 죽음을 조문함

법문法門이 쇠락해져서 어지신 스승(또는 백숙 형제)께서 세상을 떠나셨습니다. 세월이 빠르게도 흘러 어느새 ○○【절서節序나 또는 칠재의 이름】을 지내게 되었기에 삼가 엎드려 생각하고 추모하건대 슬픔이 애절합니다.

吊人師伯叔兄弟小師等

法門衰喪。賢師伯叔兄弟遷化。日月易流已經【節序齋七】。伏惟追慕傷切。

답

법을 이음이 시들어 떨어져서 스승의 백부(또는 숙부·형제)께서 세상을 떠나셨습니다. 세월이 너무도 빠르게 흘러 어느새 ○○을 지내려 하오니 비통함을 감당할 길이 없습니다.【세속 가문의 백부나 숙부 등에 대해서도 모두 이와 같이 하면 된다.】

答

答云。法嗣凋喪。師伯叔兄弟遷化。日月遄流已經云云。不任悲痛。【俗門叔伯等皆倣此。】

위로 편지 쓰는 법

다른 사람 스승의 죽음을 조문함

상주가 더 높은 지위이면 곧 '아무개는 아뢴다(某啓)'라고 하고, 보통 친구 사이라면 거리낄 게 없다. 높은 지위면 '복승伏承'이라 하고, 낮은 지위이면 곧 '승承'이라 한다.

영靈으로 변함이 무상無常하여 어진 화상께서 하늘이 주신 수명에 공손히 순응하시어【혹은 '오랜 수명을 누리지 못하고'라고 한다.】갑자기 적멸寂滅로 돌아가셨다는 말씀을 엎드려 받들었습니다. 세월이 머물지 않고 흘러서 어느새 ○○【위에서와 같은 내용을 적절하게 넣는다.】을 지나게 되고 보니 엎드려 생각하고 추모해 보건대 목숨이 끊어질 듯하옵니다. 그 말씀을 받들어 들은 이래로 오직 슬픔만 더욱 늘어납니다. 아무개는 직접 혼령이 계신 자리에 나아가 뵈올 방법이 없어 삼가 편지를 받들어 위문의 말씀을 진술하나이다.

참담하고 슬픔에 겨워 자세한 내막은 다 말하지 못하고 이만 줄이며(不次[18]) 삼가 편지를 올립니다.

○월 ○일에 아무 군에 사는 사문 아무개는 삼가 지극한 효자 대덕의

18 불차不次 : 서신의 말미에 쓰는 용어로, 일반적인 순서(절차)를 따르지 못했다는 의미이다.

복전服前에 편지를 올립니다.【상주가 지위가 낮으면 복전服前을 애차哀次로 고치면 된다. ○월 ○일 이하의 글은 이 아래에서도 모두 이와 같이 하면 된다.】

삼가 존귀하신 화상께서 미수眉壽[19]를 길이 누리지 못하고(眉壽不永) 갑자기 참됨으로 돌아가심을 보이셨습니다.【70 이상이면 곧 '미수가 비록 높으셨으나(眉壽雖峻)'로 쓴다.】 갑자기 교문敎門을 버리시니 슬픔이 갑절이나 더하여 참담함을 느낍니다.

엎드려 현유玄猷를 생각하고 추모해 보건대 죽을 것 같은 오열이 더욱 극에 달합니다. 효도를 실천하는 가운데 비통해하는 마음을 조금 억누르고 오로지 예의 제도를 따르려 하옵니다.

아무개는 가서 위로할 방법이 없으니 슬프고 시린 마음만 더욱 쌓입니다. 참담하여 두서없이(不次) 삼가 편지를 올립니다. …….

慰書法

慰人師亡

孝子尊。即云某啓。平交即亦無妨。尊即云伏承。卑即云承。靈變無常。伏承賢和尙。式順天年。【或云不享遐齡。】奄歸寂滅。日月不居。已經【同上】。伏惟追慕殞絶。承聞已來。惟增惻怛。某末由自詣靈席。謹奉狀。

陳慰慘愴不次謹狀。日月某郡。沙門某狀上。至孝大德眼[1)]前。【孝子卑。改服前作哀次。月日已下文。皆倣此。】切以尊和尙。眉壽不永。奄示眞歸。【七十已上。即云眉壽雖峻。】倏棄敎門。倍增感愴。伏惟追慕玄猷。殞咽彌極。孝履中。稍抑哀摧。用專禮制。某末由造慰。尤積悲酸。慘愴。不次謹狀云云。

1) 역 '眼'은 '服'의 오자인 듯하다.

19 미수眉壽 : '눈썹이 길게 자라도록 오래 사는 수명'이라는 뜻. 남에게 오래 살기를 축원할 때 쓰는 말.

답서

아무개 시봉이 복이 적어 선화상先和尙께서 하늘이 주신 명을 따르시어 갑자기 진적眞寂으로 돌아가셨습니다. 사랑으로 길러 주신 은혜를 추모해 보건대, 죽을 것 같이 오열하며 애절한 아픔을 감당하지 못하겠습니다. 삼가 편지를 올려 답하오며 슬프고 참담하여 두서없이 이만 줄입니다.

효원孝院(상을 당한 절)의 소사小師 아무개는 답장을 올려 아룁니다.

제가 복이 적고 쌓은 덕이 없어 시봉이 관심을 가질 새도 없이 선화상께서 세상의 흐름을 따르시어 갑자기 진적으로 돌아가셨습니다. 사랑으로 가르쳐 주신 은혜를 추모해 보건대 죽을 것 같은 오열을 감당하지 못하겠습니다.

삼가 높은 분께서 자비를 베푸시어 특별히 위문해 주시니 슬픈 감정을 감내할 길이 없습니다. 삼가 답하는 편지를 올려 사례하나이다. 슬프고 참담하여 자세한 내막은 다 말하지 못하고 이만 줄입니다. …….

答書

某侍奉寡祐。先和尙克順天年。奄歸眞寂。追慕慈訓。不任殞咽痛切。謹復白疏。慘愴不次。孝院小師某。答白。

寡薄所鍾。侍奉無感。先和尙克順世流。奄歸眞寂。追慕慈訓。不任殞咽。伏蒙尊慈。特垂慰問。不任悲感。謹復狀陳謝。慘愴不次云云。

다른 이의 부모가 돌아가심에 조문함

화禍의 연유는 일정함이 없습니다. 엎드려 어지신 존부군尊府君【혹은 존부인尊夫人】께서 세상을 떠나셨다(傾背)는 소식을 받들고(聞問[20]) 너무나 슬펴서 어찌할 길이 없을 따름입니다.

엎드려 생각하고 추모해 보건대 죽을 것같이 오열함을 어찌 참아 낼 수 있겠습니까? 세월은 빠르게도 흘러 어느새 ○○【위에서와 같음】을 지나게 되고 보니, 아무개는 일찍이 어지신 분의 은혜(仁私)를 입었기에 슬프고 가슴 아린 심정을 감내할 길이 없습니다.

삼가 받들어 편지를 올립니다.

슬프고 참담하여 자세한 내막은 다 말하지 못하고 이만 줄입니다. …….

삼가 존부군께서는 성대한 덕으로 한창 숭배 받았으며 세속과 어긋나는 일이 있었다는 소리도 듣지 못했습니다. 오랜 수명을 누리시면서 종문宗門을 무성하고 화려하게 하시기를 바랐었는데 생각지도 못한 사이에 영원히 만날 기약이 사라지고 말았으니 실로 슬픔과 탄식만 늘어날 따름입니다.

직접 혼령이 계신 자리에 찾아가서 뵈올 방법이 없어서 오직 슬픔과 처량함만 더해집니다. 삼가 편지를 받들어 위문하오며, 슬프고 참담하여 자세한 내막은 다 말하지 못하고 이만 줄입니다.

慰人父母亡

禍故無常。伏承賢尊府君。【或尊夫人。】傾背聞問。惻怛不能已已。伏惟追慕殞咽。何可堪忍。日月易流已經【上同】。某早忝仁私。不任悲酸。謹奉白疏。慘愴不次云云。

伏以尊府君。盛德方崇。不聞違俗。冀享遐筭。以茂華宗。不圖遐邁永期。實增傷歎。末由躬詣虛席。惟增悲涼。謹奉狀陳慰。慘愴不次。

20 문문聞問 : 소식 · 서신과 같은 말이다.

답서

선고先考를 하늘나라로 보내는 속가의 흉화凶禍를 만났습니다. 사랑으로 길러 주신 은혜를 추모해 보건대, 슬픔으로 인하여 심장이 끊어지고 찢어지며 죽을 듯한 심경을 감내할 길이 없습니다. 세월은 빨리도 흘러 어느새 ○○을 지나게 되고 보니 엎드려 목이 메고 오열함이 늘어만 납니다. 삼가 답서를 올려 감사드립니다. …….

삼가 선비先妣께서 하늘이 주신 명을 따르시어【60 이하면 미협未叶이라 한다.】 홀연히 세상을 떠나셨다고 알려드렸으나, 비록 사랑으로 길러 주신 은혜를 버렸다고 말하기는 하지만, 낳아서 성장시켜 주신 은혜는 잊기 어렵습니다.

이러한 흉사를 당한 슬픔을 만나 오직 목이 메고 오열만 더할 따름입니다. 특별히 위문하는 편지를 보내 주시니 인사仁私의 은혜를 더욱 인정합니다.

슬픈 감정의 마음 무엇에 비유할 길이 없기에 삼가 답서를 올려 감사드립니다. 슬프고 참담하여 자세한 내막은 다 말하지 못하고 이만 줄입니다.

答書

俗門凶禍。上延先考。追慕慈育。不任哀絶摧殞。日月已經云云。伏增哽咽。謹復白疏云云。切以先顯妣甫順天年。【六十已下未叶。】 焂告永逝。雖云且捐慈育。而難忘生成。遘此凶哀。惟增哽咽。特蒙慰問。益認仁私。悲感之心。無以指比。謹復狀陳謝。慘愴不次。

다른 사람 백숙 형제의 죽음을 위문함

법문【속가면 속문俗門으로 쓴다.】이 어머님의 상을 당하여(衰哀) 삼가 어지신 스승의 백숙부伯叔父께서 오래도록 수명을 누리지 못하시고 갑자기 진적眞寂【세속이면 곧 저승길(玄路)이라 한다.】으로 돌아가셨다는 말씀을 받들고 나서 엎드려 생각하고 추모해 보건대 슬픈 감정이 너무도 간절합니다.

세월은 빠르게도 흘러 어느새 ○○을 지내게 되었사온데 직접 찾아 뵐 방법이 없어 오직 슬픔과 탄식만 늘어날 뿐입니다. 삼가 받들어 편지를 올려 위문 드립니다. …….

慰人伯叔兄弟

法門衰哀。【俗則云俗門。】伏承賢師伯叔。不享遐齡。奄歸眞寂。【俗則云玄路。】伏惟追感傷切。日月遄流。已經云云。末由躬詣。惟增悲歎。謹奉狀陳慰云云。

답서

법문【세속의 가문이면 속문이라 한다.】이 시들어 떨어져서 스승의 백숙부께서 홀연히 참된 곳으로 돌아가셨다는 말을 알려드렸으나 사랑의 음덕을 추모해 보건대 가슴 쓰리고 오열함을 감내할 길이 없습니다.

엎드려 존귀하시고 자비하신 분께서 특별히 내려 주신 위문을 입고 보니 오직 슬픈 감정만 더할 따름입니다. 삼가 회답하는 편지를 올려 감사의 말씀을 드립니다. 슬프고 참담하여 자세한 내막은 다 말하지 못하고 이만 줄입니다.

答書

法門凋謝。【俗則俗門。】師伯叔。焂告眞歸。追慕慈陰。不任酸哽。伏蒙尊慈。特垂慰問。惟增悲感。謹復狀。慘愴不次。

다른 사람의 소사가 죽음을 위문함

엎드려 법윤法胤이 시들어 떨어져서 어진 상족上足이 세수世壽를 다 누리지 못하고 갑자기 저승길(玄路)로 돌아갔다는 소식을 받고 나서 추념해 보건대 슬픔이 너무도 애절합니다. …….

慰人小師

伏承法胤凋殞。賢上足不享世壽。奄歸玄路。追念傷切云云。

답서

법문을 이은 제자는 쇠미衰微해져서 소사小師가 세상을 떠났으나, 이 복이 엷은 몸을 돌아보건대 진실로 슬프고 처량하기 그지없습니다. 그러던 차에 특별히 내려 주신 위문의 편지까지 받고 보니 오직 슬픈 감정만 더욱 늘어날 따름입니다. …….

答書

系嗣衰微。小師亡沒。顧玆薄祐。實切悲凉。特垂慰問。惟增悲感云云。

형제가 외지에 있으면서 스승이 돌아가셨다는 부고를 받고 올리는 편지

시봉이 복이 적어 선화상先和尙께서 아무 달 아무 날 아무 시에 갑자기 진적眞寂으로 돌아가셨다는 소식을 받고, 자비하셨던 음덕陰德을 추모해 보건대 죽을 것 같은 오열을 견딜 길이 없습니다.

이미 염습을 끝내고 입관까지 했으며 아무 날에 다비茶毘를 하기로 정했다는 유명遺命을 받자옵고, 삼가 받들어 편지를 올려 알리옵니다. 슬프고 참담하여 자세한 내막은 다 말하지 못하고 이만 줄입니다.

아우 아무개 올림.

兄弟在外。報師亡書。

侍奉寡祐。先和尙。以某月某日某時。奄歸眞寂。追慕慈陰。不勝殞咽。已奄龕柩。定以某日茶毘。禀遺命也。謹奉白疏咨報。慘愴不次。弟某白。

화상의 부고를 받고 돌아갈 수 없어 편지를 올림

배움의 자리에 얽힌 인연으로 일찍이 시봉의 임무를 어겼습니다. 선화상께서 하늘이 주신 수명에 순응하시어 갑자기 진적으로 돌아가실 줄 어찌 생각이나 했겠습니까? 홀연히 슬픈 부고의 소식을 받고 나니, 다만 너무나 슬퍼서 오열만 더할 따름입니다.

당일에 가슴 아픈 소식을 듣고 제사를 올리고 겸하여 재를 경영하려 하였사오나 인연이 끊어지고 길이 멀어서 달려갈 방법이 없습니다. 마냥 눈물만 흘리면서 멀리서 바라보며 마음속 깊이 사모하는 감정을 견딜 길 없습니다.

삼가 편지를 올리오며, 슬프고 참담하여 자세한 내막은 다 말하지 못하고 이만 줄입니다.

동학同學 아무개 올림.

得和尙哀訃後。不歸復書。

學地所縈。早違侍奉。何圖先和尙。式順天年。奄歸眞寂。焂奉哀告。但增悲哽。欲於當日聞慟祭奠。兼營齋利。切緣路遠。末由奔赴。不任涕望感慕之至。謹復狀疏。慘愴不次。同學某白。

선사께서 임종할 당시 먼 곳에 있는 제자에게 유서를 남겼으므로 곧 편지를 쓰고 아울러 유서를 동봉하여 보냄

아무개 시봉은 미처 생각지도 못했는데 선화상께서 아무 달 아무 날에 세상을 떠나셨습니다.

선화상께서 편지를 남겨 주시면서 내가 죽은 뒤에 그 편지를 부치라고 부탁하셨기에 삼가 편지를 인편에 받들어 보내오니 존귀하신 분은 받으소서.

엎드려 생각하건대 내려 주신 은혜를 굽어보니 슬픈 마음만 간절합니다. 슬프고 참담하여 자세한 내막은 다 말하지 못하고 이만 줄입니다.

삼가 편지를 올립니다.

先師臨終之時。遺書於遠地。弟子即修書。與遺書封送。

某侍奉無感。先和尚。於某月日遷化。先和有遺書。令身後附送其書。謹奉狀引達尊聽。伏惟俯賜惻念。慘愴不次。謹狀。

제문祭文 양식

입관할 때 올리는 제문

유세차 ○○년 ○○월 ○○일에 소사(승) 아무개 등은 삼가 차와 우유 등의 제물(奠)을 차려 놓고 감히 선화상의 혼령에 고합니다. 장차 현궁玄宮[21]을 덮으려 하는데 그렇게 하면 자비하신 음덕이 영원히 막히고 말 것입니다. 이미 세상을 떠나신 한을 지어 영원히 보낼 기약을 감내하다 보니 시봉은 아무 생각도 없습니다.

진적으로 돌아가신 지가 엊그제 같은데 어느새 거등을 옮겨야 할 시기가 다가와서 용위容衛를 맨 먼저 드러내고 보니 울부짖고 사모함이 망극하여 죽고 싶은 마음 무너져 내릴 것만 같습니다. 보잘것없는 음식을 차려 놓고 지금 당한 일을 호소하오니 흠향하시기를 엎드려 바라옵니다.

祭文式揉

將入龕時祭文

維年月日。小師某等。謹以茶乳之奠。敢告于先和尙之虛。[1] 將掩玄官。[2] 永隔慈陰。旣創終天之恨。堪永往之期。侍奉無感。眞寂如昨。今則遷止。迨期容衛首露。號慕罔拯。[3] 殞心若崩。薦獻蘋蘩。以訢[4]即事。伏惟尙饗。

1) ㉧ '虛'는 '靈'인 듯하다. 2) ㉧ '官'은 저본에 '宮'으로 되어 있다. 3) ㉧ '拯'은 '極'의

21 현궁玄宮 : 임금의 관棺을 묻던 광중壙中을 말한다.

이체자異體字이다. 아래도 마찬가지이다. 4) ㉧ '訢'은 저본에 '訴'로 되어 있다.

감구에 들이기를 마친 뒤의 제문

유세차 ○○년 ○○월 ○○일에 소사 아무개 등은 삼가 약식藥食으로 차와 우유 등의 제물을 차려 놓고 감히 화상의 혼령에 밝게 고합니다.

적멸寂滅을 따르시어 이 지경에 이르셨기에 감실龕室을 이제 덮으려고 하오니【밖에서 운명하였으면 곧 신실神室이라고 한다.】 목 놓아 큰 소리로 울부짖으며(號泣) 사모하는 마음 그지없습니다.

마음이 무너져서 죽을 것 같으며 오열을 금할 길 없습니다. 삼가 보잘것없는 음식을 차려 놓고 고하오니 흠향하시기를 엎드려 바라옵니다.

入龕柩畢祭文

維年月日。小師某等。謹以藥食茶乳之奠。敢昭告于和尙之□。[1] 順寂逮玆。龕室斯掩。【外終即云神室。】號慕罔極。崩心殞咽。謹以薄奠告獻。伏惟尙饗。

1) ㉾ □는 알 수 없지만 '靈'인 듯하다.

노차제문

유세차 ○○년 ○○월 ○○삭朔 ○○일에 제자 ○○는 삼가 차와 과일 등 제물을 올리고 감히 ○○당 대사의 영전에 밝게 고합니다.

아! 슬픕니다. 영으로 변하심이 어제와 같거늘, 문득 오늘에 미쳐서 음성과 형상을 보지 못하게 되었으니, 어찌 사모하지 않을 수 있겠습니까? 몸은 부평초浮萍草가 되어 그 위치가 동서東西에 머무시니 살아 계셨을 적에는 삼평三平을 짓지 않으셨고 죽어서는 신찬神贊을 본받지 않으셨습니다.

하늘을 우러르고 땅을 두드려도 저 자신은 더욱더 어둡고 아득할 따름입니다. 부족하나마 적은 음식을 차려 참된 혼령에 올리오니 부디 흠향하시기를 엎드려 바라옵니다.

路次祭文

維歲次某年月某朔越某日。弟子某。謹以茶果之奠。敢昭告于某堂大師之靈。嗚呼。靈變如昨。奄及某日。音容洞隔。何迨追慕。身爲浮萍。位止東西。生不做三平。死不效神贊。仰天扣地。而益自茫茫。聊將薄奠。用訴眞乳。伏惟尙饗。

회삭일과 절서에 올리는 제문

유세차 ○○년 ○○월 ○○일에 소사 아무개는 삼가 약식으로 차와 우유 등의 제물(奠)을 차려 놓고 감히 화상의 혼령에 고합니다.

아! 슬픕니다. 혼령으로 변하신 지가 엊그제 같은데 어느새 ○○【회삭晦朔이나 절서節序】을 맞이하게 되었습니다. 음성과 용모는 통하고 막히는 법이라지만 아무리 모시려 해도 묘한 방법이 없습니다.

자비하신 얼굴을 추모해 보건대 죽을 것 같고 오열을 금할 길 없사오나 어찌 미칠 수 있겠습니까? 그런대로 차와 과실을 간략하게 진설해 놓고 참다운 혼령에 호소하오니 부디 흠향하시기를 엎드려 바라옵니다.

晦朔節叙祭文

維年月日。小師。謹以藥食茶乳之奠。敢告于先和尙之靈。嗚呼。靈變如昨。奄經【晦朔節序】。音容洞隔。侍問無由。追慕慈顔。殞咽何迨。聊陳茶菓。用訴眞靈。伏惟尙饗。

대숙야제문

유세차 ○○년 ○○월 ○○일에 소사 아무개는 삼가 약식으로 차와 우유 등의 제물을 차려 놓고 감히 선화상의 혼령에 고합니다.

아! 슬픕니다. 시양侍養(侍奉)이 복이 없어 화상께서 갑자기 진적眞寂으로 돌아가시고 나니 자비한 모습 날로 멀어져만 가고 행적도 희미해져 갑니다. 가르침을 사모해 보지만 무엇으로 어떻게 할 방법이 없으니 오직 슬프고 한스러움만 뒤엉킵니다.

지금 남겨 주신 계戒를 따라 장차 다비의 장소에 이르려 합니다. 이미 내일 새벽으로 결정하고 신神을 옮겨 영원히 보낼 것이라 생각하니, 연모의 정 때문에 가슴이 찢어지고 오열이 일어납니다. 소리 높여 울부짖으며 하소연하나 슬픔을 견딜 길이 없습니다. 삼가 보잘것없는 음식을 바치고 천신하옵니다.

아! 슬픕니다. 아! 슬픕니다. 부디 흠향하시기를 엎드려 바라옵니다.

大宿夜祭文

維年月日。小師某等。謹以藥食茶果之奠。敢告于先和尙之靈。嗚呼。侍養無祐。和尙奄歸眞寂。慈顔日遠。行跡依然。思敎誨以無由。惟悲恨之交集。今則逋從遺戒。將赴玄宮。已選來晨。遷神永往。感戀摧咽。號訴難堪。謹獻蔬羞。用薦精爽。嗚呼嗚呼。伏惟尙饗。

대상과 소상에 올리는 제문

유세차 ○○년 ○○월 ○○일에 소사 아무개 등은 삼가 재식齋食으로 차와 과실 등 제물을 차려 놓고 감히 선화상의 혼령에 밝게 고합니다.

아! 슬픕니다. 시봉이 느낄 사이도 없이 화상을 하늘나라로 보내고 말았습니다.

아무개 등은 어려서 속세(塵網[22])를 떠나 시봉하고 수발할 스승을 만나 가르침을 받고 세속을 벗어나 계율을 지키는 경지에 올랐으니, 이 은혜와 이 덕을 어느 날인들 잊을 수 있겠습니까?

지금은 ○○【소상小祥 · 중상中祥 · 대상大祥】에 이르러 감히 시식時食[23]을 천신하나이다. 혼령이 계신 자리가 너무도 쓸쓸하여(蕭索[24]) 슬픔과 처량한 마음 갑절이나 동합니다.

자비하신 모습을 추모해 보건대 고개를 떨어뜨리고 오열합니다. 부디 흠향하시기를 엎드려 바라옵니다.

大小祥等文

維年月日。小師某等。謹以齋食茶果之奠。敢昭告于先和尙之靈。嗚呼。侍奉無感。上延和尙。某等幻離塵網。獲侍巾瓶。誨勗敎詔。出俗登戒。此恩此德。何日忘之。今則爰届【小祥中祥大祥】。敢薦時食。虛[1)]机蕭索。倍動悲凉。追慕慈悲。不任殞咽。伏惟尙饗。

1) ㉤ '虛'는 '靈'인 듯하다.

먼 곳에서 혼령의 자리에 이르러 고하는 제문

유세차 ○○년 ○○월 ○○일에 소사 아무개는 삼가 시식時食으로 다약茶藥 등 제물을 차려 놓고 감히 선화상의 혼령에 밝게 고합니다.

아! 슬픕니다. 아무개는 일찍이 시봉으로 참예하였으나 이를 어기고

22 진망塵網 : '때가 낀 그물'이라는 뜻으로 속세를 이르는 말.

23 시식時食 : 시식時食은 제철에 나는 식품을 가지고 만든 음식을 말한다. 예부터 세시음식은 시식時食과 절식節食으로 나뉘는데, 시식은 계절에 따라 생산되는 식품으로 만드는 음식을 말하며, 절식은 다달이 있는 명절에 따라 차려 먹는 음식을 말한다.

24 소삭蕭索 : 영락하고 쇠퇴함. 쓸쓸함.

산과 강이 가로막은 곳에 와 있었사온데, 슬픈 소식이 갑자기 이르렀습니다.

혼령이 계신 자리에 달려가 진용을 흠모해 보려 하나 그럴 길이 없어 그냥 지팡이를 어루만지니 슬픔만 더하옵니다. 삼가 보잘것없는 음식을 차려 올리고 천신하여 바치는 마음을 펴옵니다. 부디 흠향하시기를 엎드려 바라옵니다.

在遠奔喪至靈席告祭文

維年月日。小師某。謹以時食茶藥之奠。敬昭告于先和尙之靈。嗚呼哀哉。某早違叅陪。山河有隔。哀信忽至。奔赴靈筵。慕眞容之無路。撫杖錫而益悲。謹以蘋蘩之奠。以申薦獻之心。伏惟尙饗。

몸이 먼 곳에 있을 때 화상의 슬픈 부고를 받고【친구들이 먼저 혼령의 자리를 설치한 곳에서】올리는 제문

유세차 ○○년 ○○월 ○○일에 삼가 차와 과실 등 제물을 차려 놓고 감히 선화상의 혼령에 밝게 고합니다.

아! 슬픕니다. 애달픈 부고가 멀리서 이르렀는데 선화상께서 아무 달 아무 날에 홀연히 원적으로 돌아가셨다 하니, 이에 생각하건대 제자 아무개는 스스로 스승의 곁을 떠나와 점차 세월이 흘러갔습니다(荏苒[25]).

비록 구름과 산이 가로막고 있으나 항상 자비하신 덕을 받들어 왔었는데, 어떻게 참된 곳으로 돌아가심이 그리도 빠르단 말입니까? 달려갈 방법이 없어서 멀리서 세속을 벗어나게 해 주신 은혜를 생각하면서 영원히 종천終天[26]의 이별을 남기나이다.

25 임염荏苒 : 차츰차츰 세월이 지나감. 사물이 점진적으로 변화함.

삼가 보잘것없는 제수를 의지하여 자비에 대한 보답을 하고자 하오니 부디 흠향하시기를 엎드려 바라옵니다.

身在遠地。和尙哀訃至。【朋友等先設靈席置】祭文。

維年月日。謹以茶果之奠。敢昭告于先和尙之靈。嗚呼。哀訃遠臨。先和尙。以某月日。奄歸圓寂。爰念弟某。自離几杖。荏苒光陰。雖隔雲山。常承慈蔭。其柰眞歸有日。末由奔臨。遐思出俗之恩。永貽終天之別。謹憑薄奠。用答慈悲。伏惟尙饗。

소사의 제사를 지내며 올리는 제문

유세차 ○○년 ○○월 ○○일에 학업을 가르쳐 주었던 화상은 시식의 제물을 차려 놓고 소사 아무개의 혼령에 공경히 재를 지냅니다.

아! 슬프구나. 그대는 본래 어버이를 떠나와 나를 의지하여 득도해 주기를 청하여 이윽고 물과 우유가 합해지듯 하였으며, 또한 일찍이 교조敎詔를 살피느라 노고를 다했습니다.

본디 늙은 몸이 영원히 가서 그대에게 의지하기 바랐건만 도리어 그대의 장례를 치르게 되었으니 어찌할꼬? 수명은 기약이 있어서 앞서 먼 길을 갔으니 공경하여 따르던 모습을 생각해 보건대 오직 슬프고 처량함만 더할 따름입니다. 내일 새벽이면 그대를 황량한 벌판으로 옮겨 영원히 이별해야 하기에 지금 시식을 차려 놓았으니 와서 흠향하시오.

祭小師文

維年月日。授業和尙。以時食之奠。敬祭于小師某之靈。嗚呼哀哉。尔本辭

---

26 종천終天 : 비통함이 오래간다는 뜻으로, 부모의 초상이 남을 이르는 말.

親。依余求度。旣合水乳。亦嘗敎詔省問。備亦勞苦。本望老身。永仗藉尓。送終無何。壽涯有期。前造長逝。想念敬順。惟動悲凉。來晨遷尓荒郊。斯爲永別。今致時食。示來歆饗。

부모님에게 올리는 제문

유세차 ○○년 ○○월 ○○일에 남승男僧 아무개는 삼가 재를 올리는 음식으로 차와 과실 등 제물을 차려 놓고 감히 선고先考(어머니면 선비先妣)의 혼령에 고하나이다.

엎드려 생각하건대 길러 주신 은혜 너무도 깊으니 낳아 길러 준 은혜를 어떻게 다 보답하겠습니까? 게다가 할애割愛[27]하신 은혜를 입어 치문緇門(佛門)에 참예할 수 있도록 해 주셨으니, 부모를 보살피는 일은 비록 하지 못했으나 근본을 숭상하는 일이야 감히 게을리할 수 있겠습니까?

세상의 나이에 정해진 숫자가 있다고 말하지 마소서. 큰 한계가 이에 이르렀으니, 삼가 존대尊大하신 영혼을 추모해 보건대 다만 종천終天의 한만 맺힐 따름입니다.

오늘 이미 길일吉日을 가려 장차 현궁玄宮을 덮으려 하면서 감히 유명을 달리하신 부모님을 생각하며 오열의 감정을 진술하나이다. 문득 조촐한 제수를 바치오니 부디 흠향하시기를 엎드려 바라옵니다.

祭父母文

維年月日。男僧某。謹以齋羞茶果之奠。敢昭告于先考妣之靈。伏念恩育至深。生成何報。且蒙割愛。獲預緇門。定省雖虧。資崇敢怠。不謂世壽有數。大限斯臨。追惟尊大之靈。但結終天之恨。今則已選吉日。將掩玄宮。敢陳

27 할애割愛 : 소중한 시간·돈·공간 따위를 아깝게 여기지 아니하고 선뜻 내어 줌.

幽冏之情。輒獻蘋蘩之奠。伏惟尙饗。

석문가례초 끝

釋門家禮抄 終

석문가례초 발문

슬프다! 석씨釋氏의 학문이 비록 적멸寂滅을 근원으로 하고 있으나 이미 태어남이 있으면 사라짐이 있게 마련이다. 살아 있을 적에는 법도가 있지만 죽고 나면 한결같이 의식이 없으니 어떻게 하는 것이 좋겠는가?

맹자는 "살아 있는 사람을 부양하고 죽은 사람을 장사 지내는 데 유감이 없게 해야 한다."[28]고 하였으니, 지금 부모와 스승이 있는 사람으로서 살아 계셨을 적에는 따라서 봉양하지 못하고 돌아가신 다음에도 따라서 슬퍼하지 아니한다면 그건 아마도 새나 짐승에 가까우리라. 그러니 어찌 도道가 있는 사람으로서 차마 할 수 있는 일이겠는가?

내가 동방 나라의 승려들에게 오래도록 상례喪禮가 없는 것을 애석하게 여겨 그윽이 스스로 이상한 일이라고 생각하였다. 그것은 혹 그런 책을 지은 적은 있는데 윤몰淪沒되어 전해지지 않은 것인지 알지 못할 일이며, 아니면 내가 보고 들은 것이 해박하지 못해서 그런 건지 알지 못하겠다.

이에 당나라 승려가 지은 『오삼집五杉集』과 『선원청규禪院淸規』 등의 책을 구해서 읽었는데, 그 가운데 상례에 대하여 매우 자세하게 기술되어 있었으므로 그 책을 펼쳐 놓고 연구하기에 싫증을 느끼지 않아 책을 손에

28 『孟子』「梁惠王章句 上」에 "살아 있는 사람을 부양하고 죽은 사람을 장사 지내는 데 유감이 없게 하는 것이 왕도 정치의 시초이다.(養生喪死無憾。王道之始也。)"라 하였다.

서 놓지 못했다.

아울러 주문공朱文公[29]이 편집한 세속의 예법에 관련된 것까지 취하여 곁들여 빠진 부분을 보완하였으며, 그 절목節目을 취하여 스스로 기록하였다.

애써 한때 도가와 속가(道俗)의 사람들이 빛나고 기개 있는(耿介) 절개에 항거하여 몽매蒙昧한 고을에 함께 내려가서 아비도 없고 임금도 없다는 놀림을 당하는 경계(譏境)에 함께 빠져들었으며, 또한 스승도 없다는 꾸짖음을 면치 못하였던 것이다.

쯧쯧, 스스로 빠져든 지 여러 해가 되었는데, 마침 우리 대사 벽암碧巖 화상께서 이미 『오삼집』과 『선원청규』 중에서 중요한 부분을 모아 놓은 것이 있어 그 중에 조금 뽑아다가 책 한 권을 억지로 이루어서 그 이름을 『석문가례釋門家禮』라 하였다. 이로써 만학晩學과 후진後進들로 하여금 상례의 차례와 진퇴곡절進退曲節을 자세히 알게 하여 은혜를 저버리고 덕을 저버렸다는 비방을 다 면하게 하였으니 위대하고 다행스러운 일이로다.

어느 날 문인門人 제자 섭허 인규攝虛印圭에게 명하여 한 번 본을 뜨고 한 번 붙여 넣어 판목에 각인刻印해서 널리 전하게 하였다. 이에 그가 명을 따라서 판목에 새겨 후손들에게 알게 하였으니 정말로 독실하다고 말할 만하다. 문인 제자 매곡 경일梅谷敬一이 이미 명을 받들어 문득 한 마디 말을 펼쳐서 발문을 썼으니, 영원토록 기리는 일이 끝이 없기를 바랄 뿐이다.

순치順治 16년(1659) 기해己亥 늦은 봄 상완上浣에 매곡 경일은 삼가 발문을 쓰다.

---

29 주문공朱文公(1130~1200) : 이름은 희熹, 호는 회암晦庵 또는 자양紫陽. 송학宋學을 집대성하고 성리학의 체계를 이룩하여 주자학의 시조가 된 현인으로 저술이 무려 700여 권이나 된다고 한다.

釋門家禮抄跋

噫。釋氏之學。雖原於寂滅。旣有生則有滅矣。其生也有度。其死也一向無儀。如之何其可也。孟子曰。養生葬死無憾。今其有父母師尊者。生從而不養。死從而不哀。則是幾乎禽獸矣。豈有道者之所可忍也。余惜其無東僧之古喪禮者。深自窃異。恐未知有所作而淪沒不傳耶。抑未知余見聞之未所博耶。於是就求其唐僧之所述五杉集及禪苑淸規等文而讀之。其中喪禮甚詳。披究亡斁。卷不釋手。兼取朱文公所編俗禮者。旁准其所闕處。取其節而自識。僶俛一時之道俗者。徒抗耿介之節。同墜蒙昧之鄕。胥入於無父無君之譏境。又未免無師之誚。咄咄。自缺者有年矣。適會我大師碧巖和尙。已撮其所謂五杉及禪苑規中。採畧者。勒成一卷。名曰釋門家禮。俾晩學後進。細知其喪次進退曲節。儻免乎孤恩負德之謗。偉矣幸哉。一日命門人弟子。攝虗印圭。一摸一貼而入梓。以廣其傳。於是從而鋟梓。以會末葉。可謂篤矣。門人弟子梅谷敬一。旣已承命。輒伸一言而爲跋。永賛無窮云爾。

順治十六年己亥。季春。上浣。梅谷敬一謹跋。

선주지禪住持 삼보三補는 첫째 감원監院, 둘째 지사持寺, 셋째 직세直歲이다. 율주지律住持 삼보는 첫째 사주寺主, 둘째 유나維那, 셋째 지사持寺이다.

『비바사론毘婆沙論』에 이르기를 "또 산중에 머물러 있으면서 법을 보호해 지키는 일은 설법하는 사람이나 이를 실행하는 사람이 능동적으로 부처님의 법을 지녀서 계속 이어지게 하고 끊어지지 않게 하는 것이다. 그리하여 부처님의 법을 오래도록 이 세간에 머물러 있게 하는 것이므로 주지住持라고 말하는 것이다."라고 하였다.

『성도경成道經』에 이르기를 "유나維那는 이곳 말로는 열중悅衆이라고 하는데 수승首僧으로서 바로 삼강三剛의 하나이다. 또한 삼보三補라고도 하며 주지의 처소에 머무는데, 주지 한 사람으로는 종강宗剛을 보補하는 일에 다 열람할 수가 없기 때문에 삼강을 두어 주지를 돕게 하였으므로 이를 삼보라고 말한다."라고 하였다.

세속 사람의 문서를 살펴보면 그 가운데 모두 '보寶' 자를 쓰고 있다. 이는 아마도 '보寶'와 '보補'를 분별하지 못한데다가 그 음이 서로 비슷하기 때문에 잘못 쓴 것임이 틀림없는 것 같다. 지식이 있는 사람은 채택하여 자세히 알았으면 한다.

禪住持三補者。一監院。二持寺。三直歲。律住持三補者。一寺主。二維那。三持寺。毘婆舍論云。復次住山持法。說者行者。能持佛法。相續不斷。能令佛法。久住於世。故曰住持。成道經云。維那。此云悅衆。首僧。是三剛。亦是三補。有住持處。住持一人以補宗剛。未能盡覽故。以三綱者補之。謂三補也。按世人文書中。皆寫寶字。盖不辨寶與補。音相似故。誤書必然。有識者。採擇詳知。

[부록]

백장 화상 청규법百丈和尙淸規法

좌선坐禪을 하지 않는 사람은 그 벌로 절 100번을 하게 한다.

초하루와 보름에 축상祝上[30]을 하지 않은 사람은 그 벌칙으로 절 300번을 하게 한다.

식사를 하고 난 다음 머리를 맞대고 한자리에 모여 잡담을 하며 시끄럽게 떠든 사람은 그 벌칙으로 절 300번을 하게 한다.

크고 작은 작법作法을 할 때 법당에서 머리를 맞대고 한자리에 모여 잡담을 하며 시끄럽게 떠든 사람은 출송出送한다.

스승이나 존귀한 분 그리고 노숙老宿과 부모를 업신여기거나 이들에게 악담을 하거나 불효를 저지른 사람은 그의 의발을 태워 없애고 북을 치면서 내쫓는다.

사형師兄이 가르치는 말씀을 거역한 사람은 그 벌칙으로 절 1천 번을 하게 한다.

사주寺主에게 불효를 저지른 사람은 그 벌칙으로 절 1천 번을 하게 한 다음 내쫓는다.

절 안에 들고 날 때에 삿갓을 쓰거나 다리를 걷어붙이고 다니는 이에게는 그 벌칙으로 절 1천 번을 하게 한 다음 향탄香炭 한 섬을 만들게 한다.

길에서 존장尊長을 만나 절을 하지 않고 팔을 내두르며 지나간 사람은

30 축상祝上 : 부처님에게 공양 올리는 작법作法의 하나이다.

그 벌칙으로 절 1천 번을 하게 한다.

다투고 남을 꾸짖으며 서로 싸운 사람은 취회吹灰[31] 절 100번을 하게 한다.

법당 안에서 큰 소리를 내어 잡담하거나 장난 치고 웃은 사람은 그 벌로 절 100번을 하게 한다.

90일 내에 단壇의 위치를 옮기거나 절을 옮기는 이는 그 벌로 절 50번을 하게 한다.

아침저녁으로 예불禮佛을 하지 않는 이는 그 벌로 향탄 한 섬을 내게 한다.

삼판三板으로서 법당에 맨 나중에 들어와서 보단補團을 세운 이는 그 벌로 절 100번을 하게 한다.

침구를 펴기도 전에 먼저 잠을 잔 이는 그 벌로 절 100번을 하게 한다.

참선하고 염불할 때에 죽비자竹篦子를 싫어하는 이는 그 벌로 절 50번을 하게 한다.

금법禁法을 따르지 않고 술을 마시고 횡행橫行하며 혼란을 일으킨 이는 장杖 50대를 맞아야 한다.

삼강三綱의 지시를 거역한 사람에게는 그 벌로 절 100번을 하게 한다.

다른 사람의 신을 잘못 신은 이는 그 벌로 절 50번을 하게 한다.

옷에 벼룩이나 이를 퍼뜨린 이는 그 벌로 절 100번을 하게 한다.

행랑채에서 팔을 늘어뜨리고 한가롭게 걸어 다닌 이는 그 벌로 절 100번을 하게 한다.

6일이 아닌 날에 속옷을 빤 사람에게는 그 벌로 절 100번을 하게 한다.

---

31 취회吹灰 : 명확한 의미를 알 수 없다. ① 고대인들이 절기를 알아맞추던 방법이다. 기록에 따르면 갈대의 재로 율관律管을 막아 놓는데, 어떤 달이 되면 그 달과 상응하는 율관 속의 갈대 재가 날아 움직인다고 한다.(출처『樂律』) ② 재를 불다. 즉 손쉬운 일 또는 매우 적은 힘을 가리킴. 단 ①, ② 모두 여기에는 부합하지 않는 듯하다.

대중 속에서 일을 어그러뜨린 사람과 늘 중죄를 짓는 사람은 취회 절 100번을 하게 한다.

승려로서 속인이 입는 옷(白衣)을 입은 사람에게는 그 벌로 절 1천 번을 하게 한 다음 함께 기거하지 못하게 한다.

음행淫行, 살생, 도둑질을 하며 혼란을 일으키는 일을 한 사람은 그의 의발衣鉢을 태워 버리고 물을 뿌려 땅을 소제하여 그의 자취를 없애고 북을 울리며 쫓아낸다.

대중 속에서 울력을 할 때 종판을 세 번 울린 뒤에도 사사로이 나오지 않는 사람은 북을 울리며 쫓아낸다.

스님으로서 속인을 소중히 대접하고 스님들을 업신여긴 사람은 그 벌로 절 1천 번을 하게 한다.

항상 속인이 입는 옷을 입고 전립戰笠[32]을 쓰고 다니거나 귀를 덮는 작은 모자를 쓰고 다니거나 가죽신을 신고 털로 만든 허리띠를 착용한 사람에게는 그 벌로 절 1천 번을 하게 한 다음 함께 기거하지 못하게 한다.

아! 한탄스러운 일이로다. 이 숙세叔世(末世)를 만나 승려들의 풍속이 다 없어지고, 익혀야 할 부처님의 가르침이 크게 쇠퇴해서, 승려와 속인이 함께 도둑질이나 하고 아무 일도 하지 않으면서 놀고먹는 백성으로서 조가朝家(나라)의 법령을 알지 못하고 석씨釋氏가 가르친 계율을 따르지 않으며 임의로 횡행하면서 방자하게 도를 수행하지 않으니 너무나도 한심스러운 일이로다.

여러 산중의 크고 작은 사찰에서 근간勤幹하고 법도 있는 스님들이 제각각 규검糾撿하여 낱낱이 다 깨달아 알아서 보고 들은 것을 채택採擇하

32 전립戰笠 : 조선 시대에 무관이 쓰던 모자의 하나. 붉은 털로 둘레에 끈을 꼬아 두르고 상모象毛·옥로玉鷺 등을 달아 장식하였으며, 안쪽은 남색의 운문대단으로 꾸몄다. 벙거지와 유사하다.

기 바란다.

만약 거행하지 않으면 관가에 고하여 죄로 다스릴 것이요, 예사롭게 보아 넘기지 않으면 참으로 다행한 일이 될 것이다.

百丈和尙淸規法

不坐禪者。罰一百拜。朔望不祝上者。罰三百拜。

食後聚頭雜談喧嘩者。罰三百拜。

大小作法時。法堂聚頭雜談者。出送。

師尊及老宿父母凌慢惡談不孝者。燒衣鉢。鳴鼓黜送。

師兄敎言拒逆者。罰一千拜。

寺主不孝者。罰一千拜黜送。

寺中出入著笠裹脚者。罰千拜後香炭一石。

路逢尊長。不拜垂袖過行者。罰一千拜。

爭罵相鬪者。吹灰一百拜。

堂中高聲雜談戲笑者。罰一百拜。

九旬內移壇位及移寺者。罰五十拜。

朝夕不行禮佛者。罰香炭一石。

三板後入法堂竪補團者。罰百拜。

未開枕前先睡者。罰百拜。

叅禪念佛時。厭竹篦子者。罰五十拜。

不從禁法。飮酒橫行作亂者。杖五十。

三綱拒逆者。罰百拜。

誤着他鞋者。罰五十拜。

濫衣蚤虱者。罰百拜。

行廊垂袖閑行者。罰百拜。

非六日。洗浣內衣者。罰百拜。

衆中乖角事者。每每重罪者。吹灰百拜。

僧着白衣者。罰千拜不同居。

婬犯殺盜亂行者。燒衣鉢。洒水掃地削迹。鳴鼓黜送。

衆中運力時。三鳴鍾板後。私事不出者。鳴鼓黜送。

僧中重俗輕僧者。罰千拜。

常着俗衣戰笠。耳掩小毛子。皮鞋毛帶者。罰千拜不同居。

吁。當此叔世。僧風專闕。所習釋敎大衰。僧俗同偸。遊手遊食之民。不知朝家法令。不遵釋氏敎戒。任意橫行。姿爲不道。殊極寒心。諸山大小寺刹。勤幹有法之僧。各自糾撿。一一盡知。見聞採釋。若不擧行。則告官治罪。勿視尋常。幸甚。

이 책을 판목에 새겨 간행하여 유통流通하는 공덕에 의지하여 받들어 축원하나이다. 성군이 다스리는 태평한 세월의 기반이 오래 유지되고 법의 수레가 항상 구르며, 전쟁은 그쳐 편안해져서 조야朝野가 화평和平하며, 삼세三世에 맺히고 얽힌 온갖 중생들의 원수가 여기에서 다 사라지소서. 좋은 갈래의 세계로 회향回向하여 곧 현세나 미래 세상에 다른 나쁜 갈래의 세계에 빠져들지 말고 항상 좋은 곳에 태어나며, 상호相好가 정밀하고 수승하며 총명한 지혜가 밝게 일어나 부처님과 조사님의 가르침을 끝까지 깨닫고 자기의 마음을 깨달아서 온갖 중생들 널리 제도하여 가볍게 극락세계에 들어가기를 바라나이다.

순치順治 17년(1660) 경자庚子 2월 일에 문경聞慶 배산호裵珊瑚는 받들어 쓰다.

憑玆彫刊流通功德。奉祝聖曆遐基。法輪常轉。干戈息靜。朝野和平。三世結構。萬類寃讎。於此滅盡。回向善道。乃于今未來世。不滯他途。常生勝處。相好精殊。聰智發明。窮佛祖教。悟自己心。廣□群迷。輕超極樂。願者。

順治十七年。庚子。二月。日。聞慶裵珊瑚奉鴈。[1]

1) ㉮ '鴈'은 '寫'의 오자인 듯하다.

승가예의문

| 僧家禮儀文* |

허백 명조虛白明照 엮음
김두재 옮김

* ㉯ 저본은 강희康熙 9년(1670) 양산梁山 통도사通度寺 간본刊本(김민영金敏榮 소장)이다. 갑본은 강희康熙 33년(1694) 담양潭陽 옥천사玉泉寺 간본刊本(동국대학교 소장)이다. 을본은 경술庚戌(미상) 여름 공주公州 갑사岬寺 개간본開刊本(고려대학교 소장)이다.

승가예의문僧家禮儀文 해제

김 두 재
전 동국역경원 역경위원

1. 개요

『승가예의문僧家禮儀文』은 조선 중기 인조仁祖 때의 선승禪僧이며 승병장僧兵將으로 활약했던 허백 명조虛白明照(1593~1661)가 불교의 상례喪禮 의식에 관하여 편찬한 책이다. 편자는 당시까지 일정하게 정리되지 못한 불교의 다비법茶毘法을 불경 등에 의거하여 하나로 통일시키기 위해서 이 책을 펴냈다. 이 책은 벽암 각성碧巖覺性이 펴낸 『석문상의초釋門喪儀抄』(1657), 벽암의 제자 나암 진일懶庵眞一이 펴낸 『석문가례초釋門家禮抄』(1660)와 내용상 밀접한 관련이 있다.

2. 편자

허백 명조의 생애에 대해 알 수 있는 유일한 자료는 대사의 문집 『허백집虛白集』에 실린 노몽수盧夢脩의 서문이다.(1669년 묘향산 보현사 간행, 『한국불

교전서』 제8책 379~380쪽)

대사의 본관은 홍주洪州이고 속성은 이李씨이며, 속명은 희국希國이고 당호는 허백당虛白堂이다. 아버지는 통정대부通政大夫를 지낸 춘문春文이다.

서문에 의하면 "허백당의 사람됨은 천성天性이 평범하면서도 진실하고 생각이 깊고, 학술이 고명高明하고 동정動靜이 법도에 어긋남이 없다."라고 하였다. 또 같은 서문에 "그의 시문詩文을 보면 현계玄契가 은은히 드러나고 심오한 이치를 깊이 탐구하여 마치 바람이 구름을 쓸어 달이 나타나는 것 같으며, 그의 문장은 성실하고 강하고 부드러웠으며, 고상하면서도 씩씩하여 성률聲律에 얽매이지 않고 배율排律에 뒤섞이지 않으며, 그 의미가 초매超邁하고 구법句法 또한 새롭고 기이하여 스스로 하나의 법도를 이루었다."고 한다.

또 계보를 보면 "허백은 송월松月의 법을 잇고 송월은 사명四溟, 사명은 청허淸虛, 청허는 영관靈觀, 영관은 지엄智嚴, 지엄은 정심正心, 정심은 환암幻庵, 환암은 태고太古, 태고는 석옥石屋의 법을 이었다."고 하여 청허의 3세 법손으로 기록하고 있다.

허백당은 처음에 묘향산妙香山으로 출가하여 유정惟政의 제자가 되었는데, 유정이 왕명을 받아 일본으로 떠나자 유정의 제자인 인영印暎에게서 선禪·교敎 양종兩宗의 교리를 배웠다. 그 뒤 원준圓俊에게 화엄대교華嚴大敎를 배우고, 응상應祥에게 선법을 배웠다.

1627년(인조 5) 정묘호란丁卯胡亂 때에는 팔도의승병대장八道義僧兵大將에 임명되어, 관서關西 지방의 승병僧兵 4천 명을 이끌고 안주安州를 굳건히 지켰고, 1636년 병자호란丙子胡亂 때에도 의승병대장이 되어 관서 지방 관민을 동원하고 곡식을 수집하여 군량미를 충당했다.

그런 관계로 조정에서 그의 공을 높이 사 '가선대부嘉善大夫 국일도대선사國一都大禪師 부종수교扶宗樹敎 복국우세福國祐世 비지쌍운悲智雙運 의승도대장義僧都大將 등계登階'의 직호와 직첩을 제수했으나, 국왕이 청淸나라에 항복한 것을 통분하게 여겨 직첩을 받지 않았다.

그 뒤 금강산金剛山과 지리산智異山 등을 순례하면서 불경을 강설하며 후학을 지도했고, 묘향산 보현사普賢寺 불영대佛影臺에서 여생을 마쳤다.

저서로는 본서 외에 문집인『허백당집』이 있다.

3. 서지 사항

조선 현종 11년(1670)에 간행한 1권 1책의 목판본이다. 체제는 크게 본문과 부록으로 나뉜다. 본문은 「명정서규銘旌書規」와 「상례전제절차喪禮奠祭節次」로 나뉘는데 「상례전제절차」는 발인發靷에서부터 쇄골법碎骨法까지 승가의 장례 절차가 상세하게 서술되었다. 본문 끝에 명조의 발문과 간기刊記가 있다.['강희 9년(1670) 경술 중춘 양산梁山 취서산鷲栖山 통도사通度寺 간'] 부록으로 명조가 편찬한 「다비작법문茶毘作法文」이 수록되어 있고, 부록 끝에 미혼사문彌混沙門 충현冲絢이 쓴 발문(1670)이 있다.

이 책은 편자의 사후에 간행되었는데, 현재 전하는 판본으로는 김민영金敏榮 씨가 소장하고 있는 강희 9년(1670) 양산 통도사 간본과 동국대학교 도서관에 소장되어 있는 강희 33년(1694) 담양潭陽 옥천사玉泉寺 간본, 그리고 고려대학교에서 소장하고 있는 경술년 공주公州 갑사岬寺 개간본 등이 있다. 갑사 개간본은 국립중앙도서관에서 디지털 원문을 제공하고 있다.

4. 내용과 성격

본문 내용은 크게 「명정서규」와 「상례전제절차」로 나눌 수 있다.

「명정서규」는 대종사大宗師·염불인念佛人·좌선인坐禪人·판사인判事人·학도인學道人·평상인平常人으로 나누어 기록하고 있으며, 그 내용은『석문가례초』와 같다.

「상례전제절차」는『석문가례초』의 내용과 비슷하나 편차가 다르고 내용면에 있어서도 조금씩 차이점이 있다. 이 가운데「승상복도僧喪服圖」는『석문상의초』의「승오복도僧五服圖」및『석문가례초』의「승속오복도僧俗五服圖」와 비슷하나 조금 다른 점이 있다.(이상 3종의 목차 비교는 96~98쪽 참조)

『석문가례초』와 또 다른 점은『석문가례초』에 수록된「전물절차도奠物節次圖」·「본종오복지도本宗五服之圖」·「본종오복촌수도本宗五服寸數圖」·「감구효당도龕柩孝堂圖」·「조서법弔書法」·「위서법慰書法」등의 내용은 없고, 다만 상례 절차에 관한 것만 정리했다는 점이다.

세부 절차를 보면 시신을 발인할 때 장례인의 행립行立 절차에서부터 노제路祭, 오방불五方佛을 청하는 규칙과 다비 장소의 수기水器를 안치하는 방법, 그리고 쇄골법과 법사가 서 있을 방위에 대한 법 등이 상세하게 기록되어 있다.

본문의 마지막에 실려 있는「송장시금단규送葬時禁斷規」는, 본 번역서에 합철된『석문가례초』에도 있는 내용인데, 당시 승가僧家에 상을 당하였을 때 조문객들의 폐해가 어떠하였을지와 상부상조相扶相助하는 승풍이 전혀 없었음을 명시明示하고 있어, 그 시대의 승가의 상례에 대해 조명해 볼 수 있는 중요한 자료라 할 수 있다.

부록으로는 다비를 할 때의 작법作法 절차에 관한「다비작법문茶毘作法文」이 수록되어 있다.

다비작법이란 불교 장례 의식 가운데 특히 화장火葬 의식을 이르는 말이다. 다비茶毘는 범어로는 jhapita이며, 사비闍毘·사유闍維·사비다闍毘茶라 음역音譯하고 분소焚燒·연소燃燒라고도 번역한다. 그 절차를 보면 시신의 머리를 깎는 삭발削髮 의식을 비롯하여 시신을 목욕沐浴시키는 목욕 의식, 시신의 손과 발을 씻기는 세수洗手와 세족洗足 의식, 속옷을 입히는 착군着裙 의식과 시신에게 겉옷을 입히는 착의着衣 의식, 모자를 씌우는 착관着冠 의식, 시신을 바르게 앉히는 정좌正坐 의식을 거행하는 방법(이상은 염습 절차에 해당함)을 수록하고, 다음은 영가에게 음식을 대접하는 절차로서 시식施食 의식을 거행한다.

그런 다음 시신을 관에 넣을 때 하는 입감入龕 의식, 관을 운구할 때의 의식인 기감起龕, 시신을 모신 장작더미에 불을 붙이려 할 적에 횃불을 들고 하는 의식인 거화擧火, 시신을 안치한 장작더미에 불을 붙이면서 하는 하화下火 의식, 창의唱衣하는 법, 뼈를 뒤집으면서 하는 기골起骨 의식, 타고 남은 유골을 주우면서 하는 습골拾骨 의식, 주운 유골을 빻으면서 하는 쇄골碎骨 의식, 뼛가루를 흩으면서 하는 산골散骨 의식 등 사람이 열반해서 장례를 마칠 때까지의 절차를 차례로 열거하여 다비 의식의 대미를 장식하고 있다.

5. 가치

조선 중기 불교계는 유교의 상례에 따라 송종送終의 예를 치러 왔다. 이를 안타깝게 여겨 벽암 각성이 『석씨요람』·『오삼집』·『선원청규』 등을 참조하여 『석문상의초』를 만들었고, 이어서 나암 진일이 이를 정리하고 보완하여 『석문가례초』를 만든 사실은 앞의 『석문가례초』 해제에서 소개한 바 있다.

그러나 『석문상의초』는 대부분 조서弔書와 제문祭文, 그리고 장례에 관한 예법에 치우쳤으며, 『석문가례초』는 이에 장례 절차를 보완한 것이기는 하지만 의식 절차에는 조금 미흡한 점이 있었다. 그리하여 명조는 조서弔書·위서慰書·제문祭文 등을 제외한 실질적인 장례 절차만을 정리하여 이 책을 편집하였다.

이 책 역시 『석문가례초』와 마찬가지로 끝부분에 「송장시금단규」를 붙여 출가한 사람이 계율을 지키지 않고 상가에 가서 술을 마구 마신다면 죽어서 태산지옥에 들어갈 것이라고 경고하는 한편, 상례에 참여하여 술을 마시거나 돈을 받는 등의 일에 몰두하여 불제자답지 않은 행위를 많이 저지르고 있음을 개탄하였으며, 상부상조하는 승풍이 전혀 없음을 명시하고 있다.

이 책은 당시 승가의 상례 풍토에 대해 조명해 볼 수 있는 중요한 자료적 가치가 있다고 하겠다.

6. 참고 문헌

각성覺性 편, 『석문상의초釋門喪儀抄』, 『한국불교전서』 제8책, 동국대학교출판부.

진일眞一 편, 『석문가례초釋門家禮抄』, 『한국불교전서』 제8책, 동국대학교출판부.

명조明照 편, 『승가예의문僧家禮儀文』, 『한국불교전서』 제8책, 동국대학교출판부.

『석씨요람釋氏要覽』 권하, 『대정신수대장경大正新脩大藏經』 제54책.

박세민朴世敏 편, 『한국불교의례자료총서韓國佛教儀禮資料叢書』, 보경문화사, 1993.

동국대학교 불교문화연구소 편, 『한국불교찬술문헌총록韓國佛教撰述文獻總錄』, 동국대학교출판부, 1976.

김용덕, 「상장례 풍속의 사적 고찰」, 『관혼상제』(한국민속학연구논저 v.15), 거산, 1998.

정각正覺(문상련), 『한국의 불교의례 I』, 운주사, 2001.
______, 「상장례에 나타난 왕생미타정토 행법—한국 소전 행법의 형태적 측면을 중심으로」, 『정토학연구』 제6집, 한국정토학회, 2003.
황영환, 「한국 가례서의 발전계통에 관한 서지적 연구」, 『서지학연구』 제10집, 서지학회, 1994.

차례

일러두기

1 '한글본 한국불교전서'는 문화체육관광부의 지원을 받아 동국대학교 불교학술원에서 수행하고 있는 '불교기록문화유산아카이브(ABC)사업'의 결과물을 출간한 것이다.

2 이 책의 번역은 『한국불교전서』(동국대학교출판부 간행) 제8책에 수록된 『승가예의문僧家禮儀文』을 저본으로 하였다.

3 번역문에 이어 원문을 병기하였다. 원문은 『한국불교전서』를 대본으로 하였으며, 띄어쓰기를 표시하기 위해 고리점(。)을 사용하였다.

4 원문의 교감 사항은 번역문의 미주와 별도로 원문 아래 부분에 제시하였다.
㉯은 『한국불교전서』 편찬자가 교감한 내용이다.
㉮은 번역자가 교감한 내용이다.

5 약물은 다음과 같다.
『 』: 서명
「 」: 편명, 산문 작품

명정서규名旌書規

대종사

부처님의 심인心印을 전하고 종지宗旨를 부호하며 교학을 세워 온 나라 모든 산문에 대종사로 명성이 드러나신 ○○당 대사의 감龕.【시호가 있으면 또한 그 시호를 써야 한다.】

名旌書規

大宗師

傳佛心印。扶宗樹敎。一國諸山。名現大宗師。某堂大師之龕。【有謚號則亦書之。】

염불인

염불삼매에 마음과 입이 호응하신 총림의 대덕 ○○당 대사의 감龕.

念佛人

念佛三昧。心口相應。叢林大德。某堂大師之龕。

좌선인

활구를 상세하게 참구하여 고해를 벗어난 납승으로 산중의 덕 높으신 ○○대사의 널.

坐禪人

叅詳活句。脫洒衲僧。山中碩德。某大師之柩。

판사인

승가의 풍습을 드날리고 규승을 어기지 않았으며 판사의 직책으로 명성이 드러나신 ○○대사의 널.

判事人

揔領僧風。不違規繩。名現判事。某大師之柩。

학도인

부처님의 유촉을 받들어 선교를 아울러 강론하여 온 나라 모든 산문에 산인으로 명성이 드러나신 ○○대사의 널.

學道人

奉佛遺囑。禪敎兼講。一國諸山。名現山人。某大師之柩。

평상인

머리 깎고 물든 옷 입고 운수에 깃들어 살면서 스승 따라 도를 배운 청풍납자 ○○의 널.

平常人

剃染栖雲。從師學道。淸風衲子。某人之柩。

상례전제절차喪禮奠祭節次

무릇 사람이 멸도滅度하고 난 뒤에 먼저 종을 세 번 치고 사잣밥을 시설해 놓는다. 시신의 머리를 깎고 목욕을 시키는 일은 다비문에서 설명한 대로 하면 된다.

그 다음에 신체를 감龕(널) 안에 넣어 안치한 다음 제물祭物을 차려 올린다.

다음에는 영자影子(영정)를 왼쪽 가에 걸어 놓고 단壇을 만들고 향불과 등촉을 배열한다.

그 다음에는 명정名旌을 오른쪽 가에 세운다.

그 다음 아침저녁으로 올리는 제사는 진영을 안치한 단 앞에서 올리지만, 혹 시신이 들어 있는 널 앞에서 제사를 올리기도 한다.【진영이 없는 보통 사람은 위패位牌를 만들어 쓰는 것도 좋다.】

喪禮奠祭節次

凡人臨滅之後。先打鍾三下。設使者飯。剃頭洗浴事。一如茶毘文。

次身體入龕安置後。祭物排設。次影子則左邊掛之。設壇置香火燈燭。次名旌則右邊立。次朝夕祭則影子壇前奉獻後。龕前亦以奠祭。【平人無影子。則作[1]位牌可可。】

---

1) ㉮ '作'은 을본에 '伯'으로 되어 있다.

신체를 발인할 때 나열해 서는 규칙

먼저 위의威儀를 세우고, 용기龍旗 1익翼, 부채 한 쌍, 봉황이 그려진 부채(鳳扇) 한 쌍, 호랑이를 그린 일산 한 쌍, 둥근 부채 한 쌍, 털 채찍 한 쌍, 불자拂子 한 쌍을 나열한다.

다음에는 원불연願佛輦(원불을 모신 가마)을 세우고, 다음에는 인로왕번引路王幡을 세운다. 다음에는 만사挽詞(추도하는 글을 쓴 깃발) 몇 쌍을 세우고, 다음에는 곤포를 세우며, 다음에는 명정名旌을 세우고, 다음에는 향정자香亭子[1]를 세운다.

이렇게 차례차례 행차할 순서를 정하고, 그 다음에는 장례를 집전하는 주승主僧이 여러 사람들을 거느리고 영감靈龕의 왼쪽과 오른쪽에 나누어 늘어선다. 다음에 어산魚山이 종을 세 번 치고, 다비를 주관하는 법사가 요령을 흔들고 소리 내어 읊는다.

【○○영가여】
만 떨기 청산은 범찰을 둘러싸고
한 줄기 붉은 해 시방세계 비추도다.
삼보의 가지의 힘 높이 받들어
구름 수레 높이 몰아 극락세계 향하소서.

身體發引時行立規

先立威儀。龍旗一翼。扇一雙。鳳扇一雙。盧[1)]盖一雙。圓扇一雙。毛鞭一雙。拂子一雙。次立願佛輦。次引路幡。次立挽詞幾雙。次立昆布。次名旌。次立

1 향정자香亭子 : 장례식 때에 향합香盒과 향로, 그 밖의 제구祭具를 받쳐 드는 작은 정자 모양의 기구. 영여靈輿를 말하기도 한다.

香亭子。次次行立。次葬司主僧。領諸人分列靈龕左右後。魚山打鐘三下。

茶毘法師。振鈴云。【某人靈駕。】

萬採靑山圍梵刹。一竿紅日照十方。

願承三寶加持力。高馭雲車向蓮邦。

1) 역 '虛'는 '虎'의 오자이다.

다음에 어산魚山이 소리를 길게 늘여 열두 분 부처님의 명호를 창唱한다.

서방극락세계 대자대비大慈大悲 아미타부처님께 귀명歸命합니다.

금대보좌金臺寶座에 앉아 허공 타고 오시어 이 몸을 맞이해 인도하사 정토에 가서 태어나게 하옵소서.

【대중은 합창으로】 아미타부처님께 귀명합니다.

서방극락세계 대자대비 아미타부처님께 귀명합니다.

곧 부처님의 명호를 듣고 몸이 이 세계를 벗어나 믿음으로 받고 받들어 실천하게 하고 안락安樂의 국토에 왕생하게 하옵소서.

【대중은 합창으로】 아미타부처님께 귀명합니다.

서방극락세계 대자대비 아미타부처님께 귀명합니다.

관음觀音 세지勢至 보살님께서 갈 길을 인도하사 가장 선한 사람을 따라 부처님의 국토에 노닐며 살아가게 하옵소서.

【대중은 합창으로】 아미타부처님께 귀명합니다.

서방극락세계 대자대비 아미타부처님께 귀명합니다.

보배의 땅에서 경행經行하고 원림園林에 유희遊戲하면서 삼공三空을 크게 깨닫고 팔고八苦[2]를 겪지 않게 하옵소서.

【대중은 합창으로】 아미타부처님께 귀명합니다.

서방극락세계 대자대비 아미타부처님께 귀명합니다.

아유월치阿惟越致[3]의 지혜와 이 불퇴심不退心으로 저 생겨남이 없는 경지를 증득하고 무생인無生忍[4]에 통달하게 하옵소서.

【대중은 합창으로】 아미타부처님께 귀명합니다.

서방극락세계 대자대비 아미타부처님께 귀명합니다.

금모래에 맑은 물과 보배나무 허공에 떠 있는 곳에서 사다라니(四摠持)를 깨닫고 육바라밀을 얻게 하옵소서.

【대중은 합창으로】 아미타부처님께 귀명합니다.

서방극락세계 대자대비 아미타부처님께 귀명합니다.

무량수無量壽부처님을 만나 한량없이 많은 광명을 얻으며 자재롭게 유희하며 넉넉한 광명의 상相과 꼭 같아지게 하옵소서.

【대중은 합창으로】 아미타부처님께 귀명합니다.

---

2 팔고八苦 : 생生·노老·병病·사死의 사고四苦와, 사랑하는 사람과 이별하는 고통인 애별리고愛別離苦, 원망하고 증오하는 이를 만나는 마음의 고통인 원증회고怨憎會苦, 구하는 것을 얻지 못하는 소유욕의 고통인 구부득고求不得苦, 오온五蘊에 의한 인간의 온갖 조건을 취함으로 인해 생기는 고통인 오음성고五陰盛苦의 네 가지 고통을 합한 것을 말한다.

3 아유월치阿惟越致 : 보살의 계위階位 중 하나. 불도 수행의 과정에서 이미 얻은 공덕을 잃지 않고 더 이상 퇴보하거나 악취惡趣에 떨어지지 않는 경지를 말함. 아비발치阿鞞跋致·불퇴不退·아유안阿惟顔·불퇴전不退轉·무퇴無退·필정必定이라고도 한다.

4 무생인無生忍 : 무생법인無生法忍의 줄임말. 세상 모든 것이 공空한 것이라는 이치를 터득하는 것.

서방극락세계 대자대비 아미타부처님께 귀명합니다.

지혜로운 자를 가까이하여 최상의 착한 사람과 같아지게 하며, 여래를 만나 문득 수기를 받고 법을 듣게 하옵소서.

【대중은 합창으로】 아미타부처님께 귀명합니다.

서방극락세계 대자대비 아미타부처님께 귀명합니다.

흔들리지 않는 지혜를 얻고 스스로 자재한 몸을 이루며, 오분향五分香을 사르고 육도六度(육바라밀)가 원만하게 하옵소서.

【대중은 합창으로】 아미타부처님께 귀명합니다.

서방극락세계 대자대비 아미타부처님께 귀명합니다.

모든 부처님께 함께 돌아가서 하늘과 사람을 크게 교화하고, 맑고 깨끗한 몸으로써 청정하고 미묘한 법을 연설하게 하옵소서.

【대중은 합창으로】 아미타부처님께 귀명합니다.

서방 극락세계의 대자대비하신 관세음보살님께 귀명합니다.

서방 극락세계의 대자대비하신 대세지보살님께 귀명합니다.

관음보살님과 대세지보살님의 큰 서원이 유행流行하고 연화보좌 가르쳐 주시어 정토에 태어나게 하옵소서.

【대중은 합창으로】 아미타부처님께 귀명합니다.

次咽導引聲唱十二佛號。

南無西方極樂世界大慈大悲阿彌陁佛。惟願金臺寶座。乘空而來。接引此身。往生淨土。【衆和】歸命阿彌陁佛。

南無西方極樂世界大慈大悲阿彌陁佛。惟願便隨佛號。脫此界身。信受奉行。往生樂國。【衆和】歸命阿彌陁佛。

南無西方極樂世界大慈大悲阿彌陁佛。惟願觀音勢至。引導而行。隨上善人。遊歷佛國。【衆和】歸命阿彌陁佛。

南無西方極樂世界大慈大悲阿彌陁佛。惟願經行寶地。遊戲園林。大悟三空。不聞八苦。【衆和】歸命阿彌陁佛。

南無西方極樂世界大慈大悲阿彌陁佛。惟願阿惟越智。是不退心。彼證無生。達無生忍。【衆和】歸命阿彌陁佛。

南無西方極樂世界大慈大悲阿彌陁佛。惟願金沙瑩水。寶樹浮空。悟四摠持。得六波羅密。【衆和】歸命阿彌陁佛。

南無西方極樂世界大慈大悲阿彌陁佛。惟願遇無量壽。得無量光。自在優遊。光相齊等。【衆和】歸命阿彌陁佛。

南無西方極樂世界大慈大悲阿彌陁佛。惟願親近智者。同上善人。得遇如來。便聞授記。【衆和】歸命阿彌陁佛。

南無西方極樂世界大慈大悲阿彌陁佛。惟願得不動智。成自在身。五分香燃。六度圓滿。【衆和】歸命阿彌陁佛。

南無西方極樂世界大慈大悲阿彌陁佛。惟願還同諸佛。大化人天。以清淨身。演淨妙法。【衆和】歸命阿彌陁佛。

南無西方極樂世界大慈大悲觀世音菩薩摩訶薩。

南無西方極樂世界大慈大悲大勢至菩薩摩訶薩。惟願觀音勢至。大願流行。指授花臺。令生淨土。【衆和】歸命阿彌陁佛。

다음에 다비법사茶毘法師는 거감편擧龕篇을 창唱한 다음 감龕을 모시고 맨 앞에 선다.

다음 다비법사가 방위를 가려 선다.

다음에 무상게법사無常偈法師가 무상게를 설한다.

다음에는 오방법사五方法師가 각각 오방번을 든다.

다음에는 어산魚山과 모든 사람들이 늘어선다.

다음에는 바라를 세 번 울리고 도량을 세 바퀴 돈 다음 시신이 들어 있는 널(감)을 정중庭中에 멈춘다.【아주 큰 절은 해탈문解脫門 바깥마당에 멈추고, 작은 절은 월대月臺[5] 가운데에 멈춘다. 다시 널(감)을 들었다 놓았다 하기를 반복한다. 다만 향정자香亭子와 명정名旌만 세 번 들었다 놓았다 해도 된다.】

다음에는 어산이 다시 바라를 울리며 보례삼보普禮三寶를 창한다.

시방에 상주하는 부처님께 널리 절합니다.
시방에 상주하는 법에 널리 절합니다.
시방에 상주하는 승가에 널리 절합니다.

【삼보례를 창하는 동안 재자齋者는 명정을 들고 각각 하직하는 절을 한 번 올린다. 또 모든 산중 암자에서 입적入寂한 대사를 발인發靷하여 내려올 때에는 본사 정문 밖에서 하직하고 떠나도 좋다.】

다음에 어산이 '서방대교주 나무아미타불'을 창한다. 계속 이어서 염불을 하면서 나아간다. 또 나아갈 때에는 상여 앞부분의 자리(龕橋木)에 한 사람이 서서 큰소리로 '나무아미타불'을 창하면 상여를 메고 가는 사람들이 일시에 '나무아미타불' 하고 화답하여 합창하며 서서히 앞으로 나아간다.

次荼毘法師。唱擧龕篇。次擧龕先立。次荼毘法師。擇方而立。次無常偈法師。說無常偈。次立五方法師。各執方幡。次立魚山諸人等。次三動鈸。周回道場三匝後。龕則庭中止。【大刹則解脫門外庭中止。小刹[1)]則月臺中止。且擧龕至重。但香亭子及名旌擧之。三回亦可。】

5 월대月臺 : 궁전이나 누각 따위의 앞에 세워 놓은 섬돌. 여기에서는 사찰 법당 앞의 섬돌을 말한다.

次魚山。又動鈸。唱三寶云。

普禮十方常住佛。普禮十方常住法。普禮十方常住僧。

【唱三寶時。齊者執名旌。各一拜下直。又諸庵大師入寂下來時。本寺正門外下直可可。】

次魚山。唱西方大敎主南無阿彌陁佛。連聲念佛。發行又發行。時龕橋木上。一人挺立。以大聲。唱南無阿彌陁佛。則擔橋衆人。一時唱和。徐徐而行。

1) ㉕ '刹'은 갑본과 을본에 '寺'로 되어 있다.

노제

그 다음 노제路祭는 햇볕 가리개(遮日)와 휘장을 설치하고 단壇을 배치排置한다. 단 위에 영자影子(영정)를 걸어 놓고 그 영자 앞에 제물을 진열한다.

시신이 들어 있는 널은 마목馬木[6] 위에 안치한다.

또 영자단 앞에서 제문祭文을 읽는다.

노제문[7]

유세차 ○○년 ○○월 ○○삭朔 ○○일에 제자 ○○는 삼가 차와 과일 등 제물을 올리고 감히 ○○당 대사의 영전에 밝게 고하옵니다.

아! 슬픕니다. 영으로 변하심이 어제 같은데 문득 ○○월(일)에 이르렀습니다. 음성과 형상을 보지 못하게 되었으니 어찌 사모하지 않을 수 있겠습니까. 몸은 부평초가 되어 그 위치가 동서東西에 머무시니 살아 계셨

6 마목馬木 : 가마나 상여喪輿 따위를 올려놓을 때 괴는, 네 발 달린 나무 받침틀. 집 따위를 지을 때에 딛고 서서 일하는 받침대이다.

7 '노제문路祭文'이라는 제목은 역자가 붙인 것이다.

을 적에는 삼평三平을 짓지 않으셨고 죽어서는 신찬神贊을 본받지 않으셨습니다. 하늘을 우러르고 땅을 두드려도 저 자신은 더욱더 어둡고 아득할 따름입니다.

부족하나마 적은 음식을 차려 참된 혼령에 올리오니 부디 흠향歆饗하시옵기를 엎드려 바라옵니다.

【노제의 제문이 비록 여러 가지로 많으나 모두 이 규칙을 본받으면 될 것이다.】

(路祭)

次路祭。則設遮日幃帳排壇。壇上掛影子。其影子前。設奠祭龕。則後馬木上安置。又影子壇前。讀祭文云。

維歲次某年某月某朔越某日。弟子某。謹以茶果之奠。敢昭告于某堂大師之靈。嗚呼。靈變如昨。奄及某月。音容洞隔。何迨追慕。身爲浮萍。住止東西。生不做三平。死不效神贊。仰天扣地。而益自茫茫。聊將薄奠。用訴眞靈。伏惟尙饗。【路祭雖多。皆倣此規。】

이렇게 노제를 마친 다음에 다시 모든 사람들은 감龕을 메고 사유처闍維處(다비소)를 향해 간다. 다비할 곳에 이르게 되면 그곳에 햇볕 가리개와 휘장을 치고, 단을 높다랗게 만든 다음 그 위에 원불願佛(아미타불) 탱화를 건다.

영자影子는 한층 밑에다가 단을 만들고 건다. 그리고는 또 단 앞에 명정名旌을 세운다. 그 두 개의 단 앞에 향화香火·등촉燈燭·다과茶果·호병胡餠 등 제사에 필요한 물건을 배설한다.

그런 다음 영자단 앞에서 산중山中의 여러 대사大師(큰스님)들은 깨끗한 옷으로 갈아입고 다 함께 「보현보살행원품」을 독송한다.

시신이 다 타고 난 뒤에 여러 사람이 동시에 하직게下直偈[8]를 독송하는

8 하직게下直偈 : "성현의 가는 걸음 허공을 떨치고, 세상 육신 이미 벗어 극락에 이르네.

것이 옳다. 시신이 들어 있는 감龕은 원불단願佛壇에서 서로 떨어진 곳에 단을 만들고 안치한다.

단 앞에서 상을 당한 사람들은 구부리거나 엎드려 눈물을 흘리면서 슬프디 슬프게 곡을 한다. 곡절이나 사정을 이야기하지 않는 것이 옳다.

그 다음 널을 들어다가 장작 쌓아올린 대 위에 옮길 때에 위의威儀를 먼저 세운다. 그 다음은 인로왕번引路王幡을 세우며, 그 다음은 오방법사五方法師가 각각 오방번을 들고 서며, 그 다음은 무상게법사無常偈法師가 서고, 그 다음은 다비법사가 서며, 그 다음엔 상을 당한 사람들이 명정을 들고 선다. 그런 후에 널을 메고 천천히 걸어가서 대 위에 올려놓고, 다비법사는 방위를 가려서 선다. 오방법사는 각각 제 방위를 지켜 서고 무상게법사는 사유소(다비장) 앞에 선다.

그 다음에 다비법사가 다시 요령을 흔들면서 다음과 같이 창唱한다.

신원적【○○영가여】

위없는 큰 열반이여
원융하고 명철하여 항상 고요히 비추네
겁화가 바다 밑바닥까지 태우고
바람 불어 산끼리 부딪쳐도
진상眞常한 것은 적멸의 낙이니
열반에 든 모습도 이와 같도다[9]

일체의 작용이 있는 법은

이제 망자 또한 이와 같아서, 오음을 받지 않고 즐거운 곳 향하네.(聖賢行步振虛空。離脫色身到淨邦。汝今亡者亦如是。不受五陰向樂方。)"

9 이상은『涅槃經』에 나오는 게송이다.

꿈 같고 환 같으며 물거품 같고 그림자 같으며
이슬 같고 또한 번갯불 같나니
모든 것을 이렇게 관해야 하리
형상으로 나를 보거나
음성으로 나를 구하면
삿된 도를 행하는 사람
결단코 여래를 보지 못하리[10]

한 찰나에 한량없는 겁을 관하니
과거도 미래도 현재도 없네
이와 같이 삼세를 깨달아 알면
모든 방편 뛰어넘어 십력 이루리[11]

祭畢後。又諸人。擧龕發行。到闍維所。設遮月帳後。願佛則作高壇掛之。影子則下一層。作壇掛之。又立名旌。其兩壇前。香火燈燭茶果胡餠等物。排設後影子壇前。山中諸大師。着淨衣。同誦普賢菩薩行願品。身體盡燒[1)]之後。諸[2)]人同時下直。可也。

龕則願佛壇相去處。作壇安置。壇前喪人等。屈伏泣淚哀哀哭。無委曲可可。

次擧龕上積臺時。威儀先立。次立引路王幡。次立五方法師。各執方幡。次立無常偈法師。次立茶毘法師。次立喪者。執名旌後。擧龕徐徐而行。上臺則茶毘法師。擇方而立。五方法師。各守其方而立。無常偈法師。闍維前立。次茶毘法師。又振鈴云。新圓寂【某人靈駕】。

---

10 이상은 『金剛經』에 나오는 게송이다.

11 이 게송은 『華嚴經』에 나온다. 이것을 풀이하면 시간은 영원하고, 공간은 무변하다는 것이다.

無上大涅槃。圓明常寂照。

劫火燒海底。風鼓山上擊。

眞常寂滅樂。涅槃相如是。

一切有爲法。如夢幻泡影。

如露亦如電。應作如是觀。

若以色見我。以音聲求我。

是人行邪道。不能見如來。

一念普觀無量劫。無去無來亦無住。

如是了知三世事。超諸方便成十力。

1) ㉯ '燒' 아래 갑본과 을본에는 '畢'이 있다. 2) ㉯ '後諸'부터 '可也'까지 아홉 글자는 갑본과 을본에 없다.

다비법사는 요령을 흔들면서 영혼을 청하여 맞이하고 착어(返魂着語)를 한다.

【○○영가여】

진명의 본체는 미묘하여 헤아리기 어려웁고

가을 못에 비친 달 계수나무 더욱 찬데

요령 울려 깨침의 길 닦았으니

허깨비 몸 벗으시고 영가 단에 앉으소서.

茶毘法師。振鈴。請返魂着語。【某人靈駕。】

眞明本[1]體妙難測。金鐸數聲開覺路。

月墮秋潭桂影寒。幻䡄[2]永脫坐靈壇。[3]

1) ㉯ '本'은 갑본과 을본에 '性'으로 되어 있다. 2) ㉰ '䡄'는 '軀'의 이체자이다. 3) ㉰ 『釋門家禮抄』(『韓國佛敎全書』 제8책 282쪽)에는 이 게송의 2구(金鐸數聲開覺路)와 3구(月墮秋潭桂影寒)가 바뀌어 있다. 이 책이 잘못되어 있으므로 번역은 『釋門家禮

抄』의 것을 따랐다.

다음에는 원선圓扇 한 쌍을 세우고, 다음에는 인로왕번引路王幡을 세우며, 다음에는 명정名旌을 세우고 다시 영자단影子壇 앞에【영자는 위패位牌로 하기도 한다.】 안치할 때 안좌진언安座眞言[12]을 창하고 차를 받들어 올린다.

그때에 법사는 또 요령을 흔들면서 이렇게 창한다.

【○○영가여】

다게

조주 약차 절하고 올리오며
충정의 작은 정성 표하오니
혼미한 삼계의 꿈 깨시고
몸 바꿔 법왕의 성에 이르소서.

次立圓扇一雙。次立引路王幡。次立名旌。還到影子【亦曰位牌】。壇前安置後。唱安座眞言。奉茶。又法師。振鈴云。【某靈。】

茶偈

趙州茶藥親拜獻。聊表冲情一片誠。
覺醉昏迷三界夢。翻身直到法王城。

그 다음 법사와 상주네 사람들은 둥근 부채와 명정 따위의 사물을 들고 다시 사유소闍維所로 나아간다. 모든 위의물威儀物과 명정과 만사挽詞

12 안좌진언安座眞言 : "옴 마니 군다리 훔훔 사바하."

따위를 다 장작더미 위에 올려 세운 뒤에 다비법사가 거화편擧火篇[13]을 창한다.

다음에는 하화편下火篇[14]을 창한다.

하화下火할 때에 일시에 요령을 흔들면서 오방불을 초청하는 의식을 창한다.

그 다음 무상게법사無常偈法師는 무상게를 설한다.

다음에 다비법사는 봉송편奉送篇을 창한다.

次法師及喪人等。執圓扇名旌等物。還進闍維所。諸威儀及名旌挽詞等。盡立于積上後。茶毘法師。唱擧火篇。次唱下火篇。下火時。五方法師一時振鈴。唱五方佛請。次無常偈法師。說無常偈。次茶毘法師唱奉送篇。

봉송편[15]

삼가 돌아가신 고인 비구【아무 영가여】 이미 인연을 따라 적멸로 돌아갔으므로 곧 법에 의지하여 다비하였으니, 백 년 동안 여러 갈래 세계에

---

13 거화편擧火篇 : "이 한 개의 횃불은 삼독의 불이 아니라, 여래의 한 등인 삼매의 불이다. 그 빛이 빛나고 빛나서 삼제(삼세)를 두루 비추고 그 불꽃은 빛나고 빛나서 시방세계에 사무쳤다. 그 빛을 얻으면 하루아침에 모든 부처님과 같을 것이요, 그 빛을 잃으면 만겁에 나고 죽음을 따르게 되리라. 영가여, 빛을 돌이켜 비추어서 무생을 확실하게 깨닫고 열뇌의 고통을 여의고서 쌍림열반의 낙을 얻으라.(此一炬火。非三毒之火。是如來一燈三昧之火。其光赫赫。遍照三際。其熾煌煌。洞徹十方。得其光也。等諸佛於一朝。失其光也。順生死之萬劫。靈駕廻光返照。頓悟無生離熱惱苦。得雙林樂。)"

14 하화편下火篇 : "삼연(父母子)이 화합하여 잠시 이루었다가 사대가 흩어지고 홀연히 공으로 돌아가게 되었으니 몇 해나 저 허무한 세계에 돌아다녔던가? 이제 아침에 벗어 버렸으니 경쾌하기가 쑥대와 같도다. 대중에게 또 묻노니 오늘 이 영가는 어느 곳을 향해 갔는고? 목마를 거꾸로 타고 몸 한 번 뒤척이니 이글거리는 불 속에 찬바람이 이는구나.(三緣和合。暫時成有。四大離散。忽得還空。幾年遊於幻海。今朝脫却。慶快如蓬。大衆且道。向甚麽處去。木馬倒騎翻一轉。大紅焰裡放寒風。)"

15 소제목은 역자가 붙인 것이다.

떠돌던 허무한 몸을 사르고 한길인 열반의 문에 들어가소서. 우러러 존귀한 대중을 의지하오니 저 각령覺靈을 도와주소서.

【그 다음 십념十念[16]과 표백表白[17]을 한다.】

(奉送篇)

切以歿故比丘。【某人靈駕。】

旣隨緣而順寂。乃依法而茶毘。焚百年弘道之身。入一路涅槃之門。仰憑尊衆。資助覺靈。【次十念。次表白。】

표백[18]

위에서 성현의 명호名號를 칭송하여 드날린 공덕으로 도움을 받아 극락에 갈 것입니다. 지혜의 거울(慧鏡)이 분명하고 진풍眞風이 채색을 흩은 보리동산 속에서 깨달음의 꽃이 피고, 법 성품의 바닷속에서 진심塵心의 때를 씻으시고, 찻잔을 기울여 석 잔 올리고 한 향로에 한 가지 향 사르오니 구름 수레 높이 타고 성중聖衆에게 절하소서.

다음에는 대중들이 같은 소리로 염불하면서 다 탈 때를 기다렸다가 각각 오방번五方幡을 흩어서 다시 불 속에 넣어 태운다.

대중들이 절로 돌아올 때에는 원불연願佛輦이 제일 앞서 가고, 다음에

---

16 십념十念 : 십념청정법신비로자나불十念淸淨法身毗盧遮那佛, 원만보신노사나불圓滿報身盧舍那佛, 천백억화신석가모니불千百億化身釋迦牟尼佛, 구품도사아미타불九品導師阿彌陀佛, 당래하생미륵존불當來下生彌勒尊佛, 시방삼세일체제불十方三世一切諸佛, 시방삼세일체존법十方三世一切尊法, 대성문수사리보살大聖文殊師利菩薩, 대행보현보살大行普賢菩薩, 대비관세음보살大悲觀世音菩薩.

17 표백表白 : 수법修法이나 법회의 시작을 본존불에 고하는 일. 제문祭文이나 회향문廻向文을 읽는 것.

18 소제목은 역자가 붙인 것이다.

인로왕번이 따라가며, 그 다음에는 향정자香亭子(靈輿)와 영자가 그 뒤를 따라 간다.

서서히 행차하여 가서 절 안에 들어가면 원불은 탁자에 걸어 놓고, 영자影子는 불전에 참례參禮한 뒤에 영전影殿에 걸어 놓는다.

다음에 향화香火와 등촉燈燭과 호병胡餠 등의 물질을 낱낱이 바쳐 공양하여 마친 다음 인로왕번은 불에 태워 버린다.【이상 원불탱화와 영자를 모신 두 가마를 잘 모시고, 사유처闍維處(茶毘所)를 벗어나서 절로 다시 돌아오는 왕래의 일은 대종사大宗師의 상례喪禮와 같이 하면 된다. 또 평범한 사람이라서 무릇 사물(影子)을 갖추지 못하였으면 다만 위패를 향정자에 모시고 오고 가고 해도 좋다.】

(表白)

上來稱揚聖號。資薦徃生。推願慧鏡分明。眞風散彩。菩提園裡。開敷覺意之花。法性海中。蕩滌塵心之垢。茶傾三奠。香爇一爐。用薦雲程。和南聖衆。

次大衆同聲念佛。以待盡燒後。各散五方幡。則還入火中燒之。大衆歸寺中時。願佛輦先立。次引路王幡。次立香亭子。影子徐徐而行。入於寺中。願佛則卓子掛之。影子則佛前叅禮後。影殿掛之。次香花燈燭餬餠等物。一一[1)]獻供養畢。引路王幡則燒之。【此上願佛及影子二輦侍奉。出於闍維處。還入寺中徃來事。則大宗師喪禮。如此可矣。且平常人。則凡事不具。但以位牌。入香亭子徃來亦可。】

1) ㉠ 갑본과 을본에는 '一' 아래 '奉'이 있다.

오방불을 초청하는 번을 쓰는 규칙

동방 만월세계 약사존부처님께 귀명하오니, 큰 자비로써 새로 원적에 든【○○영가】를 맞이하여 청유리세계로 인도하시옵소서.

【대중은 합창으로】 아미타부처님께 귀명합니다.【이상은 푸른색 깃발에 쓴다.】

남방 환희세계 보승여래불께 귀명하오니, 큰 자비로써 새로 원적에 든【○○영가】를 맞이하여 적유리세계로 인도하시옵소서.

【대중은 합창으로】 아미타부처님께 귀명합니다.【이상은 붉은색 깃발에 쓴다.】

서방 극락세계 아미타부처님께 귀명하오니, 큰 자비로써 새로 원적에 든【○○영가】를 맞이하여 백유리세계로 인도하시옵소서.

【대중은 합창으로】 아미타부처님께 귀명합니다.【이상은 흰색 깃발에 쓴다.】

북방 무우세계 부동존부처님께 귀명하오니,【○○영가】를 맞이하여 흑유리세계로 인도하시옵소서.

【대중은 합창으로】 아미타부처님께 귀명합니다.【이상은 검은색 깃발에 쓴다.】

중방 화장세계 중방 비로자나부처님께 귀명하오니,【○○영가】를 맞이하여 황유리세계로 인도하시옵소서.

【대중은 합창으로】 아미타부처님께 귀명합니다.【이상은 노란색 깃발에 쓴다.】

五方佛請書規

南無東方滿月世界藥師尊佛。惟願大慈。接引新圓寂【某靈】青琉璃世界中。【衆和】南無阿彌陀佛。【書之青幡。】

南無南方歡喜世界寶勝如來佛。惟願大慈。接引新圓寂【某靈】赤琉璃世界中。【衆和】南無阿彌陀佛。【書之赤幡。】

南無西方極樂世界阿彌陀佛。惟願大慈。接引新圓寂【某靈】白琉璃世界中。【衆和】南無阿彌陀佛。【書之白幡。】

南無北方無憂世界不動尊佛。惟願大慈。接引新圓寂【某靈】黑琉璃世界中。【衆和】南無阿彌陀佛。【書之黑幡。】

南無中方華藏世界毘盧遮那佛。惟願大慈。接引新圓寂【某靈】黃琉璃世界中。【衆和】南無阿彌陀佛。【書之黃幡。】

무상계게【긴 번(長幡)을 만들어서 이를 쓴다.】

대저 무상계는 열반涅槃에 들어가는 중요한 문이고 고해苦海를 건너는 자비의 배입니다. 그러므로 모든 부처님께서도 이 계로 인하여 열반에 드셨고 중생들도 이 계를 의지하여 고해를 건넜습니다.

○○영가시여, 그대는 오늘 육근六根과 육진六塵을 멀리 벗어나서 영혼의 알음알이만이 홀로 드러나 부처님의 위없는 깨끗한 계를 받게 되었으니 어찌 다행한 일이 아니겠습니까?

○○영가시여, 겁화劫火가 타 버리면 대천세계도 다 부서지고 수미산須彌山과 큰 바다도 다 말라 버리고 맙니다. 하물며 나고 늙고 병들고 죽음과 근심·슬픔·고뇌苦惱에 시달리는 이 몸인들 어찌 이를 멀리 벗어날 수 있겠습니까?

○○영가시여, 머리카락·털·손톱·치아·피부·살·근육·골수·뇌腦·때·색신色身들은 모두 흙으로 돌아가고, 침·눈물·고름·피·진액·거품·가래·정액·대변·소변들은 모두 물로 돌아가며, 따뜻한 기운은 불로 돌아가고, 움직이는 기운은 바람으로 돌아가 사대四大가 제각기 흩어지면 오늘 이 죽은 몸은 장차 어느 곳에 있겠습니까?

○○영가시여, 사대四大(몸)는 허망한 것이며 임시로 있는 것이어서 사랑하고 아낄 만한 것이 못됩니다. 그대는 시작이 없는 옛적부터 오늘에 이르기까지 무명無明을 인연因緣하여 행行을 일으키고, 행을 인연하여 인식 작용(識)을 일으키며, 인식 작용을 인연하여 명색名色을 일으키고, 명색을 인연하여 육입六入을 일으키며, 육입을 인연하여 촉觸을 일으키고, 촉을 인연하여 수受를 일으키며, 수를 인연하여 애愛를 일으키고, 애를 인연하여 취取를 일으키며, 취를 인연하여 유有를 일으키고, 유를 인연하여 생生을 일으키며, 생을 인연하여 늙음·죽음·근심·슬픔·고뇌를 일으킵니다.

그러니 무명만 없앤다면 행도 없어질 것이요, 행을 없애면 식이 사라질 것이며, 식이 사라지면 명색이 사라질 것이요, 명색이 사라지면 육입이 사라질 것이며, 육입이 사라지면 촉이 사라질 것이요, 촉이 사라지면 수가 사라질 것이며, 수가 사라지면 애가 사라질 것이며, 애가 사라지면 취가 사라질 것이요, 취가 사라지면 유가 사라질 것이며, 유가 사라지면 생이 사라질 것이요, 생이 사라지면 늙음·죽음·근심·슬픔·고뇌가 사라질 것입니다.

모든 법은 본래부터
언제나 저절로 적멸한 모습
불자가 이 도리를 실천하면
내세에 붓다를 이루게 되리

모든 행은 무상하니
일어나고 멸하는 이치
일어나고 멸함을 끝내 버리면
적멸로써 낙을 삼으리라

부처님의 계에 돌아가 의지합니다.
달마(法)의 계에 돌아가 의지합니다.
승가의 계에 돌아가 의지합니다.

과거의 보승여래寶勝如來·응공應供·정변지正遍知·명행족明行足·선서善逝·세간해世間解·무상사無上士·조어장부調御丈夫·천인사天人師·불세존佛世尊께 귀의하십시오.

【○○영가시여】 오음五陰의 각루자㲉漏子[19]를 벗어 버리고 영식靈識만이 홀로 또렷하게 드러나 무상계를 받았으니, 이 어찌 상쾌한 일이 아니겠습니까? 천당天堂과 불찰佛刹(극락)에 생각대로 가서 태어나는 법이니 쾌활快活하고 쾌활한 일입니다.

서역에서 오신 조사의 뜻 가장 당당하도다
스스로 마음을 깨끗이 하면 성품의 본 고향에 돌아가리
미묘한 몸은 맑고 고요하여 처소 없으니
산과 강과 대지가 모두 참다운 빛을 발하네

無常戒偈。【造長幡寫之。】

夫無常戒者。入涅槃之要門。越苦海之慈航。是故一切諸佛。因此戒故。而入涅槃。一切衆生。因此戒故。而度苦海。【某靈】汝今日。逈脫根塵。靈識獨露。受佛無上淨戒。何幸如也。【某靈】刼火洞燃。大千俱壞。須彌巨海。磨滅無餘。何況此身生老病死。憂悲苦惱。能與遠違。【某靈】髮毛爪齒。皮肉筋骨。髓腦垢色。皆歸於地。唾涕膿血。津液沫淡。精氣大小便利。皆歸於水。煖氣歸火。動靜歸風。四大各離。今日亡身。當在何處。【某靈】四大虛假。非可愛惜。汝從無始以來。至于今日。無明緣行。行緣識。識緣名色。名色緣六入。六入緣觸。觸緣受。受緣愛。愛緣取。取緣有。有緣生。生緣老死憂悲苦惱。無明滅則行滅。行滅則識滅。識滅則名色滅。名色滅則六入滅。六入滅則觸滅。觸滅則受滅。受滅則愛滅。愛滅則取滅。取滅則有滅。有滅則生滅。生滅則老死憂悲苦惱滅。

諸法從本來。常自寂滅相。

佛子行道已。來世得作佛。

19 각루자㲉漏子 : 속에 대소변을 담은 우리 육신의 껍질이라는 의미이다.

諸行無常。是生滅法。

生滅滅已。寂滅爲樂。

歸依佛陁戒。

歸依達摩[1]戒。

歸依僧伽戒。

南無過[2]去寶勝如來。應供。正遍知。名行足。善逝。世間解。無上士。調御丈夫。天人師。佛世尊。【某靈】脫却五陰殼漏子。靈識獨露。受佛無常戒。豈不快哉。豈不快哉。天堂佛刹。隨念往生。快活快活。

西來祖意最堂堂。自淨其心性本鄕。

妙體湛然無處所。山河大地現眞光。

1) ㉯ '摩'는 갑본에 '麼'로 되어 있다. 2) ㉯ '過'는 갑본에 '辿'으로 되어 있다.

몸을 사르는 곳에 물그릇을 놓아두는 법

오방의 각처마다 물그릇(水器)을 놓아둔다.

消身處置水哭[1]法

五方地。以小哭貯水。每方置之。

1) ㉮ '哭'은 '器'의 오자인 듯하다.

쇄골법

『진언대장眞言大藏』 제10함의 『누각기樓閣記』에 말하였다.

사람이 죽으면 그 시신을 잡목雜木이 없는 곳에서 태운다. 3일 후에 빨지 않은 상포常布[20]로 여덟 자쯤 되게 주머니를 만들어 소골소燒骨所(화장

20 상포常布 : 품질이 좋지 아니한 베.

장)에 이른다. 그런 다음 나무젓가락으로 뼈를 주워서(拾骨) 동쪽을 향하여 주머니에 집어넣는다.

큰 버드나무 토막을 다듬어서 발우 두 개 정도가 들어갈 만한 크기의 빈 항아리처럼 절구통을 만들고, 버드나무 가지 부분으로는 절굿공이를 만든다.

그리고 참기름 석 되, 백탄白炭 서 말, 참깨 가루 세 숟가락, 풀방석 한 장 등을 준비해서 높은 산봉우리 정상에 올라가 큰 반석磐石 위에 놓는다. 나무젓가락으로 뼈를 집어 향탕수香湯水에 씻고 백탄 위에서 태운다.

그때 왕생게往生偈[21]를 독송한 다음 나무젓가락으로 타고 남은 뼈를 집어 버드나무로 만든 발우에 담은 다음 절굿공이로 빻아 가루로 만든다. 참기름 석 되를 뼛가루에 붓고 솔로 풀방석 위에 바른다. 그 다음 판판한 돌 위에 세우고 풀방석을 불에 태운다.

이때 대중들은 대의大衣[22]를 입고 「행원품行願品(普賢行願品)」을 독송하는데 산골散骨을 마칠 때까지 해도 된다.

송頌(散座頌)은 다음과 같다.

법신은 백억 세계 두루 가득해
금빛 놓아 인천세계 널리 비주네
물에 응해 나타남이 못가의 달과 같고
본체는 원만하여 보련대에 똑바로 앉네

그 다음에는 【아무개 영가여】 하고 영가를 축원할 때에, 상을 당한 사

21 왕생게往生偈 : 『華嚴經』 「普賢行願品」에 나오는 게송이다. "이 몸이 세연을 마칠 때는 온갖 어려움 모두 다 없어져 직접 피안의 아미타불 뵈옵고 그대로 왕생극락하여지이다.(願我臨欲命終時。盡除一切諸障碍。面見彼佛阿彌陀。卽得往生安樂刹。)"

22 대의大衣 : 승려가 왕궁이나 마을에 갈 때나 설법할 때 입는 겉옷.

람들은 대중 앞에 각각 세 번 절을 한 다음에 풀방석 태운 재를 흩뿌린다.

참깨 가루 세 숟가락을 물에 골고루 잘 섞어서 뼛가루와 반죽하여 큰 콩 크기만 한 환丸을 만든다. 환을 푸른 연못 안의 고기에게 보시한 후 '이 공덕으로【○○영가여】곧바로 서방 극락세계에 이르거나, 아니면 다시 사람으로 태어나 출가하여 대법왕大法王의 몸이 되어지이다'라고 한다. 이와 같은 법으로 쇄골碎骨하였으면 재참齋懺이나 수륙재水陸齋는 지낼 필요가 없다.

碎骨法

眞言大藏十函。樓閣記云。人死屍體。雜木嚴之處。燒之三日後。不洗常布。作囊八尺。至燒骨所。以木筯拾骨。入囊向東。柳枝翁同。斫取作鉢。入二鉢。其木末作磨子。眞油三升。白炭三斗。眞抹三匙。草席一立等准備。上高峯頂盤石上香湯水。以木筯执骨洗。白炭上燒之。時往生偈然後。木筯执骨。入楊鉢。磨子碎抹。眞油三升。瀉骨灰。以茅似。乃草席上塗之。軸席石上立燒之。時大衆着大衣。誦行願品。[1] 至可散骨亦得。[2] 頌云。

法身遍滿百億界。普放金色照人天。

應物現影潭底月。軆圓正座寶蓮臺。

次【某人靈駕】祝願時。喪者。大衆前。各三拜然後。燒席灰吹散。眞末三匙。以水交合。輪泥粉骨。作丸如大豆。施淸淵裡大魚後。以此功德。【某靈】直至西方。還到人生。便得出家。作大法王身也。若如此法碎骨。則不勞齋懺水陸亦得。[3]

1) ㉯ 갑본과 을본에는 '品' 아래 '後'가 있다. 2) ㉯ '至可散骨亦得'은 갑본과 을본에 없다. 3) ㉯ 갑본과 을본에는 '得' 아래 '云云'이 있다.

거물계

【"새로 혼령이 된 스님의 재물은 대중들 앞에서 하나하나 들어 보여 다 매각하여 혼령을 천도하는 데 사용하나니, 이는 승가僧家의 풍속이다."[23]라고 하였다.

물건들을 거양하는 법을 쓸 때에는 총림叢林의 법을 따르는 것이 좋다. 그러나 한편 물건을 팔아서 영혼을 천도하는 일은 전부 재자齋者들의 마음 씀에 달려 있다. 그런 내용들에 대해서는 비록 책에 나타나 있지만, 그 내용을 기록해 봤자 아무 이익이 없기 때문에 여기에는 기록하지 않는다. 제자들이 스승을 위해 하는 일이 어찌 그런 것뿐이겠는가? 많은 사람들의 비웃음을 사지 않는다면 천만다행한 일일 것이다.】

擧物誡

【新靈遺在財物。擧示衆人前。盡賣薦靈。[1] 是僧家之風也。書擧物法。爲叢林軌式可矣。然且賣薦事。都在齋者[2]之用心。雖有書之。書之無益故。今不書之。弟子之行爲師。豈徒然哉。勿爲衆人之笑具。千萬幸甚。】

1) ㉮ '靈'은 갑본에 없다. 2) ㉮ '齋者'는 갑본과 을본에 '弟子'로 되어 있다.

법사가 서는 방법

봄 석 달(1~3월)에는【신神은 오른쪽에 서고 법사는 왼쪽에 서며】, 여름 석 달(4~6월)에는【신은 앞에 서고 법사는 뒤에 선다】. 가을 석 달(7~9월)에는【신은 왼쪽에 서고 법사는 오른쪽에 서며】, 겨울 석 달(10~12월)에는【신은 뒤에 서고 법사는 앞에 선다】.

23 이상은 율律에 나오는 말이다.

法師立方法

春三。【神右行。法師左行。】夏三。【神前行。法師後行。】秋三。【神左行。法師右行。】冬三。【神後行。法師前行。】

승상복도

		조부모 【주년】		
	속백숙 【대공】	부모 【3년】	승백숙 【대공】	
	교수사 【주년】	계사 【3년】	갈마사 【주년】	수학사 【수상】
승속질 【대공】	승형제 【대공】	수업사 【주년】	속형제 【대공】	수제자 【수상】
속제매 【대공】	의형제 【수상】	친제자 【주년】	의백숙 【소공】	동법문 【수상】
		친법손 【대공】		

조부모는 1년, 부모는 3년, 승가의 백숙은 대공, 속가의 백숙은 대공, 계사戒師는 3년, 갈마사羯磨師는 1년, 교수사敎授師는 1년, 수학사受學師는 상례를 따른다.

수업사授業師는 1년이며, 속가의 형제는 대공, 승가의 형제는 대공, 수업제자는 상례를 따르고, 승가나 속가의 조카는 대공이다.

친제자는 1년, 의백숙義伯叔은 소공이고, 의형제義兄弟는 상례를 따르며, 동법문同法門은 상례를 따르고, 속가의 제매는 대공이다.

친법손은 대공이다.

3년이란 【25개월이고】, 주년周年이란 【12개월이며】, 대공大功은 【9개월이고】, 소공小功은 【5개월이다】.

僧喪服圖

		祖父母 【周年】		
	俗伯叔 【大功】	父母 【三年】	僧伯叔 【大功】	
	教授師 【周年】	戒師 【三年】	羯磨師 【周年】	受學師 【隨喪】
僧俗姪 【大功】	僧兄弟 【大功】	受業師 【周年】	俗兄弟 【大功】	受弟子 【隨喪】
俗娣[1]妹 【大功】	義兄弟 【隨喪】	親弟子 【周年】	義伯叔 【小功】	同法門 【隨喪】
		親法孫 【大功】		

三年者【二十五月】。周年者【十三月】。大功者【九月】。小功者【五月】。

1) ㉯ '娣'는 을본에 '娣'으로 되어 있다.

장례를 치를 때[24]에 금단하는 예규

내가 옛 성현이 지은 『가례의문家禮儀文』을 자세히 살펴보니 "상을 당한 상주 아무개가 아무개 스님이 천화遷化한 슬픔을 주지住持에게 고하면, 주지는 즉시 날짜를 정해서 본사本寺는 물론 모든 암자에 상을 당했다는 글을 돌려야 한다. 그러고 나면 여러 덕 높은 스님들은 각각 『금강경金剛經』

24 장례를 치를 때(送葬時) : 원문의 '송장送葬'은 망자의 가족과 친지·조문객들이 묘지로 가서 안장하는 것을 말한다.

과「행원품行願品」, 차·과일·호병胡餠과 몇 가지 기물들을 빠짐없이 챙겨 스님이 천화한 곳으로 내려간다. 그리하여 신체身體(죽은 시신)를 받들어 모시고 사유소闍維所(다비할 장소)에 이르러 제물을 올리고 경전을 독송하며 좋게 망자를 보내야 한다. …….”라고 하였다.

이 숙세叔世(末世)를 당하여 모든 산중의 크고 작은 사찰에서는 가례의 법을 살피지 못하여 장례의 일을 마음 밖에 방치해 두거나, 승풍僧風의 예가 없을 뿐만 아니라, 심지어 상을 당한 사람에게 질책을 가하거나, 장례에 쓸 나무를 베는 데에 값을 받으며, 상을 당한 집안의 음식을 마구 먹고, 상을 당한 집안의 술을 함부로 마시며, 종일토록 방자하게 마시고 흠뻑 취해서는 허튼 수작이나 부리고 영원히 부조扶助할 마음이 없다.

제사를 올리는 예에 대하여 승려들의 행동을 깊이 생각해 보니 부끄러워 낯이 뜨거울 지경이다.

사람에게 태어남이 있으면 언젠가는 반드시 죽음이 있는 법. 나고 죽는 일이 어느 누구엔들 없으랴? 이에 의거하여 보면 어찌 이를 승려들의 풍속이라고 말할 수 있겠는가? 실로 속가 사람들의 망령된 행동이라고 말할 만하다.

삼가 바란다. 여러 산중의 크고 작은 사찰에 사는 여러 덕 높은 스님들이시여. 장례에 쓸 나무를 베어 가더라도 나뭇값을 받지 말고 상을 당한 집의 음식을 함부로 먹지 말며 상을 당한 집에서 술을 마구 마시지 말고 개인이 준비해 간 음식을 먹어야 한다.

또한 차와 과일, 그리고 호병胡餠과 장례에 필요한 각종 기물과 『금강경』을 가지고 가서 새로 혼령이 된 영전에 예를 다하는 것이 바로 총림 절집 스님의 풍속일 것이다. 천만 번 잘 생각해 보고 백 번 그렇게 생각해 보아도 아픔과 괴로움이 끝이 없다. 이와 같이 출가한 사람이 계율을 지키지 않고 술을 마구 마신다면 죽어서 태산지옥에 들어갈 것이요, 법을 어겨 몸을 욕되게 함은 의심할 여지가 없다.

자신을 제멋대로 방치하여 받는 지옥의 고통은 이루 다 갖추어 기록하기 어렵다. 지금 그런 까닭에 가르쳐 보이니, 이를 법규로 받들어 숭상하면 참으로 다행한 일이 될 것이다.

送葬時禁斷規

愚按古聖所作家禮義[1]文。喪者某人。以某僧遷化之哀。告之于住持。住持即時定日。回文於本寺及諸庵。則僉位尊宿。各持金剛經。行願品。及茶果胡餠。幾咒無遺。下來遷化處。奉侍身體。到闍維所。奠祭誦經。好送云云矣。當此叔世。諸山大小寺刹。不審家禮之法。葬事置之意外。非徒無僧風之禮。至於侵責喪者。受斫木價。啜喪者飯。飮喪者酒。終日恣飮。醉盃狂妄。永無扶助。致祭之禮。深思僧行。恧然靦面。人有生必有死。生死誰無。依此見之。何謂釋子之風耶。實謂俗子之妄行也。伏願諸山大小寺刹。僉僧尊宿。勿以受斫木價。食喪者飯。飮喪者酒。而當自私食。亦持茶果胡餠。幾咒及金剛經。致禮於新靈之前。是叢林釋子之風也。千萬想之。百爾思之。痛悏無垠。如是出家。無戒飮酒。死入太山之獄。損法辱身。定無疑也。好自將身地獄之痛。難可具書。今故誨約。宜崇典規。幸幸。

1) ㊀ '義'는 갑본과 을본에 '儀'로 되어 있다.

허백자虛白子가 요긴한 점들을 편찬하다.

虛白子纂要。

강희康熙 9년 경술庚戌(1670) 중춘仲春에 양산梁山 취서산鷲栖山 통도사通度寺에서 간행하다.

康熙九年庚戌。仲春。梁山鷲栖山通度寺刊。[1)]

1) ㉞ 갑본의 간기는 다음과 같다. "虛白子纂要。玄應書。康熙二十三年甲戌仲春。月。日。潭陽法雲山玉泉寺開刊。本寺秩。方丈戒彦。首僧神解。三宝楚敏。持事印潭。書記性天。刻手覺空習手。自二月至四月畢功。" 을본의 간기는 다음과 같다. "虛白子纂要。通政大夫尙均。前判事時僧統兼正華。三綱【己酉年】守敬。持事。守明。普天。【庚戌】守惠。法日。泰敏。證師道元。持殿靈哲。刻工信稔。覺能。泰峻。供養慈敏。慈律。命福雲鶴。鍊板優婆塞正月。諸般法華大藏一覽。八萬大藏經題目。造像壽生經。祖師禮懺。預修排備。庚戌夏四月并刊。書寫松隱。日勳。優婆塞經。函工愛承。鐵物大化師信和。前刻工兩道摠攝。都大統監兼別座雪梅。慶尙道八公山佛堀寺居。功德大化師道性。忠淸道公州地雞龍山岬寺開刊。僧家禮方通曆并刊。"

산중대덕 진희眞熙

사내 의엄義嚴 스님 인서印書

당시 주지 보숙普璹

통정대부 일응一應

통정대부 법홍法弘

통정대부 인행印行

통정대부 혜명惠明

통정대부 현일玄一

전좌典座 해섬海暹

직세直歲 경열敬悅

서기書記 지섬智暹

수승首僧 탄종坦宗

삼강三剛 수헌守軒

지전持殿 연청衍淸

각자刻字 충현冲絢, 변해룡卞海龍, 순정淳淨, 신청信靑, 수언守彦

설심雪心, 쌍옥雙玉, 각림覺林, 해정海淨, 성일性日, 인감印鑑, 희옥熙玉, 신휴信休, 신운信雲, 신일神日

山中大德眞熙。[1]

寺內。義嚴師印書。

時住持。普璹。[2]

通政大夫一應。

通政大夫法弘。

通政大夫印行。

通政大夫惠明。

通政大夫玄一。

曲[3]座。海暹。

直歲。敬悅。

書記。智暹。

首僧。坦宗。

三剛。守軒。

持殿。衍淸。

刻字。冲絢。卞海龍。淳淨。信靑。守彦。

雪心。雙玉。覺林。海淨。性日。印鑑。熙玉。信休。信雲。神日。

---

1) ㉷ 이 부분은 저본의 명단 배치에 따라 『韓國佛敎全書』 일부를 수정하여 제시한다. 2) ㉷ '璹'은 저본에 '琦'에 가깝게 되어 있으나 『韓國佛敎全書』 그대로 소개한다. 3) ㉷ '曲'은 저본에 '典'으로 되어 있다.

다비작법문茶毗作法文

삭발문(시신의 머리를 깎음)

새로 원적圓寂에 드신【○○영가시여】

태어나실 때는 어느 곳으로부터 왔고
죽어 가실 때에는 어느 곳으로 가십니까?
태어남은 한 조각 뜬구름 이는 것 같고
죽음은 한 조각 뜬구름 사라지는 것 같습니다
뜬구름 자체는 실상이 없나니
나고 죽고 가고 옴도 이와 같습니다
홀로 한 물건이 있어 항상 뚜렷하게 드러나고
맑고 자연스러워 생사를 따르지 않습니다

【○○영가시여】 맑고 고요한 이 한 물건을 알겠습니까? 끓는 물에 삶기고 바람에 흔들려 천지가 무너져도, 고요하고 태연히 흰 구름 사이에서 항상 있는 것입니다. 이제 머리를 깎아 무명無明의 십악업번뇌十惡業煩惱를 다 끊어 없앴으니, 무엇을 말미암아 다시 일으키리오?

한 조각 흰 구름이 계곡의 입구를 가로막고 있으니,

둥지로 돌아가야 할 많은 새들이 길을 잃고 헤매네.

茶毗作法文[1)]

削髮文

新圓寂【某靈】。

生從何處來。死向何處去。

生也一片浮雲起。死也一片浮雲滅。

浮雲自體本無實。生死去來亦如然。

獨有一物常獨露。湛然不隨於生死。

【某靈。】還會得湛然底一物麽。鑊湯風搖天地壞。寥寥長在白雲中。今玆削髮。斷盡無明十使煩惱。何由復起。

一片白雲橫谷口。幾多歸鳥盡迷巢。

1) ㉯ 이「茶毘作法文」은 갑본과 을본에는 없다.

목욕(시신을 목욕시킴)

누구라도 붓다 경계 알고자 하면
허공같이 마음을 바로 하고서
망상과 여러 갈래 세계 여의면
어디에도 마음에 걸림 없으리

【○○영가시여】 지금 그 마음을 허공과 같이 깨끗이 하셨습니까? 만일 그렇게 하시지 못하셨다면 다시 나의 말을 들으십시오. 이 정각正覺의 성품은 위로는 모든 부처님에게 이르고 아래로는 육범六凡에 이르기까지 낱낱이 당당하고 낱낱이 갖추어져 있어서, 티끌마다 위로 통하고 물건마다 위에 나타나서 닦아 이루기를 기다리지 않고도 분명하고 밝게 드러납

니다.

【주장자를 들고】 보았습니까? 【주장자를 내리치고】 들었습니까? 이미 또렷또렷하게 보았고 이미 역력하게 들었다면 이 보고 듣는 자가 도대체 누구입니까?

부처님 얼굴은 깨끗하고 맑은 둥근달과 같고, 또한 천 개의 해가 빛을 뿜어내는 것과도 같네. 이제 여기에서 목욕을 하여 환 같고 허망한 티끌과 때를 씻어 내어 금강金剛처럼 견고하여 무너지지 않는 몸을 얻었습니다.

청정한 법신은 안과 밖이 없고
생사에 오감 없이 한결같이 참되고 떳떳하리다

沐浴【云】

若人欲識佛境界。當正其意如虛空。

遠離妄想及諸趣。令心所向皆無碍。

【某靈。】還當正其意如虛空麽。其或未然。更聽註脚。此正覺之性。上至諸佛。下至六凡。一一當當。一一具足。塵塵上通。物物上現。不待脩成。了了見明。【拈柱杖云。】還見麽。【打下云。】還聞麽。旣了了見。旣歷歷聞。畢竟是介什麽。佛面猶如淨滿月。亦如千日放光明。今玆沐浴幻妄塵垢。獲得金剛不壞之身。

淸淨法身無內外。去來生死一眞常。

세수(시신의 손과 얼굴을 씻길 때)

세수를 시키면서 말한다.

왔으나 왔음이 없음은 밝은 달그림자가 일천 강물에 나타난 것 같고, 갔으나 갔음이 없음은 밝은 허공에 형상을 여러 세계에 나누어 나타나는 것과 같습니다.

사대가 흩어지니 꿈 같고 환 같으며
육진과 심식이 본래 공인데
부처님과 조사들이 빛 돌린 곳 알려 하는가
서산에 해 지고 동녘에 달이 뜬다

이제 여기에서 세수를 하였으니 이치를 밝게 가려 가셔서 시방十方의 부처님 법이 손바닥 안에서 밝게 그려질 것입니다.

나무 없는 청산이 눈 안에 가득한데
벼랑 끝 손 놓으니 대장부로세

洗手【云】

來無所來。如朗月之影現千江。去無所去。似澄空而形分諸刹。

四大各離如夢幻。六塵心識本來空。

欲識佛祖廻光處。日落西山月出東。

今玆洗手。取理分明。十方佛法。皎然掌內。

滿目靑山然[1)]寸樹。懸崖撒手丈夫兒。

1) 역 다른 모든 의식문 중 세수편에는 '然'이 '無'로 되어 있다. '然'은 '無'의 오자로 보아 여기에서는 '無'로 번역하였다.

세족(시신의 발을 씻음)

날 때에도 적적的的[25]하여 생을 따르지 않고

25 적적的的 : 또렷하고 명백明白한 모양.

죽을 때도 당당하여 죽음 따르잖으며
나고 죽고 오고 감에 간섭지 않는
바른 몸이 당당히 눈앞에 있네

이제 여기에서 발을 씻어 가득한 행行 원만히 이루었고, 한번 들어 한 걸음에 법운法雲에 오르소서

일찰나에 무념처로 돌아갈 수 있다면
높이 올라 비로자나 정상에 나아가리

洗足【云】

生時的的不隨生。死去堂堂不隨死。
生死去來無干涉。正體堂堂在目前。
今玆洗足。滿行圓成。一擧一步。超登法雲。
但能一念歸無念。高步毗盧頂上行。

착군(속옷을 입힐 때)

사대四大가 이루어졌을 때도 저 한 점의 신령스러운 빛은 그 이룸을 따르지 않았으며, 사대가 무너졌을 때도 저 한 점의 신령스러운 빛은 그 무너짐을 따르지 않았습니다.

나고 죽고 이루어지고 부서짐은 허공 꽃과 같으니
원수와 친함과 숙업이 지금 어느 곳에 있으리까?
사라진 지금에도 자취를 찾을 길 없고
탄연하고 걸림 없어 허공 같을 따름이네

【○○영가시여】

세계와 티끌 모두 다 미묘한 본체, 낱낱 사물 모두가 내 집의 주인!

이제 속옷을 입어 육근六根의 문을 깨끗하게 보호하고 부끄럽고 뉘우치는 마음을 장엄하였으므로 단번에 보리를 증득해야 할 것입니다.

법어로 인해 마음의 근본을 깨닫는다면
육진의 몸이 원래는 한줄기 신령스런 빛

着裙

四大成時。這一點靈明不隨成。四大壞時。這一點靈明不隨壞。

生死成壞等空花。寃親宿業今何在。

今旣不在覓無蹤。坦然無碍若虛空。

【靈駕。】刹刹塵塵皆妙體。頭頭物物摠家翁。今玆着裙。淨護根門。慚愧莊嚴。超證菩提。

若得因言達根本。六塵元我一靈光。

착의(겉옷을 입힘)

올 때엔 어떠한 물건이 왔으며
갈 때엔 어떠한 물건이 가려는고
가거나 오거나 본래 한 물건도 없는데

【○○영가시여】 참답게 머물 곳을 밝디 밝게 아시렵니까. 푸른 하늘 흰 구름은 만 리를 오가도다. 지금 겉옷을 입어 더러운 모습을 가렸으니 여래如來 유인柔忍의 옷이며, 바로 원래 모습입니다.

우리 스승 연등불 뵙고
다겁에 인욕선인 되셨음이네

着衣【云】

來時是何物。去時是何物。

來時去時。本無一物。

【靈駕。】欲識明明眞住處。青天白雲萬里通。今玆着衣。掩庇形穢。如來柔忍。是我元常。

我師得見然燈佛。多刧曾爲忍辱仙。

착관(모자를 씌움)

보이고 들림은 허망한 눈병 같고
삼계는 허공에 핀 꽃과 같아
들음을 돌이켜 가림의 뿌리를 없애면
번뇌는 사라지고 깨침만이 청정하리
깨끗함이 지극해 광명 통달해
고요히 밝혀서 허공 머금고
돌아와 세간을 꿰뚫어 보면
인생사 한바탕 꿈과 같으리

이제 관冠을 씀은 최상의 정문頂門인 수릉엄삼매首楞嚴三昧를 온갖 성현들과 함께하는 것입니다.

인지의 법행에서 마음이 물러서지 않으면
등묘각에 올라감은 의심 없으리

着冠【云】

見聞如幻翳。三界若空花。

聞復翳根除。塵消覺圓淨。

淨極光通達。寂照含虛空。

却來觀世間。猶如夢中事。

今玆着冠。寂上頂門。首楞嚴三昧。千聖共由。

因地法行心不退。終登等妙也無疑。

정좌(시신을 바로 앉게 함)

신령한 빛 홀로 빛나니
육근 육진 벗어났도다
본체는 참되고 항상함을 드러내나
문자에 걸리지 않네
참된 성품 물듦 없고
본래부터 스스로 원만하네
부질없는 인연만 여의게 되면
곧 여여한 붓다이로세

지금 여기에 바르게 앉음은 법은 비었다 하는 것이며, 부처님과 보살들이 토굴로 집을 삼으심입니다.

미묘한 깨침의 자리 뛰어난 장엄
모든 붓다 이 자리서 깨치셨듯이
그대 지금 앉음도 또한 이 같아
우리 함께 한꺼번에 불도 이루리

正坐【云】

靈光獨曜。逈脫根塵。

體露眞常。不拘文字。

眞性無染。本自圓成。

但離妄緣。即如如佛。

今玆正坐。是爲法空。諸佛菩薩。以爲窟宅。

妙菩提坐勝莊嚴。諸佛坐已成正覺。

汝今正坐亦如是。自他一時成佛道。

시식(음식을 베풂)

한 조각 나의 이 향은
한 조각 마음입니다
이 향 연기 아래에서
본래 참된 밝음 피어나소서

삼가 생사가 바뀌는 것은 추위와 더위가 바뀌는 것과 같네. 그 오는 것은 하늘에서 번개가 치는 것 같고, 그 가는 것은 큰 바다에 파도가 이는 것 같네.

【○○영가시여】 삶의 인연 이미 다해 큰 목숨이 갑자기 옮겨졌도다. 모든 작용 무상無常함을 바로 알면, 곧 적멸寂滅로 즐거움을 삼게 되리라.

공손히 대중을 의지하여 엄숙히 불전에 나아가소서. 모든 성현 위대한 명호 외우면, 맑은 혼은 정토淨土로 옮아가리라.

우러러 대중들에게 의지하나니 염念하소서.

施食【云】

我此一片香。生從一片心。

願此香烟下。熏發本眞明。

切以生死交謝。寒署迭遷。其來也電擊長空。其去也波澄大海。【某靈。】生緣已盡。大命俄遷。了諸行之無常。乃寂滅而爲樂。恭依大衆。肅詣前進。誦諸聖之弘名。薦淸魂於淨土。仰憑大衆念。

다음에 십념十念[26]을 송한다.

나의 이 한 발우 밥은
향적계서 내려온 찬[27]이 아니랴
뛰어난 맛 훈기로써
선열미로 배 부르소서

次十念【云】

我此一鉢飯。不下香積饌。

願此一味熏。禪悅飽齁齁。

다음에 『심경心經(반야심경)』을 독송한다. 존승다라니尊勝陀羅尼를 독송하는 것도 가하다.

---

26 십념十念 : '법신비로자나불, 원만보신노사나불, 천백억화신석가모니불, 구품도사아미타불, 당래하생미륵존불, 시방삼세일체제불, 시방삼세일체존법, 대성문수사리보살, 대행보현보살, 대비관세음보살, 대원본존지장보살, 제존보살마하살, 마하반야바라밀'까지를 말한다.

27 향적계서 내려온 찬(香積饌) : 여래의 공덕에 의해서 만들어진 것이기 때문에 이것만으로도 사바세계의 중생이 몇 억 겁을 먹고도 남는다는 음식을 말한다. 『維摩經』에 나오는 말이다.

次誦心經。尊勝亦得。

표백[28]

황매산黃梅山 아래에서 부처님과 조사가 전한 마음을 친히 전하고, 임제臨濟의 문중에서 영원히 인천人天의 안목眼目을 지었습니다. 본래 서원 잊지 말고 사바세계 속히 와서 다시금 큰일 밝혀 중생을 널리 이롭게 하여 큰 지혜로 장엄하소서.【시방삼세의 일체 부처님과 보살님들과……】생각하면서…….[29]

表白

黃梅山下。親傳佛祖之傳心。臨濟門下。永作人天之眼目。不忘本誓。速還娑婆。再明大事。普利群生。莊嚴普智。念【十方三世】。

입감(시신을 관에 넣음)

대중은 또 말해 보시라. 옛 부처는 어디로 갔고 오늘의 부처는 어디로 갔는가. ○○영가는 또 어디로 갔는가. 어떤 물건이 감히 파괴되지 않을 것이며, 어느 누가 오래도록 견고하랴. 모든 사람들은 아시겠는가.

영가와 삼세 모든 부처님이 일시에 도를 이루고, 열 종류 군생群生들이 같은 날 열반에 든 소식을. 혹 그렇지 않은가.

---

28 표백表白 : 선원이나 의식에서 제문祭文이나 회향문廻向文을 읽는 것 또는 그 일을 맡은 소임. 지금은 유나維那가 맡는다. 개백開白이라고도 한다.

29 이 부분의 생략된 문장을 갖추어 말하면 "시방삼세 일체의 모든 부처님들과 가장 높은 지혜를 구하시는 모든 보살들을 염하나이다. 마하반야바라밀.(念十方三世一切諸佛。諸尊菩薩摩訶薩。摩訶般若波羅密。)"이다.

눈 달린 돌사람은 일제히 눈물 흘리고
말 없는 동자는 남몰래 슬퍼하네

入龕【云】

大衆且道。古佛也伊麽去。今佛也伊麽去。【某靈】也伊麽去。何物不敢壞。是誰長堅固。諸人還知麽。【靈駕】與三世諸佛。一時成道。共十類群生。同日涅槃。其或未然。

有眼石人齊下淚。無言童子暗嗟噓。

기감(관을 들고 밖으로 옮김)

묘각妙覺이 앞에 나타나 선열禪悅로 음식 삼고, 남북동서 어디서나 쾌활快活하리다. 비록 이와 같으나 대중께 묻노니【○○영가의】열반처는 지금 어디 있습니까?

곳곳의 푸른 버들 말을 맬 만하고
집집마다 문밖은 장안 가는 길

起龕【云】

妙覺現前。禪悅爲食。南北東西。隨處快活。雖然如是。敢問大衆。【靈駕】涅槃路頭。在什麽處。

處處綠楊堪繫馬。家家門外通長安。

거화(불을 들고 서서 하는 의식)

이 하나의 횃불은 삼독三毒의 불이 아니라, 바로 여래如來의 한 등불이요 삼매三昧의 불입니다. 그 빛은 밝고 밝아서 삼제三際(三世)를 두루 비추고, 그 불꽃은 찬란하여 시방세계를 통해 사무칩니다. 이 빛을 얻으면 하루아침에 모든 부처님과 똑같아질 것이며, 이 빛을 잃으면 나고 죽음을 만 겁토록 따르게 됩니다.

【○○영가시여】 빛을 돌려 심성 비춰 무생無生을 확실히 깨달으면, 뜨거운 번뇌의 고통을 벗고 쌍림雙林의 즐거움을 얻게 되리다.

擧火【云】

此一炬火。非三毒之火。是如來一燈。三昧之火。其光赫赫。洞照三際。其焰煌煌。洞徹十方。得其光也。等諸佛於一朝。失其光也。順生死之萬刧。【靈駕。】 廻光返照。頓悟無生。離苦熱惱。得雙林樂。

하화(불을 붙이면서 하는 의식)

세 가지 인연이 어울리고 합하여 잠깐 존재를 이루었다가, 사대四大가 흩어져서 떠나니 홀연히 허공으로 돌아가게 되었습니다. 몇 해를 허깨비 같은 고해苦海를 유랑하다가, 오늘 아침에야 껍질을 벗어 버렸으니 경사스럽고 쾌활하기 북쑥과 같습니다. 대중은 다시 말해 보시오. 【○○영가가】 어디로 향해 갔습니까?

나무 말에 누웠다가 몸 한번 뒤집으니
크게 붉은 불꽃에서 찬바람이 이는구나

下火【云】

三緣和合。暫時成有。四大離散。忽得還空。幾年遊於幻海。今朝脫殼。慶快如蓬。大衆且道。【靈駕】 向什麽處去。

木馬倒騎飜一轉。大紅焰裏放寒風。

다음에 대중들은 함께 「행원품行願品」을 독송한다. 불이 다 타고 나면 각각 돌아간다.

次【大衆同誦行願品。盡燒後各散可。】

창의(영혼을 불러서 새로운 옷을 입힘)

향불 연기 인하여 이 자리에 내려오사
창의를 증명하사 보고 들어 아옵소서
법신은 본래부터 항상 청정해
번뇌 끊고 보리를 증득하소서
뜬구름은 흩어지면 자취를 남기지 않고
남은 초 타 버리면 빛도 다하리

지금 이 노래를 부름은 무상無常을 나타냄이니, 대중이 십념을 염함을 우러러 의지하소서.【운운云云……】

위로부터 창의의 염송공덕은【영가께서】육근과 육진을 멀리 벗고 삼계를 초월하게 함이옵니다.

일천 성현 밟으신 길을 밟고, 일승一乘의 도량에서 유희遊戱하소서.

바다 하늘 밝은 달은 처음 뜰 때고
바위 밑의 원숭이 울음 그칠 때

唱衣【云】

因此香烟降筵席。證明唱衣見聞知。

法身本來恒清淨。斷除煩惱證菩提。

浮雲散而影不留。殘燭盡而光自滅。

今玆估唱。用表無常。仰憑大衆念【十念云云】。

上來唱衣念誦功德。奉爲【靈駕】迥脫根塵超出三界。驀踏千聖之路。遊戲一乘之場。

海天明月初生處。岩峀啼猿正歇時。

습골(남은 뼈를 주우며 하는 의식)

취할 수도 없고, 버릴 수도 없습니다. 바로 이때 당하게 되면 어찌하시렵니까?【쯧쯧!】

눈썹을 치켜뜨고 불 속을 보면
한 움큼 황금 뼈가 분명하리라

拾骨【云】

取不得捨不得。正當伊麽時。如何委悉。【咄。】

剔起眉毛火裏看。分明一句黃金骨。

기골(뼈를 뒤지면서 하는 의식)

한 줄기 신령스러운 광명은 걸림 없음 깨달아 몸 한번 돌리시니 그 얼마나 자재自在합니까?

형상도 공한 것도 공하지 않음도 없으면
그것이 바로 여래의 진실한 모습이라네

起骨【云】

一點靈明。了無所礙。一擲飜身。多少自在。
無相無空無不空。即是如來眞實相。

쇄골(주운 뼈를 빻으면서 하는 의식)

누구라도 정상관문 오르게 되면
산하대지 넓음을 알게 되리라
인간세상 분별세계 나지 않으면
푸른 산 깊은 물에 어찌 걸리랴

저 백골이 부셔졌습니까, 부서지지 않았습니까? 부서지면 푸른 하늘과 같을 것이요, 부서지지 않으면 푸른 하늘의 흰 구름과 같을 것입니다. 영식이 홀로 드러나 있는 듯 없는 듯 이 이치를 알겠습니까?

이곳을 떠나잖코 늘 담연하니
찾아도 볼 수 없음 아시게 되리

碎骨【云】

若人透得上頭關。始覺山河大地寬。
不落人間分別界。何拘綠水與青山。
這介白骨。壞也未壞也。壞則猶如碧空。未壞則青天白雲。靈識獨露。有在不在。還識這介麽。

不離當處常湛然。覓則知君不可見。

산골散骨은 오방五方에 해도 좋다

동방東方에 뿌릴 때

모습 없는 곳에서 생을 받은 몸
요술 속에 수많은 모습이 생기듯
허깨비 같은 마음과 의식 본래 없으니
죄와 복도 모두 공해 머무는 곳이 없네

【○○영가여】 온갖 유골 다 흩어 뿌리니, 불로 돌아가고 바람으로 돌아가건만 한 물건은 오래도록 혼령을 진압하여 하늘 덮고 땅을 덮네

【○○영가여】 알겠습니까?
만일 지금 저 한 물건 알고 싶거든
빽빽한 청산이 텅 빈 집이라네

남방南方에 뿌릴 때

착한 법을 짓는 것도 본래가 허깨비요
악한 업을 짓는 것도 모두가 허깨비라
이 몸은 거품이요 마음은 바람인데
허깨비가 내는 것 근거도 진실도 없다

【○○영가여】
머리뼈가 남북으로 바람에 날려

참사람 어디메 있는지 몰라
나기 전도 그르쳤고 죽고도 그래
날 적마다 거듭거듭 그르쳤으나
한 찰나 나지 않음 알 수 있다면
그르침의 원래 끝은 그름 아니네

서방西方에 뿌릴 때

사대를 잠시 빌려 몸이라 하고
마음은 본래 남이 없건만 경계 따라 생기네
앞의 경계 없어지면 마음도 없어지고
죄와 복도 요술처럼 또한 없어지네

【○○영가여】 이미 죽었고 불에 태웠으며 뼛가루까지 뿌렸으니 어느 곳을 향해 가려는가? 그림자 없는 나무 아래서 달을 읊고 바람을 읊으며, 꿰맨 자국 없는 탑 앞에서 몸을 편안히 하고 목숨을 따르는구나.

북방北方에 뿌릴 때

육신의 실상 없음 아는 것이 곧 부처를 앎이요
마음이 요술 같음을 아는 것이 곧 부처의 마음일세
몸과 마음의 본성이 공함을 알면
그 사람은 부처님과 무엇이 다르랴

【○○영가여】
백골이 타 흩어졌으니

어느 누가 주인입니까?
허공 같은 오직 하나
밝은 달과 맑은 바람

중앙을 향하여 뿌릴 때

부처란 몸을 보지 않고 아는 것이 곧 부처이니
만일 진실로 아는 바가 있다면 따로 부처가 없다
지혜로운 이는 죄의 성품이 공함을 알아
태연하게 나고 죽음을 따르지 않네

【○○영가여】 마른 재를 넓은 들판에 날리니, 뼈마디를 어디서 찾으리까? 땅바닥에 떨어지는 한 순간에 비로소 뇌관牢關에 이르리다.【쯧쯧】

한 점의 밝은 빛은 안팎이 없고
오대는 허공에 잠기고 흰 구름만 한가롭네

散骨五方亦得。

東方。

身從無相中受生。猶如幻出諸形相。

幻人心識本來無。罪福皆空無所位。[1)]

【入靈。】百骸俱潰散。歸火歸風。一物鎭長靈。盖天盖地。

【入靈。】會麽。

如今欲識一物者。鬱鬱靑山倚寥廓。

南方。

起諸善法本是幻。造諸惡業亦是幻。

身如聚沫心如風。幻出無根無實性。

【入靈。】

頭骨風飄南北走。不知何處見眞人。

生前錯死後錯。世世生生又重錯。

若能一念了無生。錯錯元來終不錯。

西方。

假借四大以爲身。心本無生因境有。

前境若無心亦無。罪福如幻起亦滅。

【入靈。】死了燒了散了。向什麼處去。無影樹下。嘯月吟風。無縫塔前。安身立命。

北方。

見身無實是佛身。了心如幻是佛心。

了得身心本性空。斯人與佛何殊別。

【入靈。】

白骨燒散盡。箇中誰是主。

唯有一虛空。明月與淸風。

向中。

佛不見身知是佛。若實有知別無佛。

智者能知罪性空。坦然不隨於生死。

【入靈。】灰飛大野。骨節何安。驀地一聲。始到牢關。【咄。】

一點靈明非內外。五臺空鎖白雲閑。

1) 역 〈七佛偈〉에는 '位'가 '住'로 되어 있다. 번역은 후자에 따른다.

다음에【진언眞言[30]과 개계開啓의 작법作法은 평상시와 같이 하면 된다.】

30 진언眞言 : 환귀본토진언還歸本土眞言인 "옴 바자나 사다모"를 말한다.

대개 듣자오니 한 분 미타彌陀는 메아리가 소리에 호응하듯이 중생을 제도하겠다는 큰 서원의 자비심을 일으키고, 네 큰 성현은 달이 강물에 도장을 찍듯이 길을 이끄는 큰 자비로 혼을 부르시니, 간절히 귀의歸依하면 감응이 어찌 더디겠습니까? 그런 까닭에 조선국 ○○처에 사는 상주喪主 ○○○는 엎드려 새로 원적圓寂에 든【○○대사】○○영가를 위하여 이 제사 올리는 자리를 받들어 저 극락세계에 오르기를 바랍니다. 사유闍維(茶毘)할 날을 가려 정하고 삼가 향과 차를 올리는 예를 갖추어 극락교주極樂敎主 아미타부처님과 오보세계五寶世界 모든 부처님과 여러 큰 보살님께 받들어 바치고, 경건하온 작법 지어 우러러 미묘한 도움 바라옵는 ○○들은 삼가 개연介緣은 비록 만 리 하늘에 한 점 구름 같사오나 능감菱鑑(거울)은 천 강千江의 외로운 달과 같은 것입니다. 잠시 붉은 연꽃 속에서 떠나와 백운 단상으로 내려오소서. 지난날의 서원을 어기지 말고 충성스런 정성을 굽어살피소서. 삼가 지극한 마음으로 먼저 삼청하옵니다.

일심으로 받들어 청하옵나니, 자색 금빛 장엄하신 몸은 백억 불국세계에 빛나시고, 백옥같이 밝은 옥호는 오봉산상五峯山上을 감도는데, 광명이 곳곳으로 흘러 중생들을 섭수攝受하지 않음이 없으시고, 나투신 그림자 중중무진重重無盡하사 인연 있는 중생들을 모두 건네시니, 세 가지 마음을 갖추고 십념十念의 공을 이루는 이 있다면 구품연대九品蓮臺를 향해 나게 하여 오탁五濁의 악세惡世를 벗어나게 하시는 큰 자비와 큰 서원을 세우신 매우 거룩하시고 자애로우신, 우리를 인도하시는 스승 아미타부처님이시여, 유정有情들을 불쌍하게 여기시사 이 도량에 내리옵소서.

일심으로 받들어 청하옵나니, 오보세계에 자재하여 걸림이 없으신 동방 만월세계滿月世界의 약사존불藥師尊佛, 남방 환희歡喜세계의 보승寶勝여래불, 서방 극락세계의 아미타불, 북방 무우無憂세계의 부동존불不動尊佛, 중방 화장華藏세계의 비로자나불毘盧遮那佛이시여, 자비를 베푸시고 유정들을 불쌍히 여기사 이 도량에 내려와 이 공덕을 증명하옵소서.

대중들은 향화청香花請을 합창한다.

【다음에 헌좌진언과 권공勸供은 평상시와 같이 하면 된다.】

次。【眞言開啓。作法如常。】

盖聞一彌陀。興悲度生之弘願。如響應聲。四大聖。招魂引路之大慈。同月印水。歸依若切。感應奚遲。是以朝鮮國。某處住喪者。

伏爲新圓寂【某師】某靈駕。承斯薦席。登彼樂邦之願。擇定闍維之日。謹脩香茶之禮。奉獻極樂敎主阿彌陀佛。五寶世界諸佛。諸大菩薩。勳勤作法。仰祈妙援者。右伏以芥緣。雖似萬里天雲一點。凌[1]鑑。即同千江水月孤輪。暫辭於紅藕花中。略降於白雲壇上。不違曩誓。俯鑑丹誠。謹運一心。先陳三請。

一心奉請。紫金嚴相。輝華百億刹中。白玉明毫。旋轉五峯山上。光流處處。無不攝生。影化重重。有緣皆度。若有三心剋脩。十念功成。接向九蓮。令辭五濁。大悲大願。大聖大慈。我等導師阿彌陀佛。憐愍有情。降臨道場。

一心奉請。五寶世界。自在無碍。東方滿月世界。藥師尊佛。南方歡喜世界。寶勝如來佛。西方極樂世界。阿彌陀佛。北方無優世界。不動尊佛。中方華藏世界。毗盧遮那佛。惟願慈悲。憐愍有情。降臨道場。證明功德。

衆和香花請。【次獻座。勸供如常。】

---

1) ㉮ '凌'은 '菱'의 오기인 듯하다.

무릇 승가僧家의 예란 선가禪家의 대업大業이요 장례의 요기要機이다.

예전에 다비茶毘하는 글이 있었는데 그것을 실마리로 하여 지금까지 가례家禮의 법을 전했던 것이다. 그런데 거기에 비단(설명)을 첨가한 것은 바로 허백당虛白堂 대사이시다.

그의 전등傳燈을 살펴보면 송월松月의 문인이다. 온갖 경전을 두루 섭렵하다가 그로 인하여 이 책을 만들어야겠다는 뜻을 얻게 되었다.

다비의 법은 여러 책에 수록되어 있었으므로 간행하지 않았으며, 가례의 규범은 여러 경전에 수록된 것이 드물어서 그 때문에 편집하고 판목에 새겨 간행하였다. 장님이 코끼리를 만져 보고 논의하듯이 풀이하고, 개가 뼈다귀를 다투듯이 해석하였다. 다만 새로 원적에 드는 큰 의식에 대해서만은 역시 미혹한 뭇 중생들로 하여금 기분이 상쾌하게 할 수 있었다. 일을 엮어 내는 사람에게야 이것을 버리면 그 무엇을 말하랴. 사유闍維(장례)를 하는 사람은 이 이치를 따르는 것이 옳을 것이다.

이 책에는 대경대법大經大法이 들어 있고, 후세의 새로 배우는 사람들이 미루어 볼 내용이 들어 있으니, 법의 운수가 거듭 일어나고 지혜의 횃불이 다시 밝혀진 것이다.

의암義巖 존숙尊宿은 평양 후인後人이다. 성품으로 쌓은 숙연宿緣이 있어 마음으로 정법正法을 닦았다. 늦게 청허당淸虛堂의 4세世 문예門裔로 참예하였으며, 사명四溟의 3세 법손法孫이 되었다. 그러니 그 계통이 면면히 이어져서 맥을 이어왔음을 알 수 있다.

그는 마음대로 경문을 열람하였으며, 아울러 그 뜻과 이치를 통하고, 마음으로 선사先師의 자취를 헤아려 다비에 관한 책을 앞의 것에 덧붙여서 간행하였다. 그윽이 생각해 보건대 만약 세상의 뜻에 호응하는 사람이 아니라면 어떻게 그 이치를 통달할 수 있었겠는가. 발심한 사람이 아니고서야 어떻게 널리 이로움을 줄 수 있겠는가?

어느 날 나에게 말씀하시기를 "한쪽 수레바퀴는 한 치만 한 거리도 굴

러갈 수 없고 한쪽 발이 잘린 준마駿馬는 결국 천 리를 가기 어렵다. 상례에 대하여 전의 것에 덧붙여 간행하여 유포하려는데 그대 생각은 어떤가? 내가 비록 자리를 비우더라도 소견所見에는 그대가 가장 적절한 듯하다."라고 하셨다.

두 손을 모아 즉시 대답하기를 지성으로 권유하였다. 어찌 책의 말미에 간행하게 된 처음과 마지막의 일을 나와 같은 재주도 없는 사람에게 청하리라는 생각이나 했겠는가? 아무리 견고하게 거절했지만 간청 또한 매우 간절한지라, 졸렬한 문장인 줄도 잊어버린 채 그냥 연월年月이나 기록한다.

강희 9년(1670) 상장上章 엄무閹茂(경술년) 중춘에 미혼彌混 사문 충현冲絢은 삼가 발문을 쓴다.

夫僧家禮者。禪家之大業。葬禮之要機。古有茶毘之文。而惟繹其緖。今傳家禮之法。而能添其錦。其有虛白堂大師。傳燈松月之門人。游歷群經。因得斯旨。茶毘之法。在於諸文。而故未刊之。家禮之規。罕於群典。而因爲編刻。以解摩象之議。以釋爭骨之鬪。非獨新圓寂之大儀。亦使迷群生之洒落。繹事者。捨此而誰謂。闍維者。順理而可宜。大經大法存焉。後昆新學推矣。法運重興。慧炬再發。義巖尊宿。平壤後人。性蘊宿緣。心修正法。晩叅淸虛之四世門裔。因爲四溟之三世法孫。綿綿係係。續脉可知。恣游經文。兼通義理。意擬先師之跡。添刊茶毘之文。竊謂若非應世之士。何能通義。發心之人。曷克普利。有日謂余曰。一隻之輪。尙不寸行。折足之駿。終難千里。添刊流布。於意何乎。余雖闕席。所見似宜。叉手即落。以誠至勸。豈意刊後始終之事。顧請如我之才。拒雖堅固。請亦甚勤。忘其文拙。只記年月尓。

維康熙九年上章閹茂。仲春。彌混沙門冲絢謹拔兼書。

자기문절차조열
仔夔文節次條列*

계파 성능桂坡聖能 엮음
김두재 옮김

* ㉯ 저본은 옹정雍正 2년(1724) 경상도 가야산 해인사 개판본(서울대학교 규장각 소장)이다.

자기문절차조열仔夔文節次條列 해제

김 혜 경
전 동국역경원 역경위원

1. 개요

『자기문절차조열仔夔文節次條列』은 계파 성능桂坡聖能(생몰년 미상)이 1724년(경종 4) 해인사海印寺에서 『자기산보문仔夔刪補文』을 간행할 때 새로 제작하여 앞부분에 합본한 책이다. 『자기산보문』은 수륙재水陸齋의 의식문인데, 금金나라 자기仔夔가 펴낸 『자기문仔夔文』(1150)을 이 땅의 신앙 형태에 맞도록 수정하여 펴낸 것이다. 『자기산보문』은 현재 '융경隆慶 2년 무진戊辰(1568, 선조 1) 4월 일, 경상도 학산鶴山 광흥사廣興寺 개판開板'본이 남아 있으며, 해인사본은 이의 후쇄본後刷本이다. 따라서 『자기문절차조열』은 기존에 알려진 것처럼 『자기산보문』을 보충하고 수정하여 펴낸 책이라기보다, 『자기문(자기산보문)』을 가지고 현장에서 의식을 행할 때 알아 두어야 할 절차나 주의 사항을 소개한 일종의 가이드북에 해당한다.

2. 편자

계파 성능은 17세기 후반에서 18세기 전반까지 활동했던 조선 중기의 승려이다. 정확한 생몰년도는 알 수 없다. 법명은 성능聖能 혹은 성능性能으로 표기한다.

지금까지 알려진 바에 의하면 성능은 경북 학가산鶴駕山에 출가하였고, 지리산 화엄사華嚴寺의 벽암 각성碧巖覺性(1575~1660) 문하에서 3년 동안 수행하여 도를 이루었다. 참고로 각성은 이 책에 함께 수록한 『석문상의초』를 펴낸 인물이다.

성능은 1702년에 화엄사의 장륙전丈六殿을 중건하였다. 이 불사는 성능의 원력으로 1699년(숙종 25)에 공사를 시작하여 3년 만에 완공을 보았는데, 화엄사에는 이에 얽힌 설화가 전한다.

> 장륙전 중건을 위하여 100인의 승려들이 대웅전에서 백일기도를 올렸다. 대사는 기도의 원만한 성취를 위하여 공양주供養主를 자원하였다. 백일기도가 끝나는 회향일廻向日에 한 노승의 꿈에 문수보살이 나타나 "물 묻은 손으로 밀가루를 만져서 밀가루가 묻지 않는 사람으로 화주승化主僧을 삼아야 불사를 이룰 수 있다."고 하였다. 이에 100인의 대중이 모두 시험한 결과 대사만 밀가루가 손에 묻지 않아 화주승이 되었다. 대사는 화주할 걱정에 대웅전에서 기도를 올리는데 "다음날 처음 만나는 사람에게 시주를 권하라."는 문수보살의 말씀이 들렸다. 그러나 다음날 처음 만난 사람은 절에 자주 들르는 거지 노파였다. 그 노파는 성능에게 시주를 요구 받자 "이 몸이 죽어 왕궁에 환생하여 큰 불사를 이루겠나이다." 하며 서원을 세운 뒤 연못에 몸을 던져 죽었다. 그 뒤 성능은 5, 6년을 걸식하여 사방을 돌아다니다가 한양 창덕궁에 이르러 마침 유모와 함께 궁 밖을 소요하던 공주와 마주쳤는데, 공주는 우리 스님이라 하면

서 반가워하였다. 공주는 태어나면서부터 한 손을 펴지 않았는데 성능이 이를 펴 보니 손바닥에 '장륙전' 세 글자가 쓰여 있었다. 이 소식을 들은 숙종은 성능을 도와 장륙전을 완성하게 하였고, 사액을 내려 각황전覺皇殿이라 하였다 한다.

성능은 1711년(숙종 37) 팔도도총섭八道都摠攝이 되어 한양 수비의 요충인 북한산성北漢山城을 9개월 만에 축성하였다. 다시 화엄사로 돌아온 그는 수행의 여가에 「산성기사山城紀事」를 집필하였고, 1745년(영조 21) 도총섭 직책을 서윤瑞胤에게 인계할 때 산성山城에 관한 일 14조條를 『북한지北漢志』라 이름 붙여 판각하였다. 그 뒤에도 그는 화엄사에서 『대화엄경大華嚴經』을 판각하고 장륙전을 중수했으며, 1750년(영조 26)에는 통도사로 옮겨 계단탑戒壇塔을 증축하고 석가여래영골사리탑비釋迦如來靈骨舍利塔碑를 세웠다. 편저에 『자기문절차조열』 1권과 『북한지』 1권이 있다.

3. 서지 사항

불분권 1책(21장)의 목판본으로 경종景宗 4년(1724)에 합천 해인사에서 간행하였다. 서문은 낙암 의눌洛巖義訥(1666~1737)이 썼고, 발문은 성능이 썼다. 간기는 "옹정雍正 2년 갑진甲辰(1724) 3월 경상도慶尙道 합천지陜川地 가야산伽倻山 해인사海印寺 개판開板"이다. 『한국불교전서』 제11책에는 규장각 소장본을 저본으로 수록하였다.

체제는 서문, 본문, 발문, 간기 순으로 되어 있다.

서문은 '숭정崇禎 후 갑진甲辰 늦은 봄' 의눌이 간행의 경과를 간략히 쓴 것이다. 규장각의 해제를 보면 '숭정 후 갑진'을 1664년으로 소개하고 있는데 의눌의 생몰 연대에 맞추어 볼 때 1664년이면 그가 태어나기 이전이니 그때 서문을 썼을 리가 없다. 그렇다면 갑진년은 이 책이 간행된 1724년으로 보는 것이 타당하다.

본문은 '17무공단十七無供壇', '법시도량法施道場' 설명에 이어 「분단배치규칙(分壇排置規)」과 「자기문위목규칙(仔夔文位目規)」 순으로 수록되었다. 「분단배치규칙」에는 법당 뜰 가운데의 대영산단大靈山壇 배치, 외월대外月臺 대미타단大彌陁壇 배치, 금강문金剛門 안의 예수단預修壇 배치, 고사庫司 마구馬廐 등의 단과 하판관夏判官 등 여러 단 배치, 중단中壇 정중庭中 좌우 배설, 하단下壇, 옹호단擁護壇 배치, 사오로단使五路壇, 무공배치無供排置 등이 수록되었다.

발문은 1724년에 이 책을 간행한 성능이 썼는데, 편찬의 이유와 내력을 밝히고 있다.

이어 산중종사질山中宗師秩, 교정校正, 전함질前啣秩, 시주질施主秩, 산중노덕질山中老德秩, 각원질刻員秩 등의 명단이 길게 소개되어 있다.

4. 내용과 성격

수륙재는 양梁나라의 무제武帝가 처음으로 실시하였고, 우리나라에서는 971년(광종 22) 수원 갈양사에서 혜거惠居 국사가 처음 시행한 이후, 조선 시대에도 전쟁에 의하여 희생된 영혼을 달랜다는 목적에서 국행國行으로, 또는 민간에서 크게 성행하였다. 수륙재는 본래 무주고혼無主孤魂을 위한 재였으나, 시간이 흐르면서 점차 다양한 목적으로 행해졌다. 수륙재는 조선 초기에 국상제國常制로서뿐만 아니라 사대부·서인의 상제로서 법제화되었고, 종래의 불교 의례가 지녔던 제 기능을 흡수하는 복합기능적 불교의례로 발전하였다. 이 점에서 수륙재는 조선 초기를 대표하는 의례라고 할 수 있다.

수륙재는 당시에 유행하는 모든 민간신앙의 형태를 수용하기 때문에, 신앙 형태의 변화에 따라 의식문儀式文에도 많은 변천을 가져왔다. 이 책도 그 일환으로 저술된 것이다. 의눌이 쓴 서문에 의하면 의식문의 대부분이 임진왜란의 병화兵火에 없어진 지 오래되어 전前 총섭摠攝 성능이 그것이 인멸湮滅될까 걱정하여 공인工人을 명하고 자재를 모아 간행 작업을 시작한 지 수 개월도 안 되어서 완성하였다고 밝혔다. 또 성능이 쓴 발문에는 『자기산보문』에서 초략抄略하여 실제의 행사行事에서 필요로 하는 부분을 엮었다고 하였다.

이 책은 수륙재를 행할 때 만드는 여러 단壇을 제시하고 각 단의 권공勸供 절차를 설명한 것이다. 본문의 내용을 중심으로 살펴보자.

'17무공단'에서 '무공단'은 공양을 올리지 않고 설치만 해 놓는 단으로서 가지공덕림加持功德林·가지연지加持蓮池·정토누각淨土樓閣·망향대望鄕臺·사향령思鄕嶺·한림화寒林花·왕사성枉死城·파지옥破地獄·존승탑尊勝塔·은교銀橋·금교金橋·감로단甘露壇·선농단先農壇·잠직단蠶織壇·영성단靈星壇·노인성단老人星壇·마목마보등단馬牧馬步等壇 등이 있다. 여기서는 이것을 옹호단擁護壇(神衆壇) 작법과 동시에 배치해 둘 것을 권하고 있다. 여러 단 중에는 불교와 직접 관계되는 삼보단三寶壇·비로단毘盧壇뿐만 아니라, 풍백우사단風伯雨師壇·용왕단龍王壇·제천단諸天壇·제신단諸神壇·종실단宗室壇·가친단家親壇·지옥단地獄壇·아귀단餓鬼壇·축생단畜生壇 등도 포함되어 있다.

'법시도량'에서는 법사法師와 시주施主들이 지극한 정성을 다하면 여러 성현聖賢이 반드시 왕림할 것임을 설하며, 법연法筵를 열 때에 법을 집행하는 설주說主·유나維那·찰중察衆의 소임과 작법 절차를 설명하고 있다.

「분단배치규칙」에서는 비로단을 설치하는 것에 대한 설명을 하는데, 만월대滿月臺에 자리가 없으면 바깥뜰에 배치해도 무방하며, 비로단에 소속된 것으로 비로자나불의 7처 9회 20겹의 넓고 큰 사찰의 그림(毘盧七處九

會二十重廣大刹圖)을 배치하고, 연지蓮池 한 곳, 십이면마천개十二面磨天盖 한 쌍, 존승탑도尊勝塔圖, 설선화說禪花 2좌, 법계도法界圖, 정진지로오십삼불도精進指路五十三佛圖, 각각의 빈 일산(虛盖), 각각의 집화執花, 제삼반야륜등第三般若輪燈 1좌를 걸어 놓는다고 설명하고 있다.

그런데 이 책에서는 이러한 것들을 배치하는 방법과 그 대상들을 좀 더 세분하여 법당 뜰 가운데의 대영산단大靈山壇 배치, 외월대外月臺 대미타단大彌陀壇 배치, 금강문金剛門 안의 예수단預修壇 배치, 고사庫司 마구馬廐 등의 단과 하판관夏判官 등 여러 단 배치, 중단中壇 정중庭中 좌우 배설, 하단下壇, 옹호단擁護壇 배치, 사오로단使五路壇, 무공배치無供排置 등으로 나누어 설명하고 있다.

또한 법석의 내부를 3단으로 나누어 상단을 불단佛壇, 중단을 신중단神衆壇, 하단을 영단靈壇으로 구분하거나 상단을 제군왕, 중단을 조부와 위인偉人, 하단을 일반 고혼孤魂을 위한 단으로 구분하고 있다.

각 단의 권공은 향례香禮·거불擧佛·진령게振鈴偈·보소청진언普召請眞言·안위공양安位供養 등의 순서로 행한다.

'거불'은 범패 중의 하나로, 부처의 이름을 부르는 소리로서 모든 재齋에 다 사용된다. 부르는 횟수에 따라 삼보통청거불三寶通請擧佛·오거불五擧佛·육거불六擧佛 등이 있다. 삼보통청거불은 불타부중佛陀部衆·달마부중達摩部衆·승가부중僧伽部衆을 부르는 소리이고, 오거불은 청정법신비로자나불淸淨法身毘盧遮那佛·원만보신노사나불圓滿報身盧舍那佛·천백억화신석가문불千百億化身釋迦文佛·당래하생미륵존불當來下生彌勒尊佛·동방만월세계약사유리광불東方滿月世界藥師琉璃光佛의 오불五佛을 부른다. 육거불은 나무증청묘법다보여래불南無證聽妙法多寶如來佛·나무영산교주석가모니불南無靈山教主釋迦牟尼佛·나무극락도사아미타불南無極樂導師阿彌陀佛·나무문수보현대보살南無文殊普賢大菩薩·나무관음세지대보살南無觀音勢至大菩薩·나무영산회상불보살南無靈山會上佛菩薩의 육불六佛을 부른다.

이 세 가지 거불은 대개 쓰는 소리로 빨리 부르거나 홋소리로 부른다. 그러나 짓소리로 부를 때에는 나무극락도사아미타불南無極樂導師阿彌陀佛을 노래한다. 짓소리 거불은 괘불掛佛을 모셔 놓고, 그 앞에 합장하고 서서 합창으로 노래하는 것이다.

이 밖에 영산거불靈山擧佛이 있는데 음악은 거불과 같고 사설만 '나무영산교주석가모니불'로 다르다.

진령게는 범패 가운데 하나로 법사가 요령을 흔들며 다음과 같이 노래 부른다.

이렇게 요령을 흔들어 불러 초청하오니
시방세계 불찰에서 널리 들어 아시옵소서
이 요령 소리 법계에 널리 퍼지거든
한없이 많은 부처님 모두 오시옵소서

이 종소리를 듣고 제신諸神이 다 모여들어 재齋를 받아달라고 부르는 소리이다. 진령게는 조선 시대 모든 불교 의식에 있어 소청 의식에서 반드시 등장하는 의식으로 거의 동일한 내용을 담고 있다.

5. 가치

『자기문절차조열』에는 수륙재를 행할 때 받들어 모시는 옹호단의 배치와 자기문 목규目規, 재齋의 절차가 소상하게 기록되어 있다. 여기서 특기할 만한 사안은 옹호단을 보면 제석단·범천단·시왕명왕단을 비롯하여 토지가람단·당산용왕제신단·당산국사단·제대산신단 등 10여 개의 단이 있는데, 불교와 직접적인 관련이 있는 것과 순수 민간신앙 형태의 것이 있다는 점이다. 이러한 신중이나 신중단의 내용은 화엄신중 신앙에 바탕을 둔 신중탱화와 결합되어 자연스럽게 불교화되고 있음을 알 수 있다. 산신신앙은 오래전부터 전래되어 오는 우리 민족의 토속신앙으로 불교 전래 이후 이들 산신을 삼단분단법三段分壇法에 의해 불법에 귀의케 함으로써 호법선신으로 불교에서 수용했던 것이다. 이는 하단신중탱화의 밑 위목位目에 '봉청만덕고승 성개한적주산신奉請萬德高僧 性皆閑寂主山神'이라 한 데서도 입증된다.

특히 이 책의 '옹호단 배치'는 풍백風伯·우사雨師·뇌공雷公·뇌모단雷母壇, 여러 큰 산신단山神壇, 당산의 여러 산신단, 강·하수·냇물·못의 모든 신단神壇 등을 배치하였는데, 그 내용을 보면 호법선신으로서 민족 고유 신앙이 불교의식에 자연스럽게 흡수되어 있음을 발견할 수 있다. 이렇듯 민족 고유의 신앙이 불교에 적극적으로 흡수된 데는 내부적 요인과 대외적 요인이 있다. 대외적 요인으로는 당시 시대 상황과 불교의 적극적 변화 모색에 따른 불교 대중화의 움직임이 있다. 여기에는 임진왜란·병자호란 이후 더욱 피폐해진 민중들의 삶과 오랜 억불 정책으로 인해 산중으로 은둔하거나 민간 속으로 스며든 격변의 혼란기라는 시대 배경이 자리잡고 있다. 내부적 요인으로는 불교도 이 과정에서 당대 고승들이 민간신앙을 적극적으로 흡수하게 되는데, 이는 불교가 오랜 핍박으로 인해 선禪 중심에서 선·교·염불·진언 등 회통불교로 전환하면서 수행체계가 혼란을 겪은 것도 한몫한다. 즉 불교 수행 교리 체계의 정통성을 지키기 어려운 상황에다 민간의 요구와 불교 스스로 민간 속에 스며들어가야 할 이유가 겹쳐 민간의 신들이 불교 속에 들어온 것이다. 칠성각·산신각·독성각 등 삼성신앙三聖信仰이 모두 조선 중기 이후 성립된 것은 이와 같은 이유이다.

즉 호법신중護法神衆 신앙과 토착신앙의 결합을 의례로써 뒷받침한 것이 1724년에 성능이 새롭게 편찬한 『자기문절차조열』이라 할 수 있으며,

이는 이 책이 다른 불교 의례서와 구분되는 매우 중요한 특징이라고 할 수 있다.

6. 참고 문헌

『자기문절차조열仔夔文節次條列』(목판본, 규장각 소장본).

성능聖能 편, 『자기문절차조열仔夔文節次條列』, 『한국불교전서』 제11책, 동국대학교출판부.

박세민 편, 『한국불교의례자료총서韓國佛敎儀禮資料叢書』, 보경문화사, 1993.

동국대학교 불교문화연구소 편, 『한국불교찬술문헌총록韓國佛敎撰述文獻總錄』, 동국대학교출판부, 1976.

한국불교연구원 편, 『한국의 사찰 8-화엄사』, 일지사, 1977.

한국정신문화연구원 편, 『한국민족문화대백과사전』, 한국정신문화연구원, 1991.

불교신문사 편, 『한국불교인물사상사』, 민족사, 1990.

정각(문상련), 『한국의 불교의례 1』, 운주사, 2001.

한만영, 『불교음악연구』, 서울대학교출판부, 1981.

홍윤식 외, 『불교문학연구입문』, 동화출판공사, 1991.

차례

일러두기

1 '한글본 한국불교전서'는 문화체육관광부의 지원을 받아 동국대학교 불교학술원에서 수행하고 있는 '불교기록문화유산아카이브(ABC)사업'의 결과물을 출간한 것이다.
2 이 책의 번역은 『한국불교전서』(동국대학교출판부 간행) 제11책에 수록된 『자기문절차조열仔夔文節次條列』을 저본으로 하였다.
3 번역문에 이어 원문을 병기하였다. 원문은 『한국불교전서』를 대본으로 하였으며, 띄어쓰기를 표시하기 위해 고리점(。)을 사용하였다.
4 원문의 교감 사항은 번역문의 미주와 별도로 원문 아래 부분에 제시하였다.
㉠은 『한국불교전서』 편찬자가 교감한 내용이다.
㉢은 번역자가 교감한 내용이다.
5 약물은 다음과 같다.
『 』: 서명
「 」: 편명, 산문 작품

자기문仔夔文 중간 서문

이 의식문은 중국(華夏)에서 시작되어 우리나라(鰈城)에까지 흘러 전해졌다. 그것은 대부분 서하西河 대사가 저 아난阿難이 교敎를 일으킨 것을 본받은 것인데, 무제武帝가 문장으로 만들어 찬집撰集한 것이다.

아! 슬프다. 이 글을 숭상하는 일은 원래부터 있어 왔지만 판각을 완벽하게 했다는 것은 일찍이 들은 적이 없다. 그런즉 임진壬辰 계사癸巳의 난리(龍蛇之亂)에 병란으로 화재를 만난 지가 이미 오래되었다.

전 총섭總攝 성능聖能 공이 그것이 사라져서 세상에 전해지지 못할 것을 걱정하였으나, 보호하여 간직할 겨를이 없었으니 개탄스러움이 없을 수 없다. 도총섭都摠攝의 인수印綬를 풀고 돌아오자마자 판각하는 기술자를 임명하고 재물을 모아 판목에 새기게 하여 채 몇 달이 안 되어 완성을 알렸으니, 위대하다! 그 기강紀綱과 방편으로 교화함이 크구나! 그러니 그 누가 아름다움을 칭송하지 않을 수 있겠는가? 게다가 문장에 나아가서는 누락된 곳을 보완하여 윤문하였으니, 비단 위에 꽃수를 놓은 것과 같이 그 뜻이 더더욱 가상하다.

숭정崇禎 후 갑진甲辰년(1724) 늦봄에 낙암 의눌洛巖義訥이 쓰다.

仔夔重刊序

此之儀文。濫觴華夏。流傳鰈城。[1] 則槩西河大師法。彼阿難之起教。武帝之成文而撰集也。噫。厥文之所尙。固有自來。而板之完壁。[2] 未嘗聞之。則盖爲龍蛇之亂。兵燹者已久矣。有前捴攝能公偲其湮。庇其傳。而保障未遑。不能無慨焉。解印歸來。立命工聚財鏤之。不數月工告。偉哉。其紀綱權化之大。孰不稱美也。復就文漏處。益而潤之。錦上添花。其志尤亦可尙。

崇禎後甲辰季春。洛巖義訥序。

1) ㉠ '堿'은 '域'인 듯하다. 2) ㉠ '壁'은 '璧'인 듯하다.

자기문절차조열仔夔文節次條列

무릇 재齋의 시설을 살펴보면, 혹은 7주야晝夜 동안 하기도 하고, 혹은 5주야 동안 하기도 하며, 혹은 2주야를 하기도 한다. 곧 날을 안배하는(排日[1]) 것은 물질의 많고 적음을 따라 기미를 보고 판단하는 것이 마땅하다.

대개 3주야 동안 하는 것에 날을 배정하는 절차를 보면, 옹호18단擁護十八壇 작법作法[2]은 날을 배정하기 전에 설행設行하는 것이 옳다. 관욕灌浴[3]과 모든 진언眞言 등의 일은 『자기문仔夔文』 본문에 갖추어져 있다. …….

17무공단無供壇[4]은 가지공덕림加持功德林 · 가지연지加持蓮池 · 정토누각淨土樓閣 · 망향대望鄕臺 · 사향령思鄕嶺 · 한림화寒林花 · 왕사성枉死城 · 파지옥破地獄 · 존승탑尊勝塔 · 은교銀橋 · 금교金橋 · 감로단甘露壇 · 선농단先農壇 ·

---

1 배일排日 : 날마다 얼마씩으로 나누어 몇 날에 벼름. 즉 몇 날에 맞추어 고르게 나눔.

2 작법作法 : 불교 의식의 골자인 재齋를 올릴 때 추는 춤의 총칭으로 불교 무용이라고도 한다. 범패梵唄가 성음聲音, 즉 목소리로 불전佛前에 공양드리는 것이라면, 작법은 신업身業, 즉 몸 동작으로 공양드린다는 뜻으로서 범패에 대응되는 말로 범무梵舞라고도 한다. 춤의 동작과 형식 등에 따라 나비춤 · 바라춤 · 법고춤으로 나뉜다. 나비춤은 나비 모양의 의상을 입고 춤추는 데서 붙여진 이름이나, 원래의 이름은 착복무着服舞이다. 반주 음악으로는 범패 중의 홋소리나 태징을 사용하고 경우에 따라 반주 없이 추기도 한다. 완만하고 느린 동작으로 일관되는 춤이다. 춤이 쓰이는 용도에 따라서 도량게작법道場偈作法, 정례작법頂禮作法 등 열다섯 가지가 있다. 바라춤은 양손에 바라를 들고 빠른 동작으로 전진 · 후퇴 · 회전하며 추는 춤이다. 종류로 천수千手바라춤 · 명鳴바라춤 등 여섯 가지가 있다. 법고춤은 법고法鼓를 두드리며 추는 춤으로, 대개 일정한 장단 없이 범패를 반주로 하여 춘다. 법고를 치는 동작을 내용으로 하는 법고춤과, 복잡한 리듬을 내용으로 하는 홍구춤 두 가지로 나뉜다.

3 관욕灌浴 : 재齋를 올릴 때 영혼靈魂을 깨끗이 목욕沐浴시키는 일.

4 무공단無供壇 : 공양을 올리지 않고 설치만 해 놓는 단壇을 말한다.

잠직단蠶織壇 · 영성단靈星壇 · 노인성단老人星壇 · 마목마보등단馬牧馬步等壇 등이다.

이런 것들은 옹호단擁護壇(神衆壇) 작법과 동시에 배치해 둔다. 혹 편문篇文은 본문에 의거하여 계백啓白[5]하면 될 뿐이다.

법시도량法施道場에서 법사法師와 시주施主들이 지극한 정성을 다하면 여러 성현聖賢들이 반드시 왕림할 것이다. 여러 성현이 왕림하지 않는다면 숱한 혼령들은 반드시 제도 되는 이로움이 없을 것이라 했으니 믿지 않을 수 있겠는가?

이 말은 「수설여법편修設如法篇」에 이른 말이다. 무릇 법연法筵을 열 때에 가장 높은 덕을 지닌 이가 법을 집행하는 설주說主가 되어야 한다. 그 다음은 유나維那[6]와 찰중察衆[7]이고, 그 나머지는 제각각 적절한 소임을 임명해야 하며, 그 누구도 따르지 않으면 안 된다.

유나와 찰중은 마땅히 법을 집행하는 분에게 명령을 받아야 한다. 그리고 그 다음의 소임을 맡은 사람은 또 유나의 처소에 가서 물어야 한다. 무릇 차배次排와 작법作法 · 예무禮務 등의 일은 차례를 잃어버리는 폐단이 없게 해야 한다.

중회衆會[8]의 재를 올리기 전에 오로단五路壇의 작법 절차는 성제聖帝와 명군明君으로부터 시작해서 일체 고혼孤魂에 이르기까지 맞이하고 초청하여 3일 밤낮 동안 진행하는 데 들어갈 비용을 마련해야 하는데(設辦[9]),

---

5 계백啓白 : 진술陳述이나 품고稟告의 의미. 법회의 시작에 맞추어 본존本尊 앞에서 이제부터 행해지는 것에 대해 말씀을 고하는 것을 말한다.

6 유나維那 : 도유나都維那라고도 한다. 절의 사무를 맡고, 모든 일을 지휘하는 소임이다. 유維는 강유綱維, 나那는 범어 갈마타나羯磨陀那의 준말이다.

7 찰중察衆 : 대중의 잘못을 살펴 시정하는 스님을 말한다.

8 중회衆會 : 『刪補梵音集』에는 중회작법衆會作法이라 하여 역대의 33조사祖師를 열거하고 있는데, 여기에서의 중회의 의미도 이와 같은 듯하다.

9 설판設辦 : 불교 신도와 승려가 한 법회의 모든 비용을 마련하는 일. 재를 올릴 때에 공양물을 올리고, 제반 비용을 마련하는 일을 말한다.

그 사이에 겨를이 없기 때문에 오로단의 고혼을 초청하여 맞이하는 일은 미리 거행해야 한다.

「설초과식設醮科式」에 이르기를 "혹 다섯 방위의 길(五方)을 개통하지 못하면 명부冥府[10]와 지옥地獄의 모든 귀신들을 어떻게 불러 모을 수 있겠는가? 오제五帝의 임금은 백천百川의 주인이며, 허공 천지와 물·육지·산림의 먼 길과 좁은 길들은 다 막히고 장애가 되는 곳이다."라고 하였다.

본문에 이르기를 "만약 다섯 방위의 길을 개통하지 못하면 온갖 혼령을 다 모으기 어려울까 두렵다. 이런 까닭에 우선 다섯 방위의 오제의 군왕들을 초청하고, 그 다음에는 고혼들을 초청하여 맞이해야 한다."라고 하였다. 『자기문仔夔文』에서는 "3일 밤낮 거행하는 법회의 배일排日은 비로단毘盧壇과 영산단靈山壇에 등을 밝히고 삼보 별단別壇에는 지반志磐[11]의 3결계結界[12]를 거행해야 한다."라고 하였다.

『자기문』 본문에는 각 단壇을 일시에 설시設施하면 또 그 사이에는 틀림없이 다섯 방위의 신과 혼령을 부르는 의식(對靈[13])은 없기 때문에 먼저 마땅히 열어 두어야 하는데 그에 대한 규례規例가 이전엔 없었으니, 이 때문에 제방諸方에서 틀림없이 의심이 없지 않을 것이다. 그때가 임박하면 아미도 지식이 많은 분의 소견을 따르는 것이 옳을 것이다.

---

10 명부冥府 : 저승. 죽어서 심판審判을 받는 곳이다.

11 지반志磐 : 중국 남송南宋 때의 스님. 1265년에서 1271년에 걸쳐 『佛祖統紀』를 저술하였다.

12 결계結界 : Ⓢ simābandha. 반타야사만畔陀也死曼·만타야사만滿馱也徙滿이라 음역. 제한된 경계라는 뜻. ① 불도를 수행하는 데 장애를 없애기 위해서 비구의 의식주를 제한하는 것. 곧 일정한 장소에 거처하는 것, 남은 음식을 간직하여 두지 않는 것, 옷을 벗지 않는 것. ② 마군의 장난을 없애기 위하여 인명법印明法에 따라 제정한 도량의 구역. 이것은 밀교에서 쓰는 법으로, 주로 도량의 정결을 그 목적으로 함. ③ 결계지結界地의 준말. 수도에 방해될 만한 것을 들이지 않는 곳. 가령 어떤 절에 여자의 출입을 금하는 따위.

13 대령對靈 : 죽은 사람의 명복을 비는 의식을 행할 때에 영혼을 부르는 의식을 말한다.

거불擧佛[14]과 선소宣疏,[15] 그리고 모든 진언眞言·청사請詞[16]·관욕灌浴 등의 일은 모두 본문에 실려 있다.

거기에 이르기를 "영접하여 인도하고 이마를 땅에 대어 예를 올린 다음에 각각의 번幡기와 위패位牌를 모두 각 본단本壇에 안치하고 다게茶偈를 한다. …….”라고 하였다.

옹호단擁護壇(神衆壇)에 작법이 끝난 다음에 중회衆會 앞 간일間日[17] 밖에 온갖 형상을 그린 그림을 배열해 갖추어 놓고 법에 의거해서 점안點眼을 하는 것이 마땅하다.

중회의 재가 끝난 다음에 크게 분수焚修[18]의 예를 전례에 의거해 할 것이며, 또한 예수재預修齋[19]의 거행에 있어서는 본문에 의해서 거행한다. 만약 예수재를 거행하지 않았으면 그날 밤 마지磨指[20]를 올리는 의식은 상주권공常住勸供[21]으로 하는 것이 마땅하다.

---

14 거불擧佛 : 불전佛前에 기도나 재齋를 올릴 때, 처음에 절하며 삼불三佛을 청하는 절차. 나무불타부중·나무달마부중·나무승가부중이라고 한다.

15 선소宣疏 : 불전佛前 등에서 원願의 취지 등을 진술하는 것을 말한다.

16 청사請詞 : 청문請文과 같은 의미이다. 불보살을 부르거나 죽은 사람의 넋을 부르는 글.

17 간일間日 : 미상.

18 분수焚修 : 부처님 전에 향을 사르고 예불하는 것, 또는 온갖 불사를 행함.

19 예수재預修齋 : 사람이 죽은 뒤 정토에 왕생하여 빨리 보리를 얻을 수 있도록 생전부터 미리 선정 공덕을 닦는 것, 살아 있는 동안에 사후의 자신에 대해서 해야 할 불사를 미리 행하는 것을 말한다.

20 마지磨指 : 부처님께 올리는 공양이다.

21 상주권공常住勸供 : 상용常用으로 하는, 돌아가신 이를 위한 재齋로서 보통 하루가 소요된다. 상주권공에서는 범패의 기본이 되는 옹호게擁護偈·향게香偈·정례頂禮·합장게合掌偈·고향게告香偈·개게開偈·천수千手·사방찬四方讚·도량게道場偈·거불擧佛·진령게振鈴偈·보소청진언普召請眞言·유치由致·청사請詞·가영歌詠·헌좌게獻座揭·다게茶偈·사다라니四陀羅尼·가지게伽持揭 등으로 진행되며, 그 중에 끝 글자가 게偈로 된 것은 사설이 한문의 7언 4구 또는 5언 4구로 이루어진 시구詩句이며 개계開啓와 유치由致 등은 시가 아닌 산문으로 이루어져 있다. 진언眞言은 범어梵語로 되어 있다. 또한 이 재에서는 의식에 맞추어 추는 춤에는 나비춤·바라춤·법고춤이 있다. 나비춤은 도량게道場偈 작법·다게茶偈 작법·사방요신四方搖身·정례頂禮·향화게香花偈 작법·운심게運心偈 작법·기경 작법 등이 있다. 바라춤은 천수千手바라·

첫째 날 저물녘에 재齋를 마친 후의 관음개계觀音開啓[22]는 『자기문』 본문에 18(六三) 및 13조사와 향당鄕唐조사 · 개송開宋조사, 그리고 여러 산문 등의 단壇을 각각 배열하여 시설하고, 각각 법사를 세워서 일시에 함께 초청해서 작법을 한다.

『자기문』 제1권에 관음개계 후 관욕灌浴 등 모든 진언은 본문에 잘 갖추어져 있으며, 권공勸供은 평상시 하던 대로 하면 된다.

첫째 날은 재를 지낸 뒤에 가등加燈[23] 작법을 행한다. 할향喝香[24] · 삼등게三燈偈 · 고향게告香偈를 하고 난 뒤에 제반 개계開啓를 하고, 『천수경』을 한 번 독송한다. 그런 다음의 제1윤등輪燈에 관한 것은 가등통서편加燈通叙篇에서부터 경헌삼승중편敬獻三乘衆篇에 이르기까지 모두 9편이다. 맨 먼저 세 번의 어산魚山[25]을 하고 모두 내정內庭에 나아가서 계백啓白[26] 한다.

제2윤등輪燈에 관한 것은 경헌제천편敬獻諸天篇에서부터 세주삼교제도편世主三教諸徒篇에 이르기까지 모두 9편이다. 중간으로 세 번의 어산을 하고 모두 외정外庭에 나아가서 계백한다.

제3윤등輪燈에 관한 것은 지령편知靈篇에서부터 회향편回向篇에 이르기까지 위의 7편과 아래 8편 모두 합해서 15편이다. 맨 마지막 세 번의 어산

사다라니 바라 · 관욕게灌浴偈 바라 · 막바라 등으로 나누고 있다.

22 관음개계觀音開啓 : 개계開啓는 범패梵唄 곡목 중의 하나로 재齋를 올릴 때 그 장소의 부정不淨을 없애는 계송啓頌이다. 관음개계는 관음청觀音請을 할 때 하는 개계를 이르는 말이다.

23 가등加燈 : 밤이 되어 등에 점화하면서 하는 의식.

24 할향喝香 : 부처님께 향을 살라 올리며 부르는 노래이다. 그 내용은 이러하다. "한 조각 향 받들어 올리오니 그 덕의 작용 헤아리기 어렵다네. 뿌리는 온 세계를 받치고 잎사귀는 다섯 수미산을 덮네.(奉獻一片香。德用難思議。根盤塵沙界。葉覆五須彌。)"

25 어산魚山 : 범패의 한 가지이다. 중국 위魏나라 때에 진사왕辰斯王 조식曺植이 지금의 산둥성 지닝주에 있는 위산에서 놀다가, 공중에서 범천梵天이 소리하는 음성音聲을 듣고, 그 음률音律을 본떠서 만들었다고 한다.

26 계백啓白 : 수법修法이나 법회의 시작을 본존불에 고하는 일을 말한다.

을 하고 모두 외월대外月臺에 나아가 계백하는데, 이 3윤등輪燈에 관한 것은 혹 법사法師가 고하여 아뢰어도 무방하다.

맨 마지막 어산에 이르러서는 회향진언回向眞言을 송주한 다음에 이 재를 마련한 시주施主가 바라는 바를 축원한다. …….

그 다음에 제반전諸般典 시식施食을 하고 회향편과 봉송편奉送篇 등은 거행하지 말라. 재를 파하고 산회하는 날 다시 중례시식中禮施食(中壇施食)을 한 뒤에 회향편·봉송편 등을 거행해도 좋다.

다음 둘째 날은 재를 지내기 전에 영산단靈山壇과 비로단毘盧壇 두 단을 함께 시설하고 각각 작법을 한다. 영산단은 내정內庭에 배설排設하고, 비로단은 사찰 앞쪽에 만월대滿月臺가 있든지 없든지 간에 사찰에서 가깝고 넓은 곳에 배설하고 거불擧佛한다.

그 다음 원겁遠劫 중에는 다른 점이 있으니, 그것도 본문에 갖추어 기록되어 있다. 대염향大拈香 법도 본문에 기술되어 있으며, 아울러 설선說禪 작법도…….[27]

仔夔文節次條列

凡觀設齋。或七晝夜。或五晝夜。或二晝。卽排日者。物力之多小。見機所辦爲宜。盖三晝夜排日節次。而擁護十八壇作法。排日前設行而可宜。灌浴諸眞言等事。俱在本文云。

十七無供壇。則加持功德林。加持蓮池。淨土樓閣。望鄕臺。思鄕嶺。寒林花。枉死城。破地獄。尊勝塔。銀橋。金橋。甘露壇。先農壇。蠶織壇。靈星壇。老人星壇。馬牧馬步等壇。此則擁護壇作法同時排置。或篇文。則依本文啓白爾。

法施道場。法師施主至誠。諸聖必臨。諸聖非臨。則衆魂必無利濟。可不信

27 이하 저본에 2장 분량이 결락되어 있다.

乎。此語修設如法篇云。凡法筵之時。最尊者。秉法說主也。其次維那察衆也。其餘各差任。無非趍切也。維那察衆。當問聽令於秉法也。各差任。且問於維那所。凡次排作法禮務等事。毋令失次之弊也。

衆會齋前。五路壇作法次。自聖帝明君。至一切孤魂。迎請三晝夜設辦。則其間無暇故。五路壇孤魂迎請。預爲擧行也。設醮科式云。倘不開通五方。則冥府地獄一切鬼衆。曷可招集也。五帝之君。百川之主也。虛空天地。水陸山林。長途狹路。盡阻摠障也。本文云。若不開於五路。恐難集於萬靈。以此先請五方五帝之君。其次迎請孤魂也。仔夔三晝夜排日。則毘盧靈山加燈。三寶別壇。志磐三結界。仔夔本文。各壇一時設施。則又其間。必無五方及對靈之故。先當開置。而曾無規例。以此諸方。必不無疑碍也。臨時盖博識所見爲宜。擧佛及宣䟽諸眞言請詞灌浴等事。皆在本文云。引迎頂禮後。各幡位牌。並安于各本壇。茶偈云云。擁護作法後。衆會前間日外。排俻諸畫形像。依法點眼爲宜。

衆會齋後。則大焚修依例爲之。亦有預修之擧。則依本文行之。若無預修之擧。則其夜磨指。則常住勸供爲宜。

初日莫啼[1]后。觀音開啓。仔夔本文六三十三祖師。鄉唐祖師。開宋祖師。諸山等壇。各各排設。各立法師。一時同請而作法。則仔夔第一卷觀音開啓后。灌浴諸眞言。本文俱在。勸供如常。

初日齋后。加燈作法。則喝香三燈偈告香偈后。諸般開啓。千手一遍后。第一輪燈。則自加燈通叙篇。至敬獻三乘衆篇。乃九篇也。上三番魚山。俱詣內庭中啓白。第二輪燈。則自敬獻諸天篇。至世主三敎諸徒篇。乃九篇也。中三番魚山。俱詣外庭中啓白。第三輪燈。自知靈篇。至回向篇也。上七篇。其下八篇。並十五篇也。下三番魚山。俱詣外月臺啓白。而此三輪燈篇文。或法師奏白。亦不妨。至終末魚山。則回向眞言后。設辦施主所欲。祝願云云。次諸般典施食爲之。而回向奉送等篇。勿爲行之。罷散日。更爲中禮施食後。回向奉送等篇。爲之可矣。

次二日齋前。靈山毘盧兩壇並設。各立作法。靈山壇內庭中排設。毘盧壇。則寺之前有滿月臺。亦無滿月臺。則寺之近。從廣處排設擧佛。次遠劫中有異。本文俱在云。大拈香。亦在本文。并付說禪作。[2)]

1) ㉾ '莫啼'는 '慕齋'의 오자인 듯하다. 2) ㉯ 이하 저본에 2장이 결락되어 있다.

분단分壇 배치 규칙

대비로단大毘盧壇은 만월대滿月臺에 자리가 없으면 바깥마당에 배치해도 무방하다. 비로자나불의 칠처 구회 20겹의 넓고 큰 사찰의 그림(毘盧七處九會二十重廣大刹圖)을 걸어 놓는다.

연지蓮池 한 곳

십이면마천개十二面磨天盖 한 쌍

존승탑도尊勝塔圖

설선화說禪花 2좌座

법계도法界圖

정진지로오십삼불도精進指路五十三佛圖

각각의 빈 일산(虛盖)

각각의 집화執花

제삼반야륜등第三般若輪燈 1좌座

【이상은 모두 비로단毘盧壇에 소속된 것이다.】

分壇排置規

大毘盧壇。滿月臺無處。則外野排置。毘盧七處九會二十重廣大刹圖。垂之。

蓮池一所。十二面磨天盖一雙。尊勝塔圖。說禪花二座。法界圖。精進指路五十三佛圖。各虛盖各執花。第三般若輪燈一座。【此上皆屬毘盧壇也。】

법당 뜰 가운데의 대영산단大靈山壇 배치

연지蓮池 한 곳

구슬로 장식한 보배 일산(珠瓔寶盖) 한 쌍

비단 꽃으로 장엄한 보배 일산(錦華莊嚴寶盖) 한 쌍

갖가지 형상의 채색 꽃으로 장엄한 보배 일산(綵花衆形莊嚴寶盖) 한 쌍

보배 꽃으로 장엄한 보배 일산(寶花莊嚴寶盖) 한 쌍

푸른 연꽃 모양의 보배 일산(青蓮寶盖) 1좌

노란 꽃 모양의 보배 일산(黃花寶盖) 1좌

흰 연꽃 모양의 보배 일산(白蓮寶盖) 1좌

붉은 연꽃 모양의 보배 일산(紅蓮寶盖) 1좌

검은 구름 모양의 보배 일산(黑雲寶盖) 1좌

제일반야륜등第一般若輪燈 1좌

성문聲聞과 연각緣覺을 그린 그림

한漢나라가 불교를 유통시킨 그림

십대보살十大菩薩을 그린 그림

무애대비심대다라니신묘장구칠십칠신묘장구장엄묘상도無碍大悲心大陁羅尼神妙章句七十七神妙章句莊嚴妙相圖

십대제자十大弟子를 그린 그림

천수천안관자재보살千手千眼觀自在菩薩 32응應 14무외無畏 원통교주圓通教主 관세음보살 8만 4천 삭가라수爍迦羅首 8만 4천 모타라비母陁羅臂 8만 4천 청정보목淸淨寶目 원통교주 관세음보살의 그림

아난존자阿難尊者를 그린 그림

결집結集의 주체인 대성大聖 가섭존자迦葉尊者를 그린 그림

옛 겁劫에 흥기興起하셨던 대벽지불大辟支佛을 그린 그림

목련존자目連尊者를 그린 그림

사자국獅子國 청주請主 난제밀다존자難提密多尊者를 그린 그림

대약차천신大藥叉天神을 그린 그림

【이상은 모두 영산단靈山壇에 소속된 것이다.】

法堂庭中大靈山壇排置

蓮池一所。

珠瓔寶盖一雙。

錦華莊嚴寶盖一雙。

綵花衆形莊嚴寶盖一雙。

寶花莊嚴寶盖一雙。

靑蓮寶盖一座。

黃華寶盖一座。

白蓮寶盖一座。

紅蓮寶盖一座。

黑雲寶盖一座。

第一般若輪燈一座。

聲聞緣覺畫像。

漢敎流通畫像。

十大菩薩畫像。

無碍大悲心大陁羅尼神妙章句七十七神妙章句莊嚴妙相圖。

十大弟子畫像。

千手千眼觀自在菩薩三十二應十四無畏圓通敎主觀世音菩薩八萬四千爍迦羅首八萬四千母陁羅臂八萬四千淸淨寶目圓通敎主觀世音菩薩畫像。

阿難尊者畫像。

結集之主大聖迦葉尊者畫像。

興於曾劫大辟支佛畫像。

目連尊者畫像。

獅子國請主難提密多尊者畫像。

大藥叉天神畫像。【此上皆屬靈山壇。】

외월대外月臺 대미타단大彌陁壇 배치

대미타大彌陁의 세 성인이 모인(三聖會) 그림
연지蓮池 한 곳
제삼반야륜등第三般若輪燈 1좌
채화綵花로 장엄한 보배 일산 한 쌍
보화寶花를 뿌려서 장엄한 보배 일산 한 쌍
구품연화회九品蓮花會를 그린 그림
일곱 겹으로 된 보배 그물(寶網)을 그린 그림
일곱 겹으로 된 보배 나무(寶樹)를 그린 그림
정토칠보루각淨土七寶樓閣을 그린 그림
【이상은 모두 미타단彌陁壇에 소속되는 것이다.】

外月臺大彌陁壇排置

大彌陁三聖會畫像。

蓮池一所。

第三般若輪燈一座。

綵花莊嚴寶盖一雙。

寶花布施莊嚴寶盖一雙。

九品蓮花會畫像。

七重寶網圖。

七重寶樹圖。

淨土七寶樓閣圖。【此上皆屬彌陀壇。】

금강문金剛門 안의 예수단預修壇 배치

커다란 삼신불三身佛을 그린 그림

지장육광보살地藏六光菩薩을 그린 그림

육천조도명무독六天曹道明無毒을 그린 그림

범왕梵王과 제석帝釋을 그린 그림

사천왕四天王을 그린 그림

【이상 5단壇은 모두 증명단證明壇이다.】

풍도대제酆都大帝를 그린 그림

시왕十王을 그린 그림

판관귀왕判官鬼王을 그린 그림

장군동자將軍童子 사자使者 영기靈祇

【이것은 혹 그림으로 그리기도 하고 혹은 위목位目에 쓰기도 한다.】

金剛門內預修壇排置

大三身佛畫像。

地藏六光菩薩畫像。

六天曹道明無毒畫像。

梵王帝釋畫像。

四天王畫像。【此五壇則皆是證明壇也。】

酆都大帝畫像。

十王畫像。

判官鬼王畫像。

將軍童子使者靈祗。【此則或晝之。或位目書之。】

고사庫司 마구馬廏 등의 단과 하판관夏判官 등 여러 단 배치

그 차례는 별록別錄에 자세하게 갖추어 기록되어 있다. 차례차례 순서대로 배열하여 설치하는 것이 마땅하다. 그 밖에 서안書案과 단령單領 등 각각의 곳에서 사용할 것들은 본문에 자세하게 기록되어 있으니 가져다가 갖추어 두는 것이 옳을 것이다.

시왕十王단에 각각 빈 일산을 배설한다.

예수預修 각단에는 준화樽花(병의 꽃)를 꽂아 올린다.

빚진 돈(欠錢)은 십이생十二生[28]의 사람 각자가 갚아야 할 돈의 수효를 따라 바치는 것이 옳다.

【이상은 모두 예수단預修壇에 소속되는 것이다.】

특별히 두 개의 보단寶壇을 설치해 두는 것이 좋다. 따로 설치하는 작법이 없으면 상주법당常住法堂에서 하는 것이 마땅하다. 본문에…….

庫司馬廏等壇。及自夏判官等諸壇排。

次序。則俱載別錄詳審。次次排設可宜。其餘書案單領等。各所用者。在於本文詳審。措備可也。

十王各虛盖。

預修各壇。以樽花造呈。

欠錢則十二生人。隨貸數造給。亦可矣。【此上皆屬預修壇也。】

別二寶壇則宜。無別置作法。則常住法堂可宜。本文云云。

---

28 십이생十二生 : 쥐띠·소띠·범띠 등 십이지의 띠별 생을 말한다.

상단작법上壇作法

지반志磐의 3결계結界를 할 때 차례대로 마치고 나서 맞이하여 초청한다.

대비로불大毘盧佛

노사나불盧舍那佛

석가문불釋迦文佛

항상 머무시는 모든 불보살佛菩薩

다른 곳에 계시는 여래如來와 모든 불보살

십지위十地位의 모든 보살

사가행위四加行位의 모든 보살

십회향위十回向位의 모든 보살

십행위十行位의 모든 보살

십주위十住位의 모든 보살

십신위十信位의 모든 보살

십육나한위十六羅漢位

세상에 머무시는 성현 오백나한위五百羅漢位

무학無學 · 성문聲聞 · 현도玄徒와 오백나한위

【이상은 모두 상단上壇에 소속되는 것이다.】

上壇作法

則志磐三結界時。次序已畢迎請。

大毘盧佛。

盧舍那佛。

釋迦文佛。

常住諸佛菩薩。

他方如來諸佛諸菩薩。

十地位諸菩薩。

四加行位諸菩薩。

十回向位諸菩薩。

十行位諸菩薩。

十住位諸菩薩。

十信位諸菩薩。

十六羅漢位。

住世聖賢五百羅漢位。

無學聲聞玄徒五百羅漢位。【此上皆屬上壇。】

중단中壇

정중庭中(마당) 좌우에 배설한다.

천장천부天藏天部 등의 대중에는 허공에 구름처럼 그늘을 지워 주는 보배 일산(虛空雲影寶盖) 한 쌍

지지선부地持仙部 등의 대중에는 허공에 채색으로 화려하게 장식한 보배 일산(虛空綵華寶盖) 1좌

지장지부地藏地部 등의 대중에는 땅에서 솟아난 황금 연꽃의 보배 일산(地聳金蓮寶盖) 1좌와 천원지방天圓地方의 그림【이것은 천륜지륜도天輪地輪圖이다.】

【이상은 모두 중단에 소속되는 것이다.】

中壇

則庭中左右排設。

天藏天部等衆。虛空雲影寶盖一雙。

地持仙部等衆。虛空綵華寶盖一座。

地藏地部等衆。地聳金蓮寶盖一座。天圓地方。【此則天輪地輪圖。此上皆屬中壇。】

하단下壇

불이문不二門·금강문金剛門·천왕문天王門에서부터 절의 왼쪽과 오른쪽에 이르기까지 넓은 곳을 따라 배설排設하는 것이 마땅하다.

대성인로왕보살단大聖引路王菩薩壇은 높은 곳에 안치하고 왼쪽과 오른쪽으로 나누어서 고혼단孤魂壇을 배설하는 것이 마땅하다.

상고上古의 삼황三皇 오제위五帝位

중고中古의 삼왕위三王位

3대 85위의 모든 큰 성제위聖帝位

진秦나라·한漢나라·대명大明의 여러 대성군위大聖君位

문선왕文宣王[29] 1위

단군조선檀君朝鮮의 여러 거룩한 성왕위(大聖王位)

기자조선箕子朝鮮의 여러 거룩한 성왕위

위만조선衛滿朝鮮의 여러 거룩한 성왕위

한양漢陽의 19대 여러 거룩한 성왕위

신라新羅의 55대 여러 거룩한 군왕위(大君王位)

백제百濟의 30대 여러 거룩한 군왕위

고려高麗의 28대 여러 거룩한 군왕위

가락駕洛의 10대 여러 거룩한 군왕위

【이상은 모두 상위上位에 소속되는 것으로서 권공勸供하는 일은 평상시에 하는 대로 하면 된다.】

---

29 문선왕文宣王 : 당 현종顯宗이 내린 공자孔子의 시호諡號.

칙명을 봉행한 삼계三界의 관성제군위關聖帝君位[30]

중원中原 열국列國의 현명한 신하와 대장제위大將諸位

조선朝鮮의 건도建都 다섯 곳의 문무백료文武百僚 등 대중

충절과 의리 있는 장수將帥와 효도하고 순종하는 열녀烈女와 큰 선비 석사碩士 등 대중

절개를 지키다 죽고 척화斥和로 항의抗義했던 명성이 드높은 모든 명신名臣 등 대중

【이상은 모두 중위中位에 소속되는 것이다.】

고금古今 역대歷代 존위尊位의 가친위家親位

고금 역대 보통 사람들의 가친위

고금 역대의 부인夫人과 부녀婦女 각각의 고혼위孤魂位

학질을 앓다가 죽은 이와 형벌을 당해 억울하게 죽은 사람 각각의 고혼위

전쟁에 패망하여 죽은 사람들 각각의 고혼위

시주施主들과 먼저 돌아가신 부모 각각의 고혼위

전쟁에서 죽고 절개를 지키다 죽은 이들 각각의 고혼위

비명非命에 모질게 죽은 이들 각각의 고혼위

명리승名利僧과 산야승山野僧, 세속승世俗僧과 재가승在家僧 일체 승려들의 혼령 대중

동남童男과 동녀童女의 고혼孤魂 등 대중

굶어 죽고 얼어 죽은 고혼 등 대중

사생四生과 육도六道의 일체 고혼 등 대중

30 관성제군위關聖帝君位 : 관성제군關聖帝君은 관왕묘에서 덕을 갖춘 무사의 신으로 모시는 관우關羽를 일컫는 말이다.

시방 법계法界의 일체 주인 없는 고혼 등 대중

下壇

則排設於自不二門金剛門天王門。至寺之左右從廣處。可宜。

大聖引路王菩薩壇高置。左右分排孤魂可宜。

上古三皇五帝位。

中古三王位。

三代八十五位諸大聖帝位。

秦漢大明諸大聖君位。

文宣王一位。

檀君朝鮮諸大聖王位。

箕子朝鮮諸大聖王位。

衛滿朝鮮諸大聖王位。

漢陽十九代諸大聖王位。

新羅五十五代諸大君王位。

百濟三十代諸大君王位。

高麗二十八代諸大君王位。

駕洛ㅣ代諸人君王位。【此上皆上位。勸供事如常。】

勑奉三界關聖帝君位。

中原列國明臣大將諸位。

朝鮮建都五處文武百僚等衆。

忠義將帥孝順烈女巨儒碩士等衆。

死節斥和抗義諸大名臣等衆。【此上皆屬中位。】

古今歷代尊位家親位。

古今歷代平人家親位。

古今歷代夫人婦女別孤魂位。

被虐臨形[1]枉死別孤魂位。

戰敗身亡別孤魂位。

施主先亡父母別孤魂位。

戰亡節死別孤魂位。

非命惡死別孤魂位。

名利僧山野僧世俗僧在家僧一切僧魂等衆。

童男童女孤魂等衆。

飢死凍亡孤魂等衆。

四生六道一切孤魂等衆。

十方法界一切無主孤魂等衆。

1) ㉮ '形'은 '刑'의 오자인 듯하다.

옹호단擁護壇 배치

제석단帝釋壇

범왕단梵王壇

십대명왕단十大明王壇

예적금강단穢跡金剛壇

팔금강단八金剛壇

사보살단四菩薩壇

천룡팔부단天龍八部壇

토지가람단土地伽藍壇

【이와 같은 등등의 단壇은 곧 그 안에 왼쪽과 오른쪽으로 나누어 자리를 마련하고 자리에 초청하여 권공勸供 후에 위목位目을 부쳐 안치해 둔다.】

수미산須彌山 가운데 사천왕단四天王壇

항상 머물면서 법을 보호하는 사왕단四王壇

본래부터 머물고 있는 성황주사단城隍主司壇

당산當山 용왕龍王 여러 신단神壇

오방五方과 사해四海의 모든 큰 용왕단龍王壇

당산의 국사단國師壇

【이상의 단壇은 천왕문天王門 안의 오른쪽 왼쪽에 나누어 안치한다.】

풍백風伯[31] · 우사雨師[32] · 뇌공雷公[33] · 뇌모단雷母壇[34]

여러 큰 산신단山神壇

당산의 여러 산신단

강 · 하수 · 냇물 · 못의 모든 신단神壇

【이런 등류의 단은 금강문 밖 동쪽과 서쪽 가에 배치한다.】

擁護壇排置

帝釋壇。

梵王壇。

十大明王壇。

穢跡金剛壇。

---

31 풍백風伯 : 바람을 맡은 신. 비렴飛廉이라고도 하는데, 비렴은 상상의 새로서 머리는 참새처럼 생기고 뿔이 있으며, 몸은 사슴과 같으나 표범과 같은 얼룩무늬가 있고, 꼬리는 뱀과 같이 생겼다고 한다. 바람을 잘 일으킨다고 한다.

32 우사雨師 : 비를 담당한 신이다.

33 뇌공雷公 : 우레를 맡은 신으로 검은 얼굴에 새의 부리 같은 입을 하고 있다. 부릅뜬 눈을 가지고 있으며, 등에는 박쥐처럼 날개가 돋아나 있다. 뇌공의 무기는 왼손에 잡고 있는 끌과 오른손에 들고 있는 망치인데, 석공처럼 망치로 끌을 두드릴 때 천둥이 발생한다고 한다.

34 뇌모단雷母壇 : 뇌모雷母는 번개를 일으키는 신으로 젊고 아름다운 여성이다. 양손에 거울을 하나씩 쥐고 있는데, 거울은 유적지에서 출토되는 오래된 동경銅鏡과 같다. 뇌모는 뇌공을 도와 거울의 초점을 조절해서 번개를 발생시킨다고 한다.

八金剛壇。

四菩薩壇。

天龍八部壇。

土地伽藍壇。【此等壇。則內左右分位。而請座勸供后。位目則付置耳。】

須彌山中四天王壇。

常住護法四王壇。

本住城隍主司壇。

當山龍王諸神壇。

五方四海諸大龍王壇。

當山國師壇。【此上壇則天王門內左右分置。】

風伯雨師雷公雷母壇。

諸大山神壇。

當山諸山神壇。

江河川澤諸神壇。【此等壇。則金剛門外。東邊西邊排置。】

사오로단 使五路壇

사람들이 다 아는 바로서 때를 따라 곳을 따라 작법作法하는 것이 적절하다.

使五路壇

則人皆所知。隨時隨處。作法爲宜。

무공배치 無供排置

가지공덕림 加持功德林

가지연지加持蓮池

정토누각淨土樓閣

가지망향대加持望鄕臺

사향령思鄕嶺

한림원寒林苑

왕사성枉死城

파지옥破地獄

존승탑尊勝塔

은교銀橋

금교金橋

감로단甘露壇

선농단先農壇

선잠단先蠶壇

노인성단老人星壇

영성단靈星壇

【이상 16단은 곧 외사문外沙門 밖의 장소 넓은 곳에 두루 막아 주도록 배치해야 한다. 그 근처에는 영청당迎請堂을 배정하고 관욕灌浴할 장소도 그 근처에 배정해야 한다.】

천륜도天輪圖

지륜도地輪圖

【이상 2도圖는 천부天部와 선부仙部와 신부神部 등의 단 사이에 걸어 둔다.】

불佛·법法·승僧 삼보 전에 헌공獻供과 반야륜등般若輪燈 3좌 외에 꽃을 수놓아 장엄한 무진등롱無盡燈籠을 각각의 법당과 각각의 요사채 처마 아래 두루두루 달아 놓고, 또 각각의 단壇 앞에도 고루 달아 놓는다.

맨 꼭대기의 3번기幡旗와 중간의 3번기와 맨 아래의 3번기, 이러한 모든 번기는 혹은 비단으로 만들거나 혹은 굵은 명주로 만들거나 혹은 나무로 만드는데, 미리 갖추어 놓았다가 높이 달아 둔다.

無供排置

加持功德林。

加持蓮池。

淨土樓閣。

加持望鄕臺。

思鄕嶺。

寒林苑。

枉死城。

破地獄。

尊勝塔。

銀橋。

金橋。

甘露壇。

先農壇。

先蠶壇。

老人星壇。

靈星壇。【此十六壇。則外沙門外地廣處周遮排置。其近處迎請堂排設。灌浴所則亦近排之。】

天輪圖。

地輪圖。【此上二圖。天部仙部神部等壇間掛之。】

獻佛法僧三寶前。般若輪燈三座外。綵花莊嚴無盡燈籠。則各法堂各寮舍簷下遍周懸之。且各壇前亦爲懸之。

上三番。中三番。下三番。此等諸幡。則或錦或紬或木。措備預爲高懸。

자기문仔䕫文 위목位目 규칙

풍백우사단風伯雨師壇의 풍백風伯 · 우사雨師 · 뇌공雷公 · 뇌모雷母 등 대중

당산천왕단當山天王壇의 당산當山의 천왕天王 등 대중

용왕단龍王壇의 당산의 용왕 등 대중

국사단國師壇의 불법을 옹호擁護하는 당산의 국사國師 등 대중

가람단伽藍壇의 법을 보호하는 가람伽藍과 토지土地 등의 대중

예적단穢跡壇의 여래가 변화로 나타난 예적금강穢跡金剛 등의 대중

명왕단明王壇의 십대명왕十大明王 등의 대중

범왕단梵王壇의 대범천왕大梵天王 등의 대중

제석단帝釋壇의 제석천왕帝釋天王과 여러 천자天子 등의 대중

사왕단四王壇의 수미산須彌山 가운데 있는 사대천왕四大天王 등의 대중

성황단城隍壇의 본 경내 성황주사城隍主司 등의 대중

삼보단三寶壇의 시방에 항상 머물러 계시는 삼보자존三寶慈尊

비등단毘燈壇의 시방 법계 모든 부처님과 모든 큰 보살 등의 대중

오십오단五十五壇의 오십오위의 모든 큰 보살

나한단羅漢壇의 십육 대아라한大阿羅漢 등의 대중

오백단五百壇의 오백 세간의 주인인 성현聖賢 등의 대중

조사단祖師壇의 삼십삼 모든 조사祖師 등의 대중

개종단開宗壇의 서천西天 개종開宗 팔십육위 조사 등의 대중

향당단鄉唐壇의 조계曹溪 문하의 모든 대종사大宗師 등의 대중

제산단諸山壇의 조선朝鮮 경내의 모든 대종사 등의 대중

제천단諸天壇의 일체 천부天部 등의 대중
제선단諸仙壇의 일체 선부仙部 등의 대중
지부단地府壇의 일체 지부地部 등의 대중
국혼단國魂壇의 일체 제주帝主와 명군明君 등의 대중
왕사단枉死壇의 일체 형벌을 당해 억울하게 죽은 혼령 등의 대중
가친단家親壇의 일체 가친家親 등의 대중
법계단法界壇의 일체 고혼孤魂 등의 대중
지옥단地獄壇의 일체 유정有情 등의 대중

仔夔文位目䙷

風伯雨師壇。風伯雨師雷公雷母等衆。

當山天王壇。當山天王等衆。

龍王壇。當山龍王等衆。

國師壇。擁護佛法當山國師等衆。

伽藍壇。護法伽藍土地等衆。

穢跡壇。如來化現穢跡金剛等衆。

明王壇。十大明王等衆。

梵王壇。大梵天王等衆。

帝釋壇。帝釋天王諸天子等衆。

四王壇。須彌山中四大天王等衆。

城隍壇。本境城隍主司等衆。

三寶壇。十方常住三寶慈尊。

毘燈壇。十方法界諸佛諸大菩薩等衆。

五十五壇。五十五位諸大菩薩。

羅漢壇。十六大阿羅漢等衆。

五百壇。五百主世聖賢等衆。

祖師壇。卅三諸祖師等衆。

開宗壇。西天開宗八十六位祖師等衆。

鄕唐壇。曹溪門下諸大宗師等衆。

諸山壇。朝鮮境內諸大宗師等衆。

諸天壇。一切天部等衆。

諸仙壇。一切仙部等衆。

地府壇。一切地部等衆。

國魂壇。一切帝主明君等衆。

枉死壇。一切臨刑枉死等衆。

家親壇。一切家親等衆。

法界壇。一切孤魂等衆。

地獄壇。一切有情等衆。[1)]

1) ㉳ 이하 저본에는 4장이 결락되어 있다.

수륙水陸 의식문은 양梁나라 때에 처음 시작해서 촉蜀나라에 계승되었다. 앞서 가신 성인과 뒤에 오는 현인賢人들이 널리 탐구하였으나 의식문을 쓰지 못하고 붓을 놓아 버렸는데, 자기仔夔라는 큰 현인이 그 번거로운 것은 삭제하고 빠진 부분을 보완하여 찬술撰述한 책이 모두 10권이나 되었으니, 그 책의 이름을 『산보자기문刪補仔夔文』이라 하였다.

총통總統 큰 노스님이 중간重刊하여 동쪽 나라의 진단震旦(우리나라)에 전하였으니, 지금까지 몇 백 년이나 전해졌는가? 그런데 섬 오랑캐(島夷)가 변란을 일으켜 불에 타서 모두 산일散逸되고 말았다.

여러 곳의 총림叢林에 혹 일찍 그런 책이 있다는 말을 듣기는 했지만, 역시 그 책을 볼 수 없게 된 지가 이미 오래되었다.

소납小衲이 이리저리 찾다가 정본正本을 수소문하여 얻고자 마음속에 욕망을 가지고 남북으로 오갔으나, 성곽(儲胥)에 깃발이 날리고 싸움이 벌어져서 겨를이 없어 그 소원을 이루지 못했다.

벼슬을 내놓고 여기에 돌아와서 사찰의 여러 동지들과 의논하여 마침내 이룩하여 판각하게 되었다. 거기에 들어간 노력과 비용은 해인사海印寺에서 다 수용하였으니 그 공은 참으로 크다고 하겠다.

우러러 나라의 은혜를 갚고자 단정한 자세로 축원을 합니다. 주상 전하 수명 만세를 누리시고 금지옥엽金枝玉葉은 더욱 번성하여 긴 수명 누리소서. 문관과 무관의 재상들 다함께 영원히 평안하소서.

주상이 등극한 지 5년째인 갑진甲辰(1724) 모춘暮春 일에 부종수교扶宗樹敎 전불심등傳佛心燈 복국우세福國祐世 광제중생廣濟衆生 비지보조悲智普照 해행쌍운解行雙運 원융무애圓融無碍 일체종선一切種善 선교도총섭禪敎都摠攝 겸 팔방도승통八方都僧統 홍각등계弘覺登階 국일도대선國一都大禪 가의대부嘉義大夫 팔도도총섭八道都摠攝 겸 승대장僧大將 계파 성능桂坡聖能은 삼가 발문을 쓰다.

水陸儀文。粄於梁繼於蜀。前聖後賢。愽採絶筆。仔夔大賢刪其繁。補其闕所撰者凡十卷。曰刪補仔夔文也。總統大老重刊。東傳震旦。乃至幾百年耶。島夷變亂。火于散焉。諸方叢林或嘗聞。而亦不覩者。已久矣。小衲搜獲正本。志欲而如南北。儲胥旄戟。無遑。願未遂也。解歸於此焉。寺議僉同。遂而刻之。於勞且費。今玆海印寺歟。功之大矣。仰報國恩。端爲祝延。主上殿下聖壽萬歲。金枝玉葉。益茂遐齡。文武補相。共亨永安。

上之五年甲辰暮春日。扶宗樹敎傳佛心燈福國祐世廣濟衆生悲智普照解行雙運圓融無礙一切種善禪敎都揔攝兼八方都僧統弘覺登階國一都大禪嘉義大夫八道都揔攝兼僧大將。桂坡聖能。謹跋。

산중종사질山中宗師秩

보광 원민葆光圓旻, 낙빈 사원樂貧思遠, 팔도도총섭八道都摠攝 가선嘉善 송암 상능松庵尙能, 낙암 의눌洛巖義訥.

교정校正

해월 종원海月宗遠, 춘계 두혜春溪斗慧, 운암 처명雲巖處明, 종사宗師 회한會閑, 종사 성원省遠.

전함질前啣秩

쌀 6말을 시주한 사람 : 전 승통僧統 가선嘉善 순행順行, 전 승통 제학濟學.

시주질施主秩

쌀 7말을 시주한 사람 : 가선 대정大町.

쌀 10말을 시주한 사람 : 가선 삼응三應.

돈 1관을 시주한 사람 : 연훈衍熏.

쌀 10말을 시주한 사람 : 철영哲英.

쌀 8말을 시주한 사람 : 통정通政 철묵哲默.

돈 1관을 시주한 사람 : 통정 승종勝宗.

돈 1관을 시주한 사람 : 일능一能.

돈 1관과 쌀 7말을 시주한 사람 : 통정 자안慈眼.

쌀 10말을 시주한 사람 : 가선 취운就雲.

쌀 5말을 시주한 사람 : 가선 취해就解.

쌀 7말을 시주한 사람 : 통정 이연怡演.

쌀 3말을 시주한 사람 : 통정 연응衍應.

쌀 3말을 시주한 사람 : 통정 철경哲瓊.

쌀 5말을 시주한 사람 : 통정 수인守仁, 전 승통 통정 승안勝安.

돈 1관과 쌀 2말을 시주한 사람 : 전 승통 가선 한영漢英.

쌀 4말을 시주한 사람 : 전 승통 통정 오해悟解.

쌀 5말을 시주한 사람 : 전 승통 가선 조훈祖熏.

쌀 7말을 시주한 사람 : 전 주지 통정 조인祖印.

쌀 5말을 시주한 사람 : 전 주지 가선 연일衍一.

쌀 3말을 시주한 사람 : 전 주지 통정 조언祖彦, 전 영남도총섭 여각呂覺.

돈 1관과 쌀 4말을 시주한 사람 : 영도총섭 가선 회익懷益.

쌀 2말을 시주한 사람 : 전 승통 가선 체민體敏.

돈 1관을 시주한 사람 : 전 승통 가선 철옥哲玉, 전 판사 통정 채안彩眼, 전 주지 일견一堅, 전 주지 통정 사열師悅, 원당집강願堂執綱 유성有性, 지전 수안守安.

쌀 5말을 시주한 사람 : 통정 석총碩摠.

쌀 5말을 시주한 사람 : 가선 일원一元.

쌀 4말을 시주한 사람 : 통정 수화守和.

쌀 2말을 시주한 사람 : 가선 취행就行.

쌀 5말을 시주한 사람 : 가선 도찬道賛.

쌀 5말을 시주한 사람 : 가선 민혜敏惠.

쌀 5말을 시주한 사람 : 통정 정오淨悟.

쌀 5말을 시주한 사람 : 청학淸學.

쌀 5말을 시주한 사람 : 가선 환열幻悅.

돈 1관을 시주한 사람 : 통정 종숙宗淑.

쌀 22말을 시주한 사람 : 안음安陰 영각사靈覺寺.

쌀 3말을 시주한 사람 : 별고도감別庫都監 통정 채희彩熙, 장무掌務 촌화寸和, 선해禪海, 계영별좌繼盈別座 민해敏解, 위성位性.

산중노덕질山中老德秩

노덕老德 : 가선 숭혜崇惠, 순각順覺.

쌀 10말을 시주한 사람 : 노덕 두영斗英.

돈 1관을 시주한 사람 : 통정 현정玄淨, 사익思益, 한신漢信, 징관證寬, 석환釋還, 두경斗瓊, 가선 치인緇印.

쌀 3말을 시주한 사람 : 가선 처준處俊.

쌀 5말을 시주한 사람 : 가선 축행竺行, 가선 취열就悅.

쌀 5말을 시주한 사람 : 통정 택린擇璘.

각원질刻員秩

대수두大首頭 : 통정 승안勝安, 통정 박윤朴潤, 통정 이연怡演.

쌀 10말을 시주한 사람 : 간각청수刊刻廳首 도명道明.

쌀 15말을 시주한 사람 : 가선 수열守悅.

쌀 5말을 시주한 사람 : 공원公員 민희敏熙.

쌀 15말을 시주한 사람 : 통정 민해敏解.

쌀 5말을 시주한 사람 : 가선 찬희贊熙.

쌀 10말을 시주한 사람 : 가선 홍해弘海.

쌀 5말을 시주한 사람 : 원정元淨.

쌀 10말을 시주한 사람 : 가선 환일幻一.

쌀 5말을 시주한 사람 : 홍민弘敏.

쌀 5말을 시주한 사람 : 서기 재학再學.

쌀 5말을 시주한 사람 : 여해呂海.

쌀 5말을 시주한 사람 : 초선楚善.

쌀 5말을 시주한 사람 : 서심瑞諶.

쌀 5말을 시주한 사람 : 장무掌務 경헌慶軒.

쌀 5말을 시주한 사람 : 회식會識.

쌀 10말을 시주한 사람 : 조현照玄.

쌀 5말을 시주한 사람 : 해일海一.

쌀 5말을 시주한 사람 : 신계信戒.

쌀 5말을 시주한 사람 : 신환信還.

쌀 15말을 시주한 사람 : 한청漢淸.

쌀 15말을 시주한 사람 : 실징實澄.

쌀 5말을 시주한 사람 : 조심照心.

쌀 5말을 시주한 사람 : 진문振文.

쌀 5말을 시주한 사람 : 성열性悅.

쌀 5말을 시주한 사람 : 서화瑞和.

쌀 5말을 시주한 사람 : 유감裕鑑.

쌀 5말을 시주한 사람 : 선영善英.

노덕老德 : 문환文還, 효안效安.

인출印出 : 통정 진해振海.

판장板匠 : 지순智淳.

상주유나常住維那 : 가선 연일衍一.

종두鐘頭 : 환선幻善, 풍열豊悅.

다비소茶毘所 도감都監 : 통정 철성哲性.

동위공원東位公員 : 최원最元.

서위공원西位公員 : 철문哲文.

장무掌務 : 하순夏順.

통도사通度寺에서 이 책 2권 판각을 담당하고 동전銅錢 50관을 도와주었다.

삼강三綱 : 계호桂瑚, 호경浩瓊, 설문雪文.

관기管記 : 홍해弘海.

지전持殿 : 치상致祥.

주지住持 : 위원位元.

당시 영우嶺右 도승통都僧統 겸 해인사 승통 : 가선 축현竺絢.

대시주 겸 집무검역執務檢役 : 가선 유영有英.

주판경기主辦經紀 : 가의대부 전 남북양한도총섭南北兩漢都捴攝 대각등계大覺登階 계파 성능桂坡聖能.

옹정雍正 2년 갑진甲辰 3월 일. 경상도 합천지陜川地 가야산伽倻山 해인사海印寺 개판開板.

山中宗師秩。

葆光圓旻。樂貧思遠。八道都摠攝。嘉善松庵尙能。洛巖義訥。

校正。

海月宗遠。春溪斗慧。雲巖處明。宗師。會閑。宗師。省遠。

前啣秩。

六斗米施。前僧統嘉善順行。前僧統濟學。

施主秩。

七斗米施。嘉善大軒。

十斗米施。嘉善三應。

一貫錢施。衍熏。

十斗米施。哲英。

八斗米施。通政哲默。

一貫錢施。通政勝宗。

一貫錢施。一能。

一貫錢七斗米施。通政慈眼。

十斗米施。嘉善就雲。

五斗米施。嘉善就鮮。

七斗米施。通政怡演。

三斗米施。通政衍應。

三斗米施。通政哲瓊。

五斗米施。通政守仁。前僧統通政勝安。

一貫錢二斗米施。前僧統嘉善漢英。

四斗米施。前僧統通政悟鮮。

五斗米施。前僧統嘉善祖熏。

七斗米施。前住持通政祖印。

五斗米施。前住持嘉善衍一。

三斗米施。前住持通政祖彥。前嶺南都揔攝呂覺。

一貫錢四斗米施。領都揔攝嘉善懷益。

二斗米施。前僧統嘉善體敏。

一貫錢施。前僧統嘉善哲玉。前判事。通政彩眼。前住持。一堅。前住持。通政師悅。願堂時執綱。宥性。持殿。守安。

五斗米施。通政碩揔。

五斗米施。嘉善一元。

四斗米施。通政守和。

二斗米施。嘉善就行。

五斗米施。嘉善道贊。

五斗米施。嘉善敏惠。

五斗米施。通政淨悟。

五斗米施。淸學。

五斗米施。嘉善幻悅。

一貫錢施。通政宗淑。

二十二斗米施。安陰靈覺寺。

三斗米施。別庫都監通政彩熙。掌務寸和。禪海。繼盈別座敏解。位性。

山中老德秩。

老德。嘉善崇惠。順覺。

十斗米施。老德斗英。

一貫錢施。通政玄淨。思益。漢信。證寬。釋還。斗瓊。嘉善緇印。

三斗米施。嘉善處俊。

五斗米施。嘉善竺行。嘉善就悅。

五斗米施。通政擇璘。

刻員秩。

大首頭。通政勝安。通政朴潤。通政怡演。

十斗。刊刻廳首。道明。

十五斗米施。嘉善守悅。

五斗米施。公員敏熙。

十五斗米施。通政敏解。

五斗米施。嘉善賛熙。

十斗米施。嘉善弘海。

五斗米施。元淨。

十斗米施。嘉善幻一。

五斗米施。弘敏。

五斗米施。書記再學。

五斗米施。呂海。

五斗米。楚善。

五斗米。瑞諶。

掌務慶軒。五斗。

五斗米。會識。

十斗米。照玄。

五斗米。海一。

五斗米。信戒。

五斗米。信還。

十五斗米。漢淸。

十五斗米。實澄。

五斗米。照心。

五斗米。振文。

五斗米。性悅。

五斗米。瑞和。

五斗米施。裕鑑。

五斗米。善英。

老德。文還。效安。

印出。通政振海。

板匠。智淳。

常住維那。嘉善衍一。

鍾頭。幻善。豊悅。

茶毘所都監。通政哲性。

東位公員。最兀。

西位公員。哲文。

掌務。夏順。

通度寺當刻二册銅錢助五十貫。

三綱。桂瑚。浩瓊。雪文。

管記。弘海。

持殿。致祥。

住持。位元。

時嶺右都僧統兼海印寺僧統。嘉善竺絢。

大施兼執務檢役。嘉善有英。

主辦經紀。嘉義大夫前南北兩漢都捴攝大覺登階桂坡聖能。

雍正二年甲辰。三月。日。慶尙道陜川地伽倻山海印寺開板。

찾아보기

ㅂ

ㅅ

ㅇ

ㅈ

ㅊ

ㅌ

ㅍ

ㅎ

한글본 **한국불교전서**

조 · 선 · 출 · 간 · 본

조선 1 작법귀감
백파 긍선 | 김두재 옮김 | 신국판 | 336쪽 | 18,000원

조선 2 정토보서
백암 성총 | 김종진 옮김 | 4X6판 | 224쪽 | 12,000원

조선 3 백암정토찬
백암 성총 | 김종진 옮김 | 4X6판 | 156쪽 | 9,000원

조선 4 일본표해록
풍계 현정 | 김상현 옮김 | 4X6판 | 180쪽 | 10,000원

조선 5 기암집
기암 법견 | 이상현 옮김 | 신국판 | 320쪽 | 18,000원

조선 6 운봉선사심성론
운봉 대지 | 이종수 옮김 | 4X6판 | 200쪽 | 12,000원

조선 7 추파집 · 추파수간
추파 홍유 | 하혜정 옮김 | 신국판 | 340쪽 | 20,000원

조선 8 침굉집
침굉 현변 | 이상현 옮김 | 신국판 | 300쪽 | 17,000원

조선 9 염불보권문
명연 | 정우영·김종진 옮김 | 신국판 | 224쪽 | 13,000원

조선 10 천지명양수륙재의범음산보집
해동사문 지환 | 김두재 옮김 | 신국판 | 636쪽 | 28,000원

조선 11 삼봉집
화악 지탁 | 김재희 옮김 | 신국판 | 260쪽 | 15,000원

조선 12 선문수경
백파 긍선 | 신규탁 옮김 | 신국판 | 180쪽 | 12,000원

조선 13 선문사변만어
초의 의순 | 김영욱 옮김 | 4X6판 | 192쪽 | 11,000원

조선 14 부휴당대사집
부휴 선수 | 이상현 옮김 | 신국판 | 376쪽 | 22,000원

조선 15 무경집
무경 자수 | 김재희 옮김 | 신국판 | 516쪽 | 26,000원

조선 16 무경실중어록
무경 자수 | 성재헌 옮김 | 신국판 | 340쪽 | 20,000원

조선 17 불조진심선격초
무경 자수 | 성재헌 옮김 | 신국판 | 168쪽 | 11,000원

조선 18 선학입문
김대현 | 성재헌 옮김 | 신국판 | 240쪽 | 14,000원

조선 19 사명당대사집
사명 유정 | 이상현 옮김 | 신국판 | 508쪽 | 26,000원

조선 20 송운대사분충서난록
신유한 엮음 | 이상현 옮김 | 신국판 | 324쪽 | 20,000원

조선 21 의룡집
의룡 체훈 | 김석군 옮김 | 신국판 | 296쪽 | 17,000원

조선 22 응운공여대사유망록
응운 공여 | 이대형 옮김 | 신국판 | 350쪽 | 20,000원

조선 23 사경지험기
백암 성총 | 성재헌 옮김 | 신국판 | 248쪽 | 15,000원

조선 24 무용당유고
무용 수연 | 이상현 옮김 | 신국판 | 292쪽 | 17,000원

조선 25 설담집
설담 자우 | 윤찬호 옮김 | 신국판 | 200쪽 | 13,000원

조선 26 동사열전
범해 각안 | 김두재 옮김 | 신국판 | 652쪽 | 30,000원

조선 27 청허당집
청허 휴정 | 이상현 옮김 | 신국판 | 964쪽 | 47,000원

조선 28 대각등계집
백곡 처능 | 임재완 옮김 | 신국판 | 408쪽 | 23,000원

조선 29 반야바라밀다심경략소연주기회편
석실 명안 엮음 | 강찬국 옮김 | 신국판 | 296쪽 | 17,000원

조선 30 허정집
허정 법종 | 성재헌 옮김 | 신국판 | 488쪽 | 25,000원

조선 31 호은집
호은 유기 | 김종진 옮김 | 신국판 | 264쪽 | 16,000원

조선 32 월성집
월성 비은 | 이대형 옮김 | 4X6판 | 172쪽 | 11,000원

조선 33 아암유집
아암 혜장 | 김두재 옮김 | 신국판 | 208쪽 | 13,000원

조선 34 경허집
경허 성우 | 이상하 옮김 | 신국판 | 572쪽 | 28,000원

조선 35 송계대선사문집 · 상월대사시집
송계 나식 · 상월 새봉 | 김종진 · 박재금 옮김 | 신국판 | 440쪽 | 24,000원

조선 36 선문오종강요 · 환성시집
환성 지안 | 성재헌 옮김 | 신국판 | 296쪽 | 17,000원

조선 37 역산집
영허 선영 | 공근식 옮김 | 신국판 | 368쪽 | 22,000원

조선 38 함허당득통화상어록
득통 기화 | 박해당 옮김 | 신국판 | 300쪽 | 18,000원

조선 39 가산고
월하 계오 | 성재헌 옮김 | 신국판 | 446쪽 | 24,000원

조선 40 선원제전집도서과평
설암 추붕 | 이정희 옮김 | 신국판 | 338쪽 | 20,000원

조선 41 함홍당집
함홍 치능 | 성재헌 옮김 | 신국판 | 348쪽 | 21,000원

조선 42 백암집
백암 성총 | 유호선 옮김 | 신국판 | 544쪽 | 27,000원

조선 43 동계집
동계 경일 | 김승호 옮김 | 신국판 | 380쪽 | 22,000원

조선 44 용암당유고 · 괄허집
용암 체조 · 괄허 취여 | 김종진 옮김 | 신국판 | 404쪽 | 23,000원

조선 45 운곡집 · 허백집
운곡 충휘 · 허백 명조 | 김재희 · 김두재 옮김 | 신국판 | 514쪽 | 26,000원

조선 46 용담집 · 극암집
용담 조관 · 극암 사성 | 성재헌 · 이대형 옮김 | 신국판 | 520쪽 | 26,000원

조선 47 경암집
경암 응윤 | 김재희 옮김 | 신국판 | 300쪽 | 18,000원

신 · 라 · 출 · 간 · 본

신라 1 인왕경소
원측 | 백진순 옮김 | 신국판 | 800쪽 | 35,000원

신라 2 범망경술기
승장 | 한명숙 옮김 | 신국판 | 620쪽 | 28,000원

신라 3 대승기신론내의약탐기
태현 | 박인석 옮김 | 신국판 | 248쪽 | 15,000원

신라 4 해심밀경소 제1 서품
원측 | 백진순 옮김 | 신국판 | 448쪽 | 24,000원

신라 5 해심밀경소 제2 승의제상품
원측 | 백진순 옮김 | 신국판 | 508쪽 | 26,000원

신라 6 해심밀경소 제3 심의식상품 제4 일체법상품
원측 | 백진순 옮김 | 신국판 | 332쪽 | 20,000원

신라 12 무량수경연의술문찬
경흥 | 한명숙 옮김 | 신국판 | 800쪽 | 35,000원

신라 13 범망경보살계본사기 상권
원효 | 한명숙 옮김 | 신국판 | 272쪽 | 17,000원

신라 14 화엄일승성불묘의
견등 | 김천학 옮김 | 신국판 | 264쪽 | 15,000원

신라 15 범망경고적기
태현 | 한명숙 옮김 | 신국판 | 612쪽 | 28,000원

신라 17 대승기신론소기회본
원효 | 은정희 옮김 | 신국판 | 536쪽 | 27,000원

신라 18 미륵상생경종요 외
원효 | 성재헌 외 옮김 | 신국판 | 420쪽 | 22,000원

신라 19 대혜도경종요 외
원효 | 성재헌 외 옮김 | 신국판 | 256쪽 | 15,000원

신라 20 열반종요
원효 | 이평래 옮김 | 신국판 | 272쪽 | 16,000원

고·려·출·간·본

고려 1 일승법계도원통기
균여 | 최연식 옮김 | 신국판 | 216쪽 | 12,000원

고려 2 원감국사집
충지 | 이상현 옮김 | 신국판 | 480쪽 | 25,000원

고려 3 자비도량참법집해
조구 | 성재헌 옮김 | 신국판 | 696쪽 | 30,000원

고려 4 천태사교의
제관 | 최기표 옮김 | 4X6판 | 168쪽 | 10,000원

고려 5 대각국사집
의천 | 이상현 옮김 | 신국판 | 752쪽 | 32,000원

고려 6 법계도기총수록
저자 미상 | 해주 옮김 | 신국판 | 628쪽 | 30,000원

고려 7 보제존자삼종가
고봉 법장 | 하혜정 옮김 | 4X6판 | 216쪽 | 12,000원

고려 8 석가여래행적송·천태말학운묵화상경책
운묵 무기 | 김성옥·박인석 옮김 | 신국판 | 424쪽 | 24,000원

고려 9 법화영험전
요원 | 오지연 옮김 | 신국판 | 264쪽 | 17,000원

고려 10 남명천화상송증도가사실
□련 | 성재헌 옮김 | 신국판 | 418쪽 | 23,000원

※ 한글본 한국불교전서는 계속 출간됩니다.

석문상의초

벽암 각성碧巖覺性(1575~1660)

부휴 선수浮休善修의 제자이다. 임진왜란과 병자호란 때 승군을 이끌었으며 남한산성 건립에 참여하였다. 시호는 '보은천교원조국일도대선사報恩闡敎圓照國一都大禪師'이다. 저서로 『선원집도중결의禪源集圖中決疑』 1권·『간화결의看話決疑』 1권이 있다.

석문가례초

나암 진일懶庵眞一(17세기 중엽)

자세한 행적을 알 수 없다. 벽암 각성의 법제자이다. 제자로는 매곡 경일梅谷敬一이 있다.

승가예의문

허백 명조虛白明照(1593~1661)

사명 유정四溟惟政의 제자이다. 정묘호란 때 승병장으로 관서의 승병을 이끌고 안주를 지켰고, 병자호란 때 관서의 관민을 동원하고 곡식을 수집하여 군량미를 충당했다. 저서로 『허백당집虛白堂集』 3권 1책이 있다.

자기문절차조열

계파 성능桂坡聖能(17세기 후반~18세기 전반)

화엄사의 벽암 각성 문하에서 3년 동안 수행하였다. 1702년 화엄사 장륙전丈六殿 신축 불사를 주관하였다. 1711년 팔도도총섭이 되어 북한산성을 쌓았고, 1745년 도총섭 직책을 마치면서 『북한지北漢志』를 펴냈다. 이후 다시 화엄사로 돌아가 『대화엄경』을 판각하고 장륙전을 중수했으며, 1750년 통도사 계단탑을 증축하고 탑비를 세웠다.

옮긴이 **김두재**

민족문화추진회와 동국대학교 교육대학원을 수료하고 동국역경원 역경위원을 역임하였다. 한글대장경으로 펴낸 역서로 『능엄경』·『시왕경』·『제경요집』·『정본수능엄경환해산보기』·『광찬경』·『해동고승전』 등이 있고, 한국불교전서 역서로 『작법귀감』·『선문수경』·『천지명양수륙재의범음산보집』·『동사열전』·『해붕집』 등이 있다.

증의

『석문상의초』·『자기문절차조열』— 김혜경(전 동국역경원 역경위원)

『석문가례초』·『승가예의문』— 이성운(동방문화대학원대학교)